Gewalt an kleinen Mädchen

Leïla Sebbar

Titel der Originalausgabe:
"On tue les petites filles"
erschienen bei Editions Stock à Paris-6e

ISBN: 2-234-00802-6

Für die deutsche Ausgabe aus dem Französischen
übertragen: Helga Koletzky

Marion Hagemann
Zur Klaus 3
3501 Naumburg/Elbenberg

ISBN: 3-922229-04-2

Umschlagentwurf: Monika Möllmer

Druck: Graphische Werkstätten, Kassel

Eine Untersuchung über Verbrechen wie Mißhandlung, Mord, Inzest und Vergewaltigung, die in Frankreich von 1967 - 1977 an minderjährigen Mädchen unter 15 Jahren begangen wurden.

... Was ich brauche ist die Liebe von meine Mammi...

Es war wie ein Zwang anhand von Texten, Berichten, Akten, Zeugenaussagen, Briefen und Unterhaltungen den geschundenen Körper kleiner Mädchen - geschunden an allen Ecken, in allen Löchern - zu suchen und zu betrachten, und die Fachleute (von Justiz, Polizei, Medizin und Sozialfürsorge) über die an kleinen Mädchen verübten Gewalttaten berichten zu lassen. Sie haben mit eigenen Augen die Striemen, Wunden und Knochenbrüche ... die toten Körper gesehen; die angeschwollenen Leichen mit aufgeplatztem Kopf und blutleerem Körper. Skelette. Verwesung. Das ist ihr Beruf.
Aber ich, ich habe niemals ein geschlagenes, getötetes oder vergewaltigtes kleines Mädchen gesehen. Ich bin niemals geschlagen, niemals vergewaltigt worden. Wenn ich gewollt hätte, hätte ich im Leichenschauhaus der Autopsie an einem kleinen mißhandelten Mädchenkörper beiwohnen können. Die physische Realität des Todes habe ich weder sehen, noch mit den Augen oder Händen abtasten wollen (ein Körper läßt sich immer berühren). Ich habe das nicht gekonnt. Ich wäre ohnmächtig geworden, um nichts zu sehen. Warum also mit der minutiösen Genauigkeit des Tatsachenberichts davon hören, zuhören, darüber lesen und es auch sehen? Warum dieses Bedürfnis, genau zu wissen, wie es geschieht, was geschieht und in welcher Reihenfolge?... Ich nahm an der Szene teil, wenn ich sie aufmerksam und in allen Einzelheiten las, wenn sie mir erzählt oder berichtet wurde. Wenn die Frauen oder die Heranwachsenden sprachen, stellte ich keine Fragen: der Bericht kam von ganz allein, begleitet von der Stimme und dem fast erstarrten Körper. Ohne technische Apparate, mich ganz auf mein Gedächnis verlassend, war ich selbst das Aufnahmegerät. War es vielleicht, um die körperlichen Spuren von derjenigen, die gerade sprach, zu verwischen, weil die Körper im Wege sind?

Diese sich wiederholenden Gewaltszenen, hundertfach gelesen, erzählt und beschrieben und trotz der Sättigung, dieser quälenden Ansammlung und der Gewißheit jedes Mal mehr zu erfahren und bei jeder Akte, jedem Brief und jedem Bericht zu verstehen..., das war genau das, was ich dort suchte, wo es nur das Böse und den Tod gibt: bei Gewalt am Körper eines Kindes, eines kleinen Mädchens. Ich berichte aus Dokumenten, Berichten und Gesprächen, auch von Sadismus, Voyeurismus, Masochismus und Exhibitionismus. War ich nicht jedes dieser gequälten, verstümmelten und zum Schweigen gebrachten kleinen Mädchen, die ihren Körper schon verloren hatten? Und die Lust, die Rührung, die darin bestanden, zu sehen, zu betrachten, zuzuhören und alles das zu erfahren, ohne durch die mörderische Tat an einem wirklichen Körper schuldig zu werden. Ich konnte ohne Risiko - da die Geste rein intellektuell war - den Körper des kleinen Mädchens auseinandernehmen, immer mehr erfahren und ihn ausquetschen. Einen Körper zum Zerstören, der schon zerstört war. Ich befand mich in der Lage eines Inquisitors mit seiner Perversion und seiner Macht..., eines Bullen mit seiner Verhörtaktik..., eines Beichtvaters, mit seiner Unnachgiebigkeit im Schatten des Beichtstuhls, wo er sanft dazu zwingt alles zu sagen..., eines gespannt zuhörenden Psychoanalytikers, der das kleine Mädchen drängt noch mehr zu erzählen, weil zu Geständnissen zwei gehören..., einer Klatschtante, die vor der Tür schwatzt und spinniert, die Gerüchte aufbringt über Geschichten, die man nicht so ohne weiteres erzählen kann... Ich befand mich in der Lage desjenigen, der versucht, die Wahrheit zu erfahren, aber eine besondere Wahrheit, nämlich die, die vom Geheimnis umgeben ist. Geheimnis um den Körper und die Sexualität. Man sagt, ein Geheimnis entreissen, die Bullen sagen: ausspucken, auskotzen lassen. Man sagt auch: jemanden geständig machen..., er hat schließlich gesagt, daß ... er hat zugegeben... Oder aber: "Ich habe ihn dazu gebracht, daß er gesagt hat... Schließlich ist er

damit herausgerückt..."
Das Geheimnis lüften. Für welche Wahrheit? Die Tatsachen kann man lesen, hören und nachprüfen. Welche Zeichen würde ich finden und was wäre ihre Wahrheit und ihr Sinn? Was würden mir diese genannten, nie gehörten Tatsachen sagen, diese immer versteckten Geheimnisse, die plötzlich ans Tageslicht gezogen werden? Diese Tatsachen, die man unter der Rubrik Verschiedenes findet, wo das Ungeheuerliche, das Unglaubliche, das Skandalöse des Alltags und die tägliche Gewalt mitgeteilt werden. Diese Nachrichten untersuchen, sie auseinandernehmen, damit sie endlich ihre versteckten Geheimnisse hergeben... wäre das die Wahrheit?... Bei den Leidensgeschichten dieser Nachrichten habe ich gleichzeitig mit der Faszination für das Blut, die Scheiße, den Sex, den Tod, das Böse und das Leiden eines kleinen Mädchens dieses unbedingte Bedürfnis gespürt, eine Arbeit darüber zu schreiben, um diesen Nachrichten einen anderen Platz einzuräumen, ihnen einen Sinn zu geben, sie aus ihrer Rubrik herauszuholen und sie aus den Sensationsblättern herauszunehmen, ohne daß sie etwas von der Stärke, der Gewalt und der Empörung einbüßen, die sie in die Schlagzeilen bringen; denn das was auch fasziniert, ist, daß es so etwas gibt..., daß es sich so zugetragen hat..., daß eine Mutter ihre Tochter mißhandelt und tötet, daß ein Vater seine Tochter oder Töchter vergewaltigt und zum Analverkehr zwingt, daß Jungen gemeinsam eine Jugendliche quälen, daß einsame Männer kleine Mädchen überfallen und vergewaltigen oder töten..., daß Minderjährige zur Prostitution und zur Pornographie mißbraucht werden. All das ist wahr. Das sind alltägliche Tatsachen. Ich wollte gleichzeitig die Skandalnachrichten durchleuchten, die als Tatsachen über Gewalt gar nicht so archaisch und marginal sind, wie man glauben könnte, und sie in Zusammenhang mit anderen Tatsachen bringen, die nichts anderes sind, als gewöhnliche Begebenheiten des täglichen Lebens.

Es ist diese Verbindung, diese Assoziation und diese Zusammenstellung von Tatsachen, die eine andere Leseart der Gewalt an kleinen Mädchen ermöglicht. Mein Ziel war es, eine Art Archäologie dieser Gewalt aufzustellen und sie zu prüfen und zu untersuchen. Die provozierte Betroffenheit erinnert an eine andere Angelegenheit, wobei eine Stimme das Echo für einen identischen Bericht sein könnte, der die Fortsetzung oder der Beginn einer Geschichte sein könnte, die sich von den Skandalnachrichten kommend überall ausbreitet und sie durch eine 'Geschichte', eine Vorgeschichte, ersetzt: Die Kindheit der Frauen, die Geschichte des kleinen Mädchens als 'Geschichte' der Frauen.

Die Geschichte, die so gewaltig wie eine Leidenschaft ist, bindet von Generation zu Generation eine Mutter an ihre Tochter, eine Pflegetochter an ihre Pflegemutter. Diese Schläge, die auf den Körper eines kleinen Mädchens niederprasseln, weil es ein weiblicher Körper ist und weil Liebkosen bedeuten würde, daß man sich in die Gefahr begibt zu lieben... Darum schlägt die Mutter ihre Tochter und ist nur durch die schlagende Hand gerührt. Sie hält sie weit weg von ihrem eigenen Körper. Ein kleines Mädchen, das weit entfernt vom mütterlichen Körper und vom Zuspruch der Mutter lebt. Durch die Schläge will die Mutter ein Liebesgeständnis erzwingen, das sie nicht bekommt und das ihr Angst macht, genau wie dieser Körper, der nicht ihr gehört und den sie nicht anerkennt: ihren eigenen, den ihrer Mutter und den Körper ihrer Tochter. Und um zu wissen, daß er existiert, weil man Beweise braucht – ob sie dieses kleine Mädchen eigentlich wollte, wußte sie nicht – zeichnet sie ihn mit tiefen unauslöschlichen Wunden. Sie schlägt den Körper ihrer Tochter, um ihn zu verunstalten, zu zerstören und zu verschandeln; er wird nicht mehr an den Körper eines kleinen Mädchens mit dem Geschlecht einer Frau erinnern. Oder aber sie macht ihre Tochter ihrem Liebhaber zum Geschenk, damit er sie verschwinden lassen kann, weil sie ihn anstarrt. Oder aber sie läßt den Mann, der bei ihr wohnt, den Körper ihrer Tochter für sein Vergnügen mißbrauchen. Des mütterlichen Körpers - der Mutterliebe - beraubt, läßt sie sich vom Vater, Stiefvater oder Freund der Mutter körperlich, durch Scheide, Mund und After 'lieben'. Sie nennen das Einführung. Einführung in die Sexualität. Verliebtheit? Bei diesen Geschichten geht es nie um Liebe, sondern um Gewalt, mit der der Vater seine Tochter darauf vorbereitet aus ihrem Körper - den sie mit Ausnahme der sexuellen Stellen, immer den gleichen für die gleichen Gesten an den gleichen Orten, nicht kennt - ein Geschäft zu machen, weil sich die sexuellen Riten des Inzests und der Prostitution hinter geschlossenen Vorhängen, in der Dunkelheit und der Heimlichkeit gleichen. Sie wird es verstehen, Nutzen aus dem erhaltenen Unterricht zu ziehen, weil sie ihren Körper ohnehin verloren hat und ihn nun benutzen kann wie ihr Vater ihn benutzt hat, aber für viel Geld und nicht mehr nur für eine Erdbeere oder ein Geldstück. Ihrem eigenen Körper ist sie schon seit so langer Zeit entfremdet worden... Ihre Sexualität... sie hat nie gewußt, daß sie eine Sexualität haben könnte, die nicht ausschließlich auf die Sexualität eines Mannes ausgerichtet wäre: ihres Vaters, Stiefvaters oder eines fremden Mannes. Denn wenn Jungen gemeinsam ein Mädchen vergewaltigen, dann haben sie folgendes im Sinn: sich die kleine Hure von einem zum anderen weiterzureichen, um sich belecken zu lassen oder um mit ihr Analverkehr zu haben oder um sie in pornographischer Position mit ausgebreiteten Schenkeln zu entjungfern. Sie machen dann alle Stellungen der Pornographie, bei denen die Frau einverstanden ist, nach, und sie erleidet sexuelle Folterqualen zum Vergnügen der Männer. Ein unbekannter, einsamer Mann verschafft sich ebenfalls sein Vergnügen am Körper eines zufällig getroffenen kleinen Mädchens, das er von der Straße oder dem Haus der Mutter mit Gewalt oder durch Verführungskünste ent-

führt hat. Das ist aber selten eine Liebesgeschichte, was auch immer die Pädophilen sagen mögen, die kleine Mädchen sanft verführen, um sie in ihre eigenen sexuellen Praktiken einzuweihen und sie ihnen aufzudrängen, ohne ihnen die Zeit zu lassen, das Verlangen zu entwickeln, ihren eigenen Körper zu erleben, ihn kennenzulernen und jede Geste, jede Wirkung auszuprobieren und eine Sexualität zu wählen, die sie freiwillig und aus Entdeckungs- und Abenteuerlust erleben.
Diese am Körper von kleinen Mädchen verübte Gewalt, selbst wenn sie nur in Randgruppen vorkommt, ist viel alltäglicher als man glaubt. Trotz des Entwicklungsstadiums der Industriegesellschaften und der Liberalisierung der Bräuche (sexuelle Liberalisierung...) besteht die Gewalt in familiärer, häuslicher und patriarchalischer Umgebung weiter. Der Körper des kleinen Mädchens wird gezeichnet, frühzeitig verunstaltet und von der Mutter (wie ihr eigener Körper) als Objekt ohne Wert, als gut genug für den Müll, die Verwesung, die Einsamkeit oder den Strich betrachtet; dieser Körper, so früh mißbraucht vom Vater, dem nach den Riten der Prostitution die Körper der Frauen gehören, der von Jungen als pornographisches Objekt benutzt wurde: dieser Körper ist nicht mehr ihr Körper. Dieser Körper ist keiner mehr. Manchmal erinnert er daran, daß er existiert - durch das Fleisch, die Knochen, das Blut - und das kleine Mädchen wird eine Frau, der die Lust versagt bleibt. Sie wird sagen, sie sei frigide, ob sie nun die Keuschheit oder das Laster wählt. Sie wird Prostituierte. Sie wird eine mißhandelnde und mit ihrem Körper unglückliche Mutter sein, weil sie weder diesen Körper mit seiner Geschichte noch den ihrer Tochter ausgesucht hat.
So beruht die weibliche Sexualität, wie wir durch die Verlagerung der Skandalnachrichten gesehen haben, auf der tatsächlichen und der symbolischen Gewalt, die den Körpern kleiner Mädchen zugefügt wird. Diese häusliche, heimliche und stumme Gewalt wird von

der Mutter zu den Töchtern und vom Vater zu den Töchtern innerhalb und von unbekannten Männern ausserhalb des Hauses weitergereicht. Eine Gewalt, die bei dem kleinen Mädchen und dann bei der Frau die Beziehungslosigkeit zu ihrem Körper, zur Lust, zur Sexualität, zum Leben selbst und zur Liebe auslöst. Die Frauen, die davon berichtet haben, haben ihre Geschichte wie ein Schicksal dargestellt. Sie existieren nicht. Sie waren ohne Ursprung und ohne Wurzeln. Ausgestoßen in die Randzonen. Ihr Körper existierte nicht, sie glaubten nicht, daß sie jemandem gefallen könnten, daß sie vielleicht jemandem gefallen haben. Sie beherrschten weder ihre Geschichte, noch ihre Sexualität, noch ihr Leben. Sie wurden beherrscht und ausgehalten. Sie alle hatten als wirklich kleine Mädchen nach gerichtlichen, polizeilichen oder medizinischen Unterlagen als Kinder Gewalttaten erlitten. Ihre Vorstellung von der weiblichen Sexualität kann man in zwei Hauptgruppen einteilen: Die Mutter, die das Leben durch ihren Bauch weitergibt und die ihren Körper, ihr Geschlecht und ihre Sinnlichkeit verliert, und die Nutte, die ihren Körper schmückt, um ihn zur Schau zu stellen und zu verkaufen - private Frau, öffentliche Frau - beide kennen weder ihren Körper noch die Lust.
Erst die Frauenbewegung hat festgestellt, daß die Frauen und auch die kleinen Mädchen auf andere Art und Weise existieren, daß die kleinen Mädchen, die Frauen und ihre Mütter wissen müssen, daß ihr Körper ihnen gehört, daß dieser Körper ihr Eigentum ist und daß sie eine eigene Sexualität haben, damit sie nicht mehr manipuliert, ausgehalten und benutzt werden; daß sie sich zu Hause, in der Öffentlichkeit und in der Politik auflehnen können und den Gehorsam verweigern können... dann werden weder die kleinen Mädchen noch die Frauen nur aus einem Körper und einem Sex für die Gewalt bestehen. Und die Frauen werden nicht mehr gewalttätig gegen sich selbst und ihre Töchter sein.

DER ROMAN VON DER ERNÄHRUNG

Schlechte Behandlung

Mißhandlung

Mord

JE MEHR SIE SCHLÄGT, DESTO MEHR SPUCKT DAS KIND WIEDER AUS...

"Sie aß sehr langsam; ich habe zu ihr gesagt: 'Baby beeil Dich, Mamma wird gleich böse'. Die Kleine hat langsam weiter gekaut. Ich nehme die Klopfpeitsche. Sie ißt ebenso langsam weiter. Ich gebe ihr einen Schlag mit der Peitsche... die Kleine fällt nach hinten und klemmt sich den Fuß im Tisch ein. Ich hab' sie gefragt: 'Tut Dir etwas weh?', die Kleine hat den Kopf geschüttelt. Ich habe ihr einige Essensreste, die in ihrem Mund geblieben waren, herausgenommen und habe sie ganz allein ins Bett geschickt; das war um viertel vor acht (...). Ja, ich habe sie vielleicht ziemlich stark geschlagen, ich war sehr aufgebracht. Verstehen Sie, sie wollte nie essen, diese Kleine. Und das machte sie nur bei mir, denn bei ihrer Pflegemutter oder bei anderen aß sie sehr gut..."
Martine ist 6 Jahre alt. Sie ist die 2. Tochter von M..., ihrer Mutter, die den Sachverständigen von dem "Unfall" berichtet. M... wird 1943 während des Krieges geboren. Ihre Mutter zieht sie mit Zuckerwasser auf, weil sie die Milch verkauft, um davon Wein zu bezahlen. Die Nachbarn geben ihr etwas zu essen. Als sie 9 Jahre alt ist, stirbt ihre Mutter. Sie wird von ihrem inzwischen wiederverheirateten Vater aufgenommen und verläßt das väterliche Heim mit 14 Jahren, um als Hosennäherin in Paris zu arbeiten. Sie heiratet mit 20. Sie findet eine Arbeit als Serviererin in einer Bar. Ihr Mann arbeitet nicht. Er schlägt sie. Sie verläßt ihn, um mit dem zusammenzuleben, von dem sie 6 Kinder haben wird (5 Mädchen und einen Jungen), eines davon ist Martine.
Ein Mädchen wird geboren.
Ihr Freund sitzt wegen ungedeckter Schecks im Gefängnis.
M... wird von neuem schwanger und kommt in einem

Mütterheim, das sie 3 Monate vor der Geburt ihrer zweiten Tochter, Martine, aufnimmt, nieder. Die beiden Mädchen werden in einer Kinderkrippe untergebracht. Für 2 Jahre. M... findet in einem Krankenhaus Arbeit. Ihr Freund kommt aus dem Gefängnis. Ein Junge wird geboren und sofort in Pflege gegeben. Der Freund wird wegen Betruges festgenommen. Die beiden älteren Mädchen werden bei derselben Pflegemutter untergebracht. Sie bleiben dort 4 Jahre. M... erzählt, daß Martine der Liebling der Pflegemutter war. Sie sagt auch, daß die Pflegemutter sie daran gehindert habe, ihre Kinder zu sehen. Sie wollte nicht, daß sie Kontakt zu ihnen aufnähme und daß sie mit ihnen spazierenginge, unter dem Vorwand, daß das D.A.S.S. (Département d'action sanitaire et sociale, vergleichbar mit der Fürsorge in Deutschland) nicht festgelegt habe, daß diese Spaziergänge gestattet seien. M... glaubt, daß die Pflegemutter die Kinder adoptieren wollte: "Ich habe meine Kinder niemals aufgegeben und nichts unterschrieben, und es war niemals die Rede davon, daß ich sie aufgeben würde." Die leibliche Mutter erinnert sich nur an ihre Rechte auf das Kind, das sie ausgetragen und geboren hat, wenn Konflikte mit der Pflegemutter auftreten. Konflikte, die umso schärfer werden, je mehr das kleine Mädchen seine leibliche Mutter ablehnt und die Nahrung dieser Mutter verweigert, die 4 Jahre lang nicht da war und die es nun als fremde, autoritäre und mißhandelnde Mutter wiederfindet... Die gute Mutter, die, die es ernährt, erzogen und lieb gehabt hat, das ist die Pflegemutter. Das was die andere Frau durch seinen Mund in seinen Körper stopft - damit es wächst und weil man Kinder ernähren muß und weil sie essen müssen, was man ihnen gibt - das spuckt es wieder aus. "Es gelang mir nicht, sie zum Essen zu bringen und ich wurde wütend, wenn ich merkte, daß es unmöglich war, sie dazu zu bewegen, auch nur die besten Bissen wie das Fleisch herunterzuschlucken... Ich ertrug es nicht, daß meine Tochter nicht aß. Das erinnerte mich an meine eigene Kind-

heit... Ich sagte zu meiner Tochter: 'Ich will nicht, daß Du so bist wie ich'". Sie wollte sagen: ein kleines Mädchen, das von seiner Mutter nicht geliebt wird. Die Schwester von Martine ißt gut, sie macht kein Theater. Sie ist die Tochter ihrer Mutter. Und ihre leibliche Mutter ist ihre Mutter.
Die Anklageschrift ergab folgende Tatsachen: "Am 15. Juli 1975 gegen 19 Uhr 30 versammelt die von ihrem Ehemann getrenntlebende Frau M..., in Abwesenheit ihres im Gefängnis einsitzenden Liebhabers, ihre Kinder zum Abendessen. Um den Küchentisch haben also die Mutter und ihre 6 Kinder, im Alter von 2 bis 7 Jahren Platz genommen. Martine, die nach einem vierzehntägigen Aufenthalt in Bordeaux am Vorabend von Freunden zurückgebracht worden ist, hat links von der Mutter zwischen ihren beiden Geschwistern Platz genommen. Wie gewöhnlich fängt sie an, Schwierigkeiten mit dem Essen zu machen. Ihre Mutter steht auf, holt die Klopfpeitsche aus dem Brotkasten und legt sie neben sie auf den Tisch. Da das Kind sich weiterhin weigert zu schlucken, packt sie die Peitsche am Griff, holt aus und schlägt auf die linke Schulter des Mädchens, das versucht dem Schlag auszuweichen und dabei mit dem Stuhl umkippt und mit dem Kopf in der Nähe der Waschmaschine auf den Boden aufschlägt. Die Mutter erhebt sich, stürzt sich auf das Mädchen, reißt es am Arm hoch, schüttelt es und fragt, ob es nun endlich essen wolle oder nicht. Das Kind bleibt bei seiner Ablehnung und spuckt sogar das, was es im Mund hat, wieder aus. Die Mutter nimmt die Peitsche wieder vom Tisch und schlägt brutal mit dem Stiel auf den Kopf des Mädchens ein. Je mehr sie schlägt, desto stärker erbricht das Kind und desto wütender wird die Mutter. Sie hört erst auf zu schlagen, als sie feststellt, daß Martine erstickt und sich schon nicht mehr rührt. Sie nimmt sie in die Arme und versucht, mit einem Teelöffel den Speisebrei, der den Mund des Kindes verstopft, zu entfernen. Dann zieht sie ihm den Schlafanzug an, trägt es zum Schlafen

ins Bett und sagt ihm,es solle rufen, wenn es ihm nicht gut ginge. Als sie eine Stunde später in das Zimmer tritt, stellt sie fest, daß ihre Tochter blaue Lippen hat und sich nicht mehr bewegt. Der Amtsarzt stellte bei der Autopsie fest, daß es aufgrund der Schläge zu einer Hirnblutung gekommen sei, die das Erbrechen herbeigeführt habe. Ein klassischer Fall. Diese Reflexe werden von den Medizinern als "fontänenartiges Erbrechen"bezeichnet. Die Mutter versteht das nicht. Sie hat die Kleine ins Bett gebracht, sie beklagte sich nicht, sie glaubte nicht, daß... Sie wollte, daß sie aß. Das war alles. Das ist normal. Ein Kind muß essen, um nicht zu sterben.
Auch Frau D... erzählt: wir haben Februar 1978. Sie hat ihre Kinder niemals mißhandelt, sie hat sie so gut wie möglich erzogen, sie hat sich für sie aufgeopfert: sie ist im Hause geblieben, sie hat ihre Arbeit aufgegeben, sie war erste Hand in der Haute Couture und das gefiel ihr, sie ist nie ausgegangen, außer zum Einkaufen und um die Kinder in den Park von Montsouris auszuführen, jeden Tag bis zum Schulalter. Sie erzählt mit dem gleichen Ärger, der gleichen Hoffnungslosigkeit und den gleichen Worten, den gleichen Gesten den abgedroschenen, immer gleichen Bericht: "Das waren jedesmal Sitzungen. Das war eine Zwangsvorstellung, daß sie nicht aß und daß ich sie nicht erziehen konnte, daß sie krank werden und mir weggenommen werden könnte... Mit Gewalt steckte ich ihr den Löffel in den Mund. Ich hielt ihr die Nase zu. Ich gab ihr Ohrfeigen, schließlich verhaute ich sie, um sie zum Essen zu bewegen. Sie brach alles wieder aus. Einmal hatte ich ihr eine schöne Birne gekauft – das war teuer – , frische grüne Bohnen und eine Lammkeule. Sie hat mir alles wieder ausgespuckt ... Also da... hat mich die Wut gepackt, ich habe ihr alles wieder in den Mund gestopft und sie hat es behalten. Sie hat alles aufgefuttert, sie konnte gar nicht anders... Wie ist sie mir auf den Wecker gefallen! Mein Mann konnte sie nicht mehr ertragen.

Wenn er nach Hause kam, hatte ich sie schon abgefüttert und ins Bett gebracht. Da herrschte Ruhe. Er wollte sie nicht mehr mit uns am Tisch sehen. Das war die Hölle. Sie hat das gemacht bis sie 7 Jahre alt war. Danach hat sie normal gegessen... Das soll man verstehen! Mit der Flasche dauerte es eine Stunde für ein paar Gramm. Ich heulte und heulte und wußte nicht mehr aus noch ein. Der Arzt - den ich für alles und nichts kommen ließ, weil ich immer ängstlich war - sagte zu mir: "Sie sind die Kranke". Das stimmte vielleicht. Ich habe Jahre so verbracht... Jetzt geht es. Aber es ist wahr, ich hätte besser daran getan, sie in Pflege zu geben, dann hätte ich arbeiten können und sie hätte gegessen. Aber mein Mann hat gesagt: "Wir haben Kinder, also ziehen wir sie auch groß". Deshalb bin ich geblieben. Aber wenn ich daran denke... Ich bedauere es. Ich wäre heute die Erste im Atelier eines großen Couturiers."

Der Körper wird mit dem Messer überall aufgeschlitzt

Oft erzählen die Mütter, daß sie ihren Kindern Ohrfeigen und Schläge verabreicht haben, ohne daran zu denken, daß sie davon sterben könnten. Ein Kind stirbt nicht so leicht. Ein kleines Mädchen... Die Ohrfeige konnte nicht zum Tode führen, das ist unmöglich... Sie hat nicht gewollt. Sie wollte nicht. Manchmal genügt ein Schlag auf den Kopf. Ein Gerichtsmediziner erklärt: "Schläge auf den Kopf können tödlich sein. Ein Kind kann eine durch äußere Einwirkung hervorgerufene Hirnhautblutung länger überstehen als ein Erwachsener. Das bedeutet, daß das Kind nicht sofort an den Schlägen stirbt, sondern erst einige Zeit später und daß der Urheber keinen Zusammenhang zwischen Ursache und Wirkung sieht. Das Trauma kann sogar mehrere Tage zurückliegen". Im allgemeinen sterben diejenigen Kinder, die an den Folgen einer Mißhandlung sterben, an einem Gehirntrauma. Die Strangulierung ist selten und der Tod wird auch nicht durch die Mißhandlung anderer Körperpartien hervorgerufen. "Die Autopsie ist deshalb die einzige Stunde der Wahrheit. Der Tod ist ein Zeuge, den man anhören muß. Ich ziehe die Autopsie dem Verhör der Eltern des Kindes vor. Man weiß dann ohne jeden Zweifel, ob das Kind an den Schlägen oder an den Folgen eines Unfalls gestorben ist. Das ist wesentlich... Das was die Eltern erzählen... Sie können sagen was sie wollen. Die Autopsie sagt die Wahrheit. Für mich als Gerichtsmediziner ist ein Toter nichts. Ich sehe einen toten Körper als wissenschaftliches Objekt an, das dazu dient, die Wahrheit zu finden. Deshalb ist für mich der Körper eines Kindes nicht rührender, weil es der Körper eines Kindes ist. Ein Leichnam ist kalt und kühl, er ist ein Gegenstand. Man betrachtet den Körper, man schlitzt ihn überall auf. Man schneidet systematisch die Stellen auf, wo sich die Blutergüsse befinden. Unter den an der Oberfläche liegenden Blutergüssen kann man die Traumata finden. Alle drei bis vier Zentimeter werden Einschnitte an den Hüften, dem Gesäß, den Beinen... gemacht. Dann wird der Körper vom Kinn bis zum Schambein geöffnet, um den Zustand der Eingeweide festzustellen. Die gerichtsmedizinische Autopsie muß vollständig sein. Die Möglichkeit einer organischen Ursache, die nichts mit dem Trauma zu tun hat, muß ausgeschaltet werden (...). Das Haupthaar wird entfernt. Die Schädeldecke wird geöffnet, um die Stellen der Hirnhautblutung festzustellen. Die Gehirne der Kinder sind immer schlaff und weich. Das Gehirn ist von der Schädeldecke durch die Hirnhäute getrennt. Wenn ein Gehirn erschüttert wurde, bluten die Gefäße unter dem Hirnmantel. Man sieht eine Anhäufung von Blut - ein niedliches kleines Nest -, das Gewebe blutet und der Blutungsherd erscheint. Die Schädeldecke wird auf der Höhe des Knochens untersucht. Man sieht ganz deutlich die Spuren des Bruches. Was zum Beispiel die beiden

Säuglinge anbelangt, die Babys von 2 1/2 Monaten, an denen ich die Autopsie im Abstand von 2 - 3 Jahren vorgenommen habe, so konnte man genau die gleichen Gehirntraumen feststellen. Sie waren fast dekkungsgleich. Die Eltern haben es abgestritten. Sie haben darauf bestanden - Vater wie Mutter -, nichts gemacht zu haben. Aber bei der Autopsie haben wir zahlreiche Gehirntraumen festgestellt. Jedes der beiden hatte vier oder fünf Schädelbrüche. Der Tod kann nur durch wiederholte Gewalteinwirkung herbeigeführt worden sein. Stürze können nicht so schwere und auf solche Art und Weise verteilte Brüche verursachen, wie wir sie bei den kleinen B. Q... vorgefunden haben.

Und dann ist auch sie gestorben

Im November 1977 wird das Ehepaar B. Q... im Schwurgericht von Paris vernommen. Sie spricht wenig, man versteht sie kaum. Sie hat eine rote Nase, vielleicht hat sie geweint oder sie ist erkältet. Sie hat ein Taschentuch in der Hand. Er antwortet auf die Fragen des Richters. Er wiederholt die Antworten, weil seine Stimme leise ist und weil der Richter das schlecht versteht, was er schon kennt. Sie sitzen nebeneinander, sie reden nicht miteinander, sie gucken sich nicht an und sie beschuldigen einander nicht. Aber sie erklärt, daß er sie schlug, weil er eifersüchtig war und er gibt zu, daß er gewalttätig wurde, wenn sie nach dem Weglaufen wieder zurückkam. Einmal hatte er 8 Tage ohne zu Essen und ohne das Haus zu verlassen auf sie gewartet. Die Kinder? Sie sprechen wenig darüber. Jedesmal um zu sagen, daß sie sie nicht geschlagen haben: weder das erste Baby, einen Jungen, noch das zweite, ein Mädchen, das von einer verkrusteten und eitrigen Wunde auf der Wange entstellt war, die nach Meinung der Gerichtsmediziner von einer schweren Verbrennung herrührte und von der der Vater

wiederholt behauptete, sie wäre entstanden, weil sich der Schnuller von der Flasche gelöst habe und die Milch über das Gesicht des Kindes gelaufen sei - "sie hat ein bißchen geweint, ich habe sie abgeputzt und ihr anschließend etwas Babycreme auf das Gesicht geschmiert". Er hat nicht gesehen, daß sie es geschlagen hat. Sie hat nicht gesehen, daß er es geschlagen hat.
Dem Staatsanwalt fällt es nicht schwer, das übliche Publikum im Schwurgerichtssaal zu beeindrucken. Rentner und Rentnerinnen finden sich hier im Warmen ein, um die Geschichten des Lebens zu hören, darüber zu klatschen, sich zu entrüsten und sie nach moralischen Gesichtspunkten zu beurteilen, die denen des Staatsanwaltes gleichen.
Sie hat zwei uneheliche Kinder. Ein Mädchen von 9 Jahren, das sie weggegeben hat. Einen Jungen von 5 Jahren, den sie weggegeben hat. Sie hat sie für 6 Monate bei sich behalten, dann hat sie eine Pflegestelle beantragt. Die Pflegemütter werden von der Fürsorge bezahlt. Sie hat spät geheiratet. Er auch. Sie lebte in der Region Sarthe, er in Paris. Sie haben sich durch Korrespondenz kennengelernt... So sieht es aus.
Für alle beide : lebenslänglich Haft.
Sie hat Berufung eingelegt.
Sie sitzt in Fleury-Mérogis im Gefängnis. Sie spricht darüber. Sie ist 31 Jahre alt, hat eine hohe gewölbte Stirn, einen eigensinnigen aber wegen der Brille undeutlichen Blick und die roten Wangen der Frauen vom Lande:

Meine Mutter hat meinen Bruder immer vorgezogen. Er ist sieben Jahre älter als ich. Meine Mutter hat mir Stricken, Nähen, Saubermachen und Kochen beigebracht. Also praktisch wie man einen Haushalt führt. Mein Vater mochte mich gern, er war Landarbeiter, wir wohnten in Château-sur Loir im Departement Sarthe.
Ich ging niemals aus, ich war schüchtern und ver-

schlossen. Ich ging nicht gerne aus.
Mit 14 kam ich aus der Schule.
Die Tage und all das, davon wußte ich nichts. Eines Morgens, als ich zur Schule wollte, habe ich das festgestellt. Ich habe Angst gehabt. Ich habe es meiner Mutter gesagt und die hat mir eine Binde gegeben. Sie hat mir nichts gesagt, nichts erklärt. Mit 14 kam ich in den Haushalt. Er war beim Militär. Sie war nie da. Ich versorgte den Haushalt und kümmerte mich tagsüber und wenn sie abends ausging um die 3 Kinder. Eines Tages hatte ich die Nase voll. Ich machte alles. Ich erzählte meiner Mutter, daß die Frau kein sehr normales Leben führte. Ich gab die Stelle auf. Ich ging nach Hause zurück. Später war ich Serviererin in einem Café, das war sehr hart, ich hatte nicht viel Freizeit. Dort bin ich auch weggegangen.
Ich blieb bei meinen Eltern bis zum 21. Lebensjahr. Ich ging nicht aus. Ich hatte keine Freunde. Ich bin nach Paris gegangen. Ich dachte nicht an Jungen, das interessierte mich nicht. Ich hatte meiner Mutter gesagt, daß ich nicht heiraten würde. Nicht sofort. Meine Mutter hat auch erst spät, mit 28, geheiratet. Ich habe immer gedacht, ich würde es wie sie machen, daß ich das gleiche Leben hätte. Auf jeden Fall. In Paris arbeitete ich in einem Selbstbedienungsladen. Und ich merkte sehr wohl, daß der Chef um mich herumstrich. Solche Dinge passieren mir immer wieder. Dazu habe ich wirklich Talent. Nach der Arbeit ging ich auf mein Zimmer. Das war ein kleines Zimmer im XV. Pariser Bezirk. Eines Samstags bin ich mit einem Mädchen, das mit mir zusammenarbeitete, ausgegangen. Zum Ball. Aber ich wollte nicht tanzen. Ich saß da und gab allen einen Korb, die mich aufforderten. Ich bin wieder zum Ball gegangen. Ich habe etwas getanzt. Aber ich mochte es nicht so sehr, in den Armen eines Mannes zu sein. Übrigens, die Beziehungen zwischen Mann und Frau, das mag ich nicht. Ich habe niemals geliebt. Ich ziehe es vor, daß sich da nichts abspielt, wenn es ein netter Mann ist.

Meine Mutter ist gestorben. Ich dachte nicht, daß mir das weh täte. Ich bin zu meinem Vater zurückgekehrt. Ich habe mich um das Haus, meinen Vater, meinen Bruder und den Großvater, der aus der Klinik kam, gekümmert. 3 oder 4 Jahre lang. Ich ging nie aus. Es war eine kleine Stadt. Gleich neben uns gab es eine kleine Wäscherei, man half sich gegenseitig. Sie vermieteten im Sommer Zimmer. Dabei habe ich einen Mann von etwa 40 - 45 Jahren kennengelernt, der mich mit einem Freund von ihm, einem Junggesellen, in Verbindung gebracht hat. Er wohnte in Paris. Wir haben uns geschrieben. Und eines Tages hat er mir gesagt, daß er mich bei meinem Vater besuchen käme. Wir haben uns getroffen. Wir hatten uns am Bahnhof in der Halle verabredet. Ich saß auf einer Holzbank und wartete auf ihn. Als der Zug anhielt, sah ich einen Mann aussteigen. Das war er. Er hatte mir in einem Brief geschrieben: ich werde so und so angezogen sein. Ich sagte mir: das ist er. Ich trug ein grau-blaues Kostüm. Damals trug ich noch keine Brille. Ich hatte die gleiche Frisur (ich hatte immer lange rotblonde Haare und eine Spange oben auf dem Kopf). Von klein auf. Wir sagten uns guten Tag. Wir gingen in ein Café in der Stadt. Wir haben wenig gesprochen. Er hat mich in ein Restaurant ausgeführt. Ich kannte das nicht. Nach dem Restaurant ging er in sein Hotelzimmer und ich bin zu meinem Vater zurückgekehrt. Am anderen Tag haben wir uns morgens in dem gleichen Café wieder getroffen. Er hat zu mir gesagt: "Du gehst zu Deinem Vater und packst Deinen Koffer, ich nehme Dich mit". Ich habe ja dazu gesagt. Mein Vater wollte ihn sehen, bevor ich abreiste. Sie haben sich in dem Café ein bißchen unterhalten und ich habe meinen Koffer gepackt. Wir haben den Abendzug genommen. Das war am 11. November (französischer Nationalfeiertag); wir sind im Stehen gereist. Wir sprachen wenig miteinander. Er war nicht sehr gesprächig. Und ich auch nicht. In Paris hat er mich in das Zimmer, das er in der Gegend vom Bahnhof St. Lazare gemietet hatte, geführt. Es war ein Stundenhotel. Ich sah dort die Mädchen, die auf den Strich gingen. Ich habe Angst bekommen. Ich habe es ihm gesagt. Er hat mir versprochen, daß wir das Viertel in drei, vier Tagen verlassen würden. Am Abend... ich hatte niemals so mit einem Mann geschlafen. Ich mochte das nicht. Er sagte mir, daß es bei ihm mit den Frauen nie geklappt hätte. Ich habe als Putzfrau gearbeitet, bevor ich eine Stelle als Hausmeisterin bekam.

Wir haben geheiratet. Von dem Tag an, wo ich mit ihm verheiratet war, war es aus. Vorher war er nett. Aber nach der Hochzeit betrachtete er mich als sein Eigentum. Ich mußte in meiner Hausmeisterloge bleiben und durfte nie rausgehen. Er überwachte mich die ganze Zeit. Ich durfte zu niemandem sprechen. Die Einkäufe machte ich mit ihm. Er schlug mich. Wenn ich zur Polizei ging, sagten die mir: "Das wird sich wieder geben", und sie notierten nicht immer die Klage. Wenn ich ihm sagte, daß ich zur Polizei ginge, sagte er: "Damit habe ich nichts zu tun. Sie brauchen nur herzukommen, dann werden wir schon sehen". Und ich, ich erklärte ihm, daß er sich eines Tages hinter Schloß und Riegel wiederfinden würde. Und nun bin ich seinetwegen da. Ich konnte mir nicht vorstellen, daß ich mich auch hier wiederfinden würde, das ist unmöglich. Als ich geheiratet habe, war ich schwanger. Ich wollte ein Kind. Ich dachte, daß würde ihn verändern. Als ich aus der Klinik zurückkam, wollte er das Kind nicht sehen, weil es ein Junge war. Er wollte ein Mädchen, sagte er. Er wollte nichts davon hören. Er hatte Tobsuchtsanfälle. Eines Tages war das Baby tot.

Er überwachte mich ständig. Manchmal ging ich weg. Er schlug mich, wenn es ihm einfiel. Ich wußte nicht wohin. Einmal bin ich 8 Tage weggeblieben. Wo sollte ich hingehen? Ich hatte jemanden kennengelernt. Er sagte mir, er wäre Polizeiinspektor. Ich habe ihm geglaubt. Ich fand das gut. Beim Prozeß habe ich er-

fahren, daß er gelogen hatte. Aber er wollte auch nicht, daß ich rausging, er schloß die Tür seines Zimmers bis zu seiner Rückkehr ab. Ich bin zurückgekommen. Mein Mann war in den Hungerstreik getreten. Er war in der Klinik. Ich dachte, er würde sich ändern. Wir bekamen eine Tochter. Er wollte nie, daß ich sie berühre. Er kümmerte sich um sie und wollte nicht einmal, daß ich sie auf den Arm nahm. Ich weiß nicht. Er war so eifersüchtig. Und dann ist auch sie gestorben. Er hatte ihr vorher die ganze Backe verbrannt. Er hat gesagt, das wäre die Milch aus der Flasche gewesen. Jetzt bin ich hier. Ich habe nicht geglaubt, daß ich lebenslänglich kriegen würde. Ich habe es nicht geglaubt. Er hat mich in diese Geschichte reingezogen. Ich beantrage die Scheidung. Ich könnte nicht mehr mit ihm leben. Beim Prozeß habe ich nicht mit ihm gesprochen. Ich konnte nicht mit ihm sprechen. Übrigens war der Richter widerlich zu ihm, fand ich. Zu mir war er eher freundlich, wenn er mir Fragen stellte.
Aber ich habe lebenslänglich gekriegt.

Im Gefängnis strickt sie für ihre Kinder

Die Mutter von Martine lebt so dahin, zwischen Schwangerschaften, Geburten und Verhaftungen. Der wieder frei gelassene Freund kommt ins Krankenhaus. M... wird für ein Jahr in einem Heim aufgenommen. Der Freund kommt aus dem Krankenhaus zurück, und das Paar nimmt das gemeinsame Leben wieder auf. Der Junge wird seiner Mutter zu der Zeit zurückgegeben, als das dritte Mädchen geboren wird. Der Vater und die Mutter unternehmen Schritte, um Martine und ihre Schwester, die immer noch bei der Pflegemutter sind, zurückzuholen. Es gelingt ihnen. Martine und ihre Schwester kommen in ihre Familie zurück. Geburt einer vierten Tochter. Der Freund sitzt von neuem ein und die Mutter ist wieder schwanger. Sechstes Kind,

fünftes Mädchen... Die Familie lebt von der Fürsorgeunterstützung. Eines Tages, im Juli 1975, stirbt Martine an zertrümmertem Schädel, wie die beiden Kinder von B. Q...
Seit der Inhaftierung der Mutter sind die Kinder vom Jugendamt ihres Bezirks untergebracht. Die Mutter wurde 1975 zu 5 Jahren Gefängnis verurteilt. Sie hat Nachrichten von ihren Kindern. Sie sagt, sie schreibe ihnen, aber sie wisse nicht, was sie ihnen sagen solle. Während ihrer Ausgangserlaubnis besucht sie sie, aber seit ihr Freund wieder in Freiheit ist, sieht sie ihre Kinder seltener. Die Erzieherin sagt: "Sie strickt für ihre Kinder; sie sagt, sie hänge an ihnen. Sie schreibt regelmäßiger an ihren Freund. Sie ist mehr Frau als Mutter und würde alles für den Freund tun." Eine Kindesmörderin im Gefängnis... Das weibliche Gefängnispersonal reagiert darauf viel empfindlicher als bei allen anderen Verbrechen. Jede Geste, jedes Wort wird in Bezug auf diese Tatsache interpretiert. Ob die Mutter nun für sie strickt oder nicht. Ob sie ihren Kindern schreibt oder nicht; davon spricht, sie zu sehen oder nicht; mehr oder minder oft Photos, Briefe oder Besuche beantragt. Das mütterliche Gefühl, seine Intensität, wird in der Gefängniswelt nach den Gesprächen über die Kinder gemessen: nach der Menge der Wiederholung und der Leidenschaftlichkeit... Nach dem guten Verhalten der Mutter und ihrem Fleiß bei der Arbeit... kann man beurteilen, ob sie nach ihrer Entlassung eine gute Mutter sein kann...
In der Werkstatt der "Teddybären" arbeiten mehrere mißhandelnde Mütter. Die Frauen in dieser Werkstatt tragen eine Schürze, auf deren Brusttasche ein Teddybär gestickt ist. Die Oberaufseherin sagt: "Das was gut geht, sind die Plüschtiere für Kinder. All' die kleinen Tiere, die man überall sieht: Pinguine, Löwen, Tiger, Elefanten und all so was... Sie machen das gern. Einige sind beim Zuschneiden, andere beim

Nähen oder Füllen. Sie zerreißen auch Federn für Hüte, machen Krawatten... Aber in einer anderen Werkstatt. Sie ziehen trotzdem die Teddybären vor." Diese Werkstätten gibt es in der Anstalt von Rennes. In Fleury-Mérogis setzen die Gefangenen Spezialinstrumente für die Kreißsäle der staatlichen Krankenhäuser zusammen. "Zum Beispiel Röhrchen für Transfusionen; das ist eine sehr wertvolle Arbeit. Sie wissen, daß sie nützlich sind, weil man damit das Leben eines Kindes retten kann. Sie leisten viel, selbst wenn die Arbeit ziemlich schwierig ist." Die Werkmeisterin, die darüber berichtet, ist zufrieden. Sie zählt in einem Register die pro Gefängnisinsassin erreichte Stückzahl zum Nutzen der staatlichen Müttergesundheit.
Wenn die Mutter sich mehr um den Freund als um die Kinder kümmert, so sagt man von ihr, sie sei "mehr Frau als Mutter".
Die Psychiater betonen in ihrem Gutachten über die Mutter von Martine, Frau M..., "ihre Beziehungen zu ihren Kindern, denen gegenüber sie eine wenig gefühlsbetonte, mütterliche Haltung einnimmt, stehen im Widerspruch zu der Bewegung, mit der sie von ihrem zur Zeit einsitzenden Freund spricht". Wenn also das Kind, die Kinder, nicht ALLES für eine Mutter bedeuten, so ist sie keine gute Mutter. Als ob ein Kind das affektive und sexuelle Verlangen seiner Mutter befriedigen könnte. Die Gespräche im Gefängnis und beim Gericht, die Vorträge der psychologischen Sachverständigen drängen die Frau in eine Mutter - Kind Psychose, einmal aus Pflichtgefühl, und dann, weil sie eine patriarchalische Vorstellung von der Mutter haben. Die Auffassung stimmt mit der der Aufsichtsbeamtinnen in den Gefängnissen überein. Eine berichtet von einer Gefangenen, die schwanger ins Gefängnis gekommen ist: "Sie liegt den ganzen Tag im Bett, raucht und tut überhaupt nichts. Sie hat keine sehr mütterliche Ader entwickelt. Ich habe ihr gesagt: 'Hier haben Sie keine Musik wie in

Fleury. Kaufen Sie Wolle und stricken Sie für das Kleine, das Sie erwarten.'" Eine andere erzählt: "Als ich Aufseherin war, war ich schwanger. Sie waren alle sehr nett zu mir. Was die Hilfsbereitschaft anbelangt... Sie waren sehr sanft, sie fragten mich, was ich brauchte, sie hoben belegte Brote für mich auf und fertigten Babywäsche für mich an. Sie erzählten von ihren Schwangerschaften und ihren Entbindungen. Wir diskutierten. Später, als ich in der Gerichtskanzlei war und als ich ihre Akten gelesen habe, war ich entsetzt. Das war nicht schön... diejenigen, die während meiner Schwangerschaft am nettesten zu mir waren, waren Frauen, die ihr Kind getötet hatten, und ich wußte nichts davon. Es war eine dabei, die hatte alles, um zu gefallen: sie war hübsch, vernünftig und hatte ein gutes Benehmen: sie hatte ihre kleine Tochter umgebracht, sie hatte sie mit einer Fleischgabel erstochen. Eine andere hatte Cayennepfeffer in die Augen und den After ihres Sohnes gestreut, und eine Dritte hatte gemeinsam mit ihrem Geliebten ihre Tochter auf ein genageltes Brett gelegt und sie mit einem Gürtel geschlagen. Die Kleine ist davon stumm geworden."
Ihr Geschlecht und ihr Platz in der Geschwisterfolge haben dazu beigetragen, daß Martine von ihrer Mutter zu Tode geprügelt wurde. Fünf Mädchen. Ein Junge. Martine war das zweite. Im Gegensatz dazu könnte man den Fall eines dreijährigen Jungen zitieren, der der zweite in der Geschwisterfolge von fünf Jungen und einem Mädchen war. Die Mutter bringt fast jedes Jahr ein Kind zur Welt. Der Ehemann, der sich selbständig machen wollte, geht pleite. Die Mutter, eine Arbeiterin, arbeitet nicht mehr. Sie erzieht ihre Kinder. Zunächst wird ein Sohn geboren. Dann noch ein Sohn, der im Alter von 3 Jahren unter eigenartigen Umständen stirbt. Die Eltern sprechen von Stürzen. Bei der Obduktion wird später, nach dem Tode von Hervé, dem dritten Jungen, der seinerzeit an einem Gehirnödem starb, das in der

Leichenhalle des Krankenhauses entdeckt wird, festgestellt, daß er an den Folgen von Gehirntraumen gestorben ist. Hervé, der dritte Sohn hatte den zweiten in der natürlichen Reihenfolge ersetzt. Die durch die aufeinanderfolgenden Schwangerschaften geschwächte und gereizte Mutter hat jedesmal kurz vor oder nach einer Geburt ihre "zweiten" geschlagen und getötet. Hervé wollte mit 3 Jahren weder allein laufen noch allein essen. Sie verprügelte ihn mit einem Handfeger, um ihn aufzurichten: "Ich will, daß Du gehst, ich will, daß Du gehst..." Er ist ein Junge. Sie will, daß er allein ißt; daß er allein läuft. "Wie ein Großer, wie ein Mann." Die Mutter der kleinen Martine war bereit, ihrem Kinde zu Essen zu geben. Die Mutter von Hervé erträgt die - ihrer Meinung nach - übertriebene Forderung des Kindes nicht. "Sie schlägt ihn mehrere Male lang mit dem Stiel eines Handfegers, bis ihre Wut verraucht ist. Als sie sich beruhigt hat, soll sie das Kind in ihre Arme genommen haben," - sie kann zärtlich zu ihm sein, weil er sterben wird und weil er besinnungslos ist - "und sie soll ihn mit seinen Spielsachen ins Bett gelegt haben (...). Gegen 11.15 Uhr kommt die Mutter, um nach Hervé zu sehen. Er ist blaß. Sie fragt ihn, ob ihm etwas weh täte. Er sagt ja, sie gibt ihm zu Trinken (...). Um 14 Uhr geht sie wieder zu Hervé. Er ist unfähig, einen Löffel zu halten, seine Hände zittern, er antwortet nur noch mit einem Gemurmel auf die Fragen. Er soll plötzlich geweint haben, dann soll er sich verkrampft haben, weich und kalt geworden sein und einen starren Blick bekommen haben..." Er stirbt einige Stunden später. Der Arzt verweigert die Bestattungserlaubnis.
Weil Martine ein Mädchen war.
Weil Hervé ein Junge war. Und sein Bruder ebenfalls. Man wird an dieses kleine Mädchen erinnert, das halb von einer Nachbarin aufgenommen wird, weil seine Mutter es schlecht behandelt und tot wünscht. Dieses Mädchen soll nicht leben, weil seine Schwester ge-

storben ist; das wird von einer Frau in ihrem Brief an Menie Grégoire* 1975 berichtet. Die Mutter dieses Kindes untersagt es der Nachbarin, es in den Arm zu nehmen, weil "seine Schwester gestorben ist und es nicht das Recht habe zu leben". Die Mutter vernachlässigt also das Kind. Die Nachbarn geben ihm Kleidung, flicken und waschen sie und geben dem Kind etwas zu essen. "Die Mutter läßt es außerhalb des Familientisches aus einem Blechnapf essen. Es trinkt aus einem Marmeladenglas und ißt im Alter von 13 Jahren noch mit einem Löffel...
Aber das, was mich besonders beunruhigt, ist ihr sexuelles Verhalten. Vor einiger Zeit, im Juni, habe ich sie mit auf den Markt genommen. Wir wurden von einem Algerier angesprochen, der mich um eine Auskunft bat. Da er den gleichen Weg hatte, folgte er uns. Ich betrachtete die Kleine, sie war ganz blaß und schwitzte vor Angst. Sie wiederholte immer wieder: "Ich habe Angst..., er wird uns etwas antun..." Ich habe sie beruhigt. Zu Hause zitterte sie immer noch... das ist eigenartig, diese Angst, die sie vor Männern hat. Diese Panik. Eines Tages wird sie eine leichte Beute sein... Diese Gören, die so ohne Zärtlichkeit aufwachsen, lassen sich beliebig manipulieren. Sie hat 2 Jahre gebraucht, um meinen Mann zu akzeptieren. Wenn sie zu uns kommt, dann zieht sie ihre schmutzigen und zerrissenen Kleider aus, die ihre Mutter sie zu tragen zwingt und

* Mit diesem Zeichen sind die an Menie Grégoire gerichteten Briefe gekennzeichnet, die sie uns freundlicherweise zur Verfügung gestellt hat.

Anmerkung der Übersetzerin:
Menie Grégoire ist in Frankreich sehr populär. Seit ca. 10 Jahren erteilt sie über den Radiosender RTL und auch per Post Ratschläge an Menschen, die sich mit ihren Problemen an sie wenden.

zieht sich andere, saubere an... Ihr beliebtester Spaziergang führt zur Müllkippe... Wir sind nach 9 Ehejahren kinderlos. Ich kenne die Kinder gut und vergöttere sie. Aber dieses Mädchen macht mich völlig hilflos, und das, obwohl ich weiß, was es bedeutet, ohne Zärtlichkeit aufzuwachsen. Ich habe mir mehrere Jahre lang Gewalt antun müssen, um mich umarmen und küssen zu lassen... Glauben Sie mir, das war nicht einfach."

Weil sie das Essen nicht von der Mutter annehmen wollten, sind Martine und Hervé gestorben. Die Nahrung, das ist die Mutter. Etwas zum Essen einkaufen, vorbereiten, Essen geben und dadurch das Leben mit ihren Händen und ihrem Mund weitergeben. Es ist die Mutter, die die Nahrungsfürsorge übernimmt, und die Probleme und Schwierigkeiten, die die Kinder beim Essen machen, treffen sie in ihrem Innersten. Die Mutter oder ihre Vertreterin: Amme oder Großmutter – Mutter der Mutter, Mutter des Vaters. Immer eine Frau. Aber es kommt vor, daß der Vater den Platz der Mutter übernimmt – selbst wenn der Fall selten ist –, um bei den Mahlzeiten förmlich und streng den Vorsitz zu führen.

SIE IST BEWUSSTLOS GEWORDEN

Dies ist die Geschichte eines kleinen Mädchens von 3 Jahren: Joelle. Sie ist die Tochter von R.L.... R.L. hat eine junge Frau, ledige Mutter eines kleinen Jungen, geheiratet. R.L... hält seine Frau für unfähig, ein Kind oder zumindest seine Tochter zu erziehen. Um sie zu bestrafen, daß sie einen unehelichen Sohn hat, oder weil er einfach meint, daß seine eigene Mutter besser als seine Frau in der Lage sei, Joelle zu erziehen, vertraut er sie seiner Mutter an. Und dann meint er eines Tages, daß es seine Pflicht sei, sich selbst um seine Tochter zu kümmern. Er holt sie bei seiner Mutter weg, die sich weigert, ihm die Tür zu öffnen. Er schießt mit einem Karabiner in die Tür, bricht sie auf und raubt seine Tochter. Er hat sie schon ihrer Mutter entrissen und entreißt sie nun mit Gewalt ihrer Großmutter. Er bestimmt den Speiseplan von Joelle. Er findet die Frauen, seine Mutter und seine Frau, seien zu lasch. Sie verwöhnen sie und geben ihr noch die Flasche. Er zwingt also seiner Tochter eine Art Essensumschulung auf. Er sagt: "Während des Mittagessens und wenn ich da war, habe ich selbst eingegriffen, um das Kind zum Essen zu bringen (...), verärgert durch sein Verhalten, habe ich ihm den Hintern versohlt und es manchmal geohrfeigt (...). Ich habe ein sehr unbeherrschtes Temperament und konnte das Theater, das das Kind mit seiner Essensverweigerung machte, nicht ertragen." Dort wo Unordnung herrscht, wird er für Ordnung sorgen. Das kleine Mädchen wird diese autoritäre Fürsorge für seine Gesundheit und seine Ernährung mit einem hundertprozentigen Widerstand beantworten, so daß es diesem Mann,

diesem Usurpator der Ammenfunktion, nur gelingt die kleine Wilde zu beherrschen, indem er sie tötet.
Der Bericht unterstreicht, daß "er ihr eine Ernährung aufzwingen wollte, die seiner Ansicht nach ausgeglichener und ihrem Alter angepaßter wäre (...).
Die Mahlzeiten wurden zu erschöpfenden Szenen, wo das Kind die Macht des passiven Widerstandes gegen die Unbeugsamkeit der Eltern setzte. Und doch gab R. L... ihm eigenhändig die Vitaminampullen Arphos B 12, die nach seiner Ansicht ein Beweis dafür waren, daß ihm die Gesundheit des Kindes sehr teuer war." Er fügt hinzu: "Ich habe niemals die Absicht gehabt, dem Kind Verletzungen zuzufügen." Joelle "hat ihre Mutter mit verdrehten Augen angesehen und dann ist sie bewußtlos geworden." Der Ehemann versuchte erfolglos sie durch Mund zu Mund Beatmung wieder ins Leben zurückzurufen. Die Eltern leugneten bis zur Autopsie jegliche Gewaltanwendung. Sie erzählten, daß Joelle jede Nahrungsaufnahme verweigerte, daß sie abmagerte, oft ihr Gleichgewicht verlor, hinfiel und sich weh tat. Sie starb an einer Hirnhautblutung.
Ihr Vater wollte das Kind erziehen und aus ihm ein hübsches, von Gesundheit strotzendes und nach einer ausgesuchten Ernährungsweise ernährtes kleines Mädchen machen. Es ist ihm nur gelungen, seine Wangen durch Schläge zu röten, bevor er es umbrachte.
Francoise **, ein anderes kleines Mädchen, wäre auch fast auf diese Art und Weise gestorben. Aber die intensive väterliche Mund zu Mund Beatmung und die verstärkten Wiederbelebungsversuche haben sie langsam wieder ins Leben zurückgeholt, das sie nach ihrer komahaften Ohnmacht fast verloren hatte.

** Mit diesem Zeichen kennzeichnen wir die Beobachtungen, die Doktor Strauß und seine Mitarbeiter in ihrem Bericht festgehalten haben. Pierre Strauß hat uns freundlicherweise diesen Bericht zur Verfügung gestellt. Wir danken ihm dafür. Anm.d.Ü.: Dr. Strauß ist Kinderarzt in einer Pariser Kinderklinik und hat sich besonders mit dem Problem der Kindesmißhandlung befaßt.

Francoise, 3 Jahre alt, ist die Tochter von Frau M... Frau M... hat zwei Kinder aus zwei verschiedenen Verbindungen. Einen Jungen und ein Mädchen: einen kleinen Mischling. Sie hat die Kinder von der Geburt an ihrer Mutter anvertraut. Diese war schon vor langer Zeit von ihrem Mann verlassen worden. Frau M... ist Fahrkartenlocherin bei der U-Bahn. Ihre Arbeitszeit gestattet es ihr nicht, die Kinder bei sich zu behalten. Als sie Herrn M... heiratet, nimmt sie die Kinder nicht sofort zu sich. Die Wohnung ist zu winzig. Die Kinder kommen von den Großeltern zu Onkeln und Tanten. Mit 3 Jahren kommt Francoise zu ihren Eltern, die sie kränklich und ängstlich finden. Sie sind beunruhigt, daß sie gar nicht spricht. Die Mutter sagt, sie sei wie ein kleines Tier. Der Ehemann der Mutter, der die Kinder anerkannt*** hat, will sich um ihre Erziehung kümmern - er sagt, er sei stolz darauf, einen Sohn zu haben und er wolle seine Erziehung in die Hand nehmen - und sie wie seine eigenen Kinder erziehen.

*** Nach französischem Recht wird die Abstammung eines unehelichen Kindes entweder durch freiwillige Anerkennung oder durch ein Gerichtsurteil festgelegt. Wird das Kind nur von einem Elternteil freiwillig anerkannt, so übt dieser auch die elterliche Gewalt aus.
Wird das Kind von beiden Eltern anerkannt, so hatte nach der alten Gesetzgebung derjenige, der das Kind zuerst anerkannte und bei gleichzeitiger Anerkennung durch beide Elternteile, der Vater, die elterliche Gewalt.
Nach der Gesetzesänderung von 1970 wird bei gemeinsamer Anerkennung eines unehelichen Kindes durch die Eltern im allgemeinen der Mutter das Sorgerecht übertragen.
Das Kind erhält den Namen desjenigen, der es zuerst anerkannt hat und bei gleichzeitiger Anerkennung den Namen des Vaters. Wenn das Kind zuerst nur von der Mutter anerkannt worden ist, kann es später den Namen des Vaters übernehmen, wenn beide Eltern das beim Vormundschaftsgericht beantragen. Wenn das uneheliche Kind vom Vater nicht anerkannt wurde, so kann der Ehemann der Mutter mit ihrer Zustimmung dem Kind seinen Namen geben.

3 Wochen später wird Francoise ins Krankenhaus eingeliefert. Sie ist im Koma. Man stellt eine rechtsseitige Lähmung und beiderseitige Lähmungen im Augenhintergrund fest... außerdem Hautverletzungen "kleine, runde, oberflächliche Wunden, die über den ganzen Körper verteilt sind ... Es könnte sich um Verbrennungen von Zigaretten handeln ... oder um Wunden, die von Fingernägeln stammen". Sie wird auch nach einer langen krankengymnastischen Behandlung körperliche Schäden von diesen Traumen zurückbehalten. Was die Sprache anbelangt, so ist sie für ihre 4 Jahre erheblich zurück. Sie verbringt eine gewisse Zeit bei einer Pflegemutter, die sich um zurückgebliebene Kinder kümmert. Nach und nach lernt sie wieder, ihren Arm und das Bein, die von der Lähmung betroffen sind, zu gebrauchen, und sie lernt sprechen. Mit 8 Jahren lebt sie bei ihrer Großmutter mütterlicherseits, die sie einem privaten Heim anvertraut hat. Francoise nimmt wegen eines Sprachfehlers auch an einem sprachheilpädagogischen Kursus teil. Ihr Bruder wurde auch in einem Heim untergebracht, aber er sieht seine Eltern jedes Wochenende. Er ist niemals mißhandelt worden. Der gewalttätige Adoptivvater mißhandelte seine Frau - er schlug sie, weil er fürchtete, sie würde ihn verlassen - und die Tochter seiner Frau, so als ob sie seine eigene Tochter wäre. Er sagte zu seinem Sohn, daß "seine Mutter ihre Negerin vorziehen würde". Die Mutter toleriert die Gewalttätigkeiten des Ehemannes aus Dankbarkeit für einen Mann, der sie geheiratet hat, obwohl sie ledige Mutter war, und der ihre beiden Kinder anerkannt hat, auch wenn er sie sofort mißhandelt oder weggibt. Er wundert sich: Mißhandlungen? Was für Mißhandlungen? Er hat ihr das Leben gerettet. Er hat seine Vaterpflicht erfüllt. Er hat ihr das Leben wiedergegeben: eine zweite Geburt, eine Wiedergeburt. Er hat ihr seinen Atem, ja sogar sein Leben eingehaucht. Eine halbe Stunde lang hat er alles für sie getan: er braucht

sich nie mehr um sie zu kümmern; er hat bewiesen, was sie ihm wert ist und daß er sie wie ein Vater liebt. Sie wird leben. Was bedeuten schon die Folgen, die Spuren... Wenn sie hinkt, wenn sie schielt... Wie wird sie mit dieser Verstümmelung ihres Körpers fertig werden? Ebenso schlecht wie Yasmina, die sich mit einem Hüftleiden in der Halle des Aufnahmeheims bewegt und die versucht, wie die anderen Mädchen den Bump zu tanzen.

Darauf tanzt man den Bump

Januar 1978. Sie sind alle da in der kleinen Halle des Heims. Es ist Nachmittag. Es hat geschneit. Sie haben keine Lust nach draußen zu gehen. Sie legen Platten auf und tanzen miteinander. Sie sprechen wenig. Oder aber von den Diskotheken, wo sie sich am Samstagabend in Paris oder den Vororten treffen. Durch Freunde haben sie Verbilligungen. Sie amüsieren sich gut, tanzen, trinken – die Freunde bezahlen – und schwatzen. Das ist Klasse. Sie gehen dort zweimal in der Woche hin. Oder... das kommt drauf an. Eine von ihnen, eine Araberin, ist schwanger. Sie trägt noch Jeans, die ihren Bauch einengen und abzeichnen. Ihre hochhackigen Schuhe betonen beim Gehen das Herausragen ihres Hinterteils. Sie tanzt mit einer Freundin. Die andere ist nicht schwanger. Groß und mager wie sie ist, fragt sie beim Tanzen: "Sie stehen mir, findest Du nicht? " – "Ja, ja." – "Weil man sie mir hier gegeben hat." Das sind sehr enge Jeans aber ihr Bauch ist flach und der Gürtel der Hose engt ihn nicht ein. Sie hat durchsichtige grüne Augen und einen verschwommenen Blick, der dennoch anziehend wirkt. Sie tanzen DADDY COOL mit voller Hingabe; sie sagen zu einem Mädchen, das hinter ihnen an einer alten Schreibmaschine sitzt: "Darauf tanzt man den Arschwalzer." Er nennt sich auch Bump. "He, halt an! Sie

tritt mich doch glatt in den Arsch, diese da..."
Yasmina kommt, sie hinkt. Sie ist nervös und geschwätzig. Sie schreit: "Oh la la! Diese alberne Platte! Seit fünf Jahren hört man sie schon in diesem Puff. Ich habe davon die Schnauze voll!" Die anderen hören ihr nicht zu. Sie tanzen weiter. Sie legen die Platte von neuem auf. Sie hören auf und gehen weg, um Zigaretten zu kaufen. Yasmina bleibt allein. Sie legt ein Chanson auf und während sie zuhört, tippt sie auf die Tasten der Maschine: "Ein Herz, das für Dich schlägt." Sie singt gleichzeitig mit D. Roussos, sie kennt es auswendig.

> Wo Du auch morgen sein wirst,
> Welchen Weg Du auch immer gehen magst,
> Du weißt, daß ich ein Herz habe,
> Daß für Dich schlägt ...

Sie hört es drei oder vier Mal bis zur Rückkehr der anderen, die wieder DADDY COOL auflegen.
Yasmina sagt: "Ich wollte nicht in dem anderen Heim bleiben. Dort ist es nicht schön. Es ist dort nicht gemütlich. Hier ist es besser. Dort kann man sich nicht ernsthaft mit den Jungen unterhalten. Um sich zu amüsieren, verlassen sie das Heim. Ich mag nicht ausgehen. Ich mag nicht auf die Straße und in die Cafés gehen. Deshalb bin ich hierher zurückgekommen. Morgen gehe ich in ein anderes Heim. Nicht in Paris. Und ich hoffe, daß meine Eltern nicht kommen." Sie erhebt sich. Sie legt eine Platte auf: "So soll es sein."

> Wie ein Schiff in Seenot,
> das sich an ein SOS klammert,
> wie eine Flamme, die angezündet wird
> wie in einem Gebet mit geschlossenen Augen
> so will ich Dich lieben, so soll es sein.

"Morgen gehe ich zum Vormundschaftsgericht." Sie wartet auf Morgen und tanzt unterdessen den Bump.
Wird man Francoise einmal erzählen, daß sie fast gestorben wäre? Vielleicht wird sie erfahren, daß sie

von ihrem bewundernswürdigen Vater gerettet wurde...
Man wird ihr nicht erzählen, daß er dieses nicht von ihm gezeugte kleine Mädchen töten wollte: ein Mädchen, eine Wilde, stumm und nicht sehr ansprechend, mit dem er nichts hätte anfangen können und das er aus dem Haus schaffen mußte... Eines Tages wird sie die Zeugenaussage ihrer Mutter lesen: "Gegen 17 Uhr bin ich zu meiner Arbeit gegangen. Francoise schlief und wachte nicht auf, als mein Mann gegen 20 Uhr nach Hause kam. Gegen 22 Uhr war mein Mann in der Küche und Francoise lag auf unserem Bett, da hörte mein Mann einen lauten Schrei. Er hat sofort gedacht, daß das Kind aus unserem Bett gefallen sein könnte. Er hat mir erzählt, als er kam habe sie ganz steif auf dem Bett gelegen, ihr Körper sei wie ein Flitzebogen gekrümmt gewesen. Da sie sehr unruhig war, habe er sie nicht allein lassen können (...)
Er hat ihr einen frisch angefeuchteten Waschlappen auf das Gesicht gelegt, sie hat das Bewußtsein verloren und er hat versucht, sie mit Mund zu Mund Beatmung und Herzmassage wiederzubeleben."
Das Schlafzimmer der Eltern. Das Bett der Eltern, wo die Kinder das Bewußtsein verlieren oder sterben. Dieses Bett ist auch ihr Totenbett, wo der Körper wenigstens einmal zärtlich hingelegt wird. Francoise wird sich eines Tages irgendwie daran erinnern, an das Bett, den Schrei, das Bewußtloswerden, den Vater und die Mutter, die sich über sie beugten und versuchten, sie zu sich zu bringen. Zu ihnen? Wie Yasmina, so wird Francoise auch vielleicht wiederholen, daß etwas mit ihr passiert ist als sie klein war, daß sie nicht weiß, was und daß sie seitdem wegen ihrer Hüfte, ihres Beines oder ihres Fußes in die Klinik geht, um eines Tages genauso zu gehen, wie die anderen... übrigens hat sie Fortschritte gemacht und man hat ihr gesagt, daß sie neue orthopädische Schuhe anziehen könne...
Vom Körper der Mutter zum Körper des Kindes. Die Mutter behandelt die Materie für sie oder ihn. Sie

gibt mit ihren Händen und ihrem Mund zu essen - sie probiert immer, ob es zu heiß, zu kalt, nicht genug gesalzen oder zu süß ist, zuerst kommt sie und dann das Kind, für das alles fertig ist, richtig gekocht und gewürzt. Manchmal ißt sie sogar ein bißchen vorweg, kaut es, um es zarter zu machen, um es abzukühlen und damit es gut rutscht, damit das Kind es nicht wieder ausspuckt. Sie pustet, wenn es dampft. Sie macht gleichzeitig mit dem Kind Geräusche mit dem Mund, sie kaut mit ihm und schluckt auch, aber sie tut nur so als ob. Die Nahrung hat sie für das Kind vorbereitet, nicht für sich. Und es kommt vor, daß sie für das Kind mit dem Finger in die Schüssel fährt oder daß sie, wenn das Kind keinen Hunger hat, die Schüssel ausleckt, so wie sie ihm die Finger einen nach dem anderen ableckt, und wenn es schmutzig im Mundwinkel ist, dann macht sie es mit ihrer eigenen Spucke sauber. Das ist eine lange Geschichte von dieser körperlichen Beziehung. Es werden immer die gleichen Gesten die gleichen Worte und die gleichen Listen wiederholt. Das Essen ist verschieden. 3 mal täglich. Selbst wenn das Kind allein ißt, ist die Mutter da, um es zu drängen, um nachzufüllen, um ihm zu helfen und mit ihm zu sagen: Das ist gut ... ich mag das... das ist ganz köstlich... oder: Bäh, ich mag das nicht... ich will das nicht... hier ist es das Kind, das allein spricht. Die Mutter ist nicht mehr Helfer, wenn das Kind nein sagt: Wenn Du nicht ißt, dann wirst Du dünn, dann kriegst Du keine Muskeln, dann wirst Du krank; dann kannst Du sterben. Die Vitamine sind gut für die Gesundheit. Du wirst schlecht aussehen.

Süße des Essens. Drohungen in der Sprache der Mutter. Das dauert manchmal lange in der Küche. Und wenn es geschieht, daß das Kind seinen Teller und das, was darauf ist und von der Mutter kommt, zurückstößt, wenn es auch den Kampf auf Leben und Tod ablehnt, um mit der Mutter, die es ernährt, zu leben - als es in ihrem Bauch war, konnte es sich nicht weigern, das ging von ganz allein, sie selbst brauchte auch nichts dazu zu tun, nur wenn sie beschloß, nichts mehr zu essen, damit das Kind stürbe – dann droht die Mutter stärker, schreit und schlägt, weil nichts anderes mehr hilft und weil sie nicht möchte, daß das Kind krank wird... Diese Geschichte um die Ernährung zwischen Mutter und Tochter ist lang und schmerzhaft. Aber wenn das Kind die Mutter verlassen hatte und bei einer anderen Frau, der Pflegemutter, aufgewachsen ist, dann ist sie fast immer tragisch, wenn es an den mütterlichen Tisch und zum mütterlichen Körper zurückkehrt. Eine Frau, die von einem Kind erzählt: "Ich habe es ernährt... ich habe es aufgezogen", spricht immer gegen die leibliche Mutter, diejenige, die es in ihrem Leib getragen hat, es ausgestoßen hat, ohne ihm etwas zu essen zu geben und es abgeschoben hat, weil ... Also wird der Kampf zwischen Mutter und Pflegemutter beim Essen geführt: "Bei mir macht sie kein Theater, sie ißt gut, das geht prima und dauert keine Ewigkeit", wiederholt die Pflegemutter. Die Mutter beklagt sich: "Sie ist schwierig... sie will nicht essen, was ich ihr gebe. Das geht gegen mich..." Oft erinnert sich die Mutter in diesen Augenblicken an die eigene Kindheit: sie war auch so oder sie hatte keinen großen Appetit, sie war schwächlich. Oder sie sagt, daß das kleine Mädchen ihrer Mutter ähnlich sei, die hart und gewalttätig war, genauso schwierig wie das Kind. Es kommt vor, daß die Pflegemutter in der Kleinen, die sie ernähren soll, ihrem Pflegekind, etwas findet, was ihrem Narzismus schmeichelt: Es ähnelt ihr mehr als die eigenen Kinder und schon sie selbst ähnelte ihrer Mutter... Das kleine Mädchen, das von einer Frau ernährt wird, findet sein Ebenbild in der Mutter dieser Frau und seine eigene Tochter... Unendliche Wiederholung der gleichen Geschichte. Wenn das Kind, das Mädchen, das Bild der leiblichen Mutter durch das Essen ablehnt, dann verweigert es ihr die Anerkennung durch Liebe oder Haß.

Die Mutter kann sich nicht mehr in dem Kind erkennen, weil sich ihr Kind körperlich von ihr getrennt hat oder weil sie das Kind von sich getrennt hat, um es einer anderen, der Pflegemutter - seiner Mammi, Mamuschka, seinem Mammilein, seinem Schätzchen oder sogar seiner Mamma - ihren Brüsten, ihrem Schoß, ihrem Mund und ihren Pflegemutterhänden zu überlassen.
Dann beginnt die Mutter, die glaubt, ihre Rechte ausüben zu können, diesen undankbaren und ablehnenden Körper ihrer Tochter, der sie nicht liebt, zu quälen, um verzweifelt darauf aufmerksam zu machen, daß auch sie existiert, selbst wenn... Aber das kleine Mädchen hört sie nicht mehr. Entweder ist es tot, weil seine Mutter es getötet hat; oder es ist tot für seine Mutter, die mit einer anderen rivalisieren möchte - derjenigen, die es ernährt hat und die für das Kind die richtige Mutter ist - und die leibliche Mutter kann es nur schlagen, so wie man schlägt, wenn man einen Liebesbeweis erzwingen will. Damit es sagt: "Dich liebe ich", anstatt sich ständig zu weigern, sich von der Mutter küssen zu lassen, was man fast immer bei den kleinen Mädchen feststellen kann, die als Kleinkinder einige Jahre bei einer Pflegemutter verbracht haben und dann zurückkehren. Bloß nicht die Mutter berühren; weder ihre Wangen noch ihre Lippen auf der Haut spüren oder sich hinterher abwischen. Sich ihr nicht nähern, ihre Arme, ihre Röcke ablehnen. Ihre Hände während des Bades auf dem nackten Körper spüren... oder es ist die Mutter, die sich nicht traut, die Angst hat... Angst wovor? In der Wanne schrubbt eine Frau ihr kleines Mädchen mit aller Kraft, schüttelt es, tut ihm Seife in die Augen... Und dann schlägt sie es brutal.
Wenn es nicht stirbt, so wird sein Leben so aussehen: Es wird weggegeben, kommt wieder woanders hin, zurück zur Mutter, wird ihr wieder entzogen, kommt zu einer Pflegemutter und wird wieder nach Hause zurückgeschickt... von seiner Mutter zur Pflegemutter, von Pflegemutter zu Pflegemutter, dann zur Mutter, dann... in ein Heim, oft in ein Heim für schwererzieh-

bare Kinder... oft auch in ein Mütterheim... Und wenn nichts diesen Lauf der Dinge aufhält... vom Jugendrichter zum Untersuchungsrichter – Gerichtsverhandlung – Gefängnis. Das Gefängnis ist, wenn man sich die Geschichten der weiblichen Insassen anhört, ein privilegierter Ort für Frauen, die in ihrer Kindheit mißhandelt worden sind. Und nicht nur für diejenigen Frauen, die wegen Kindesmißhandlung oder -tötung verurteilt worden sind, sondern auch für viele andere: Zuhälterinnen, Prostituierte, Gewohnheitsverbrecherinnen... Es genügt, wenn sie sprechen... ihre Berichte gleichen sich, wie sie denen der jungen Mädchen in den Heimen und denen der ledigen Mütter in den Mütterheimen gleichen.

Wir werden sie gern haben, wir werden sie verwöhnen

"Wir werden sie verwöhnen. In der Dreizimmerwohnung, wo wir jetzt wohnen, haben wir ein Zimmer für sie reserviert. Sie wird glücklich sein... wir werden sie gern haben... wir werden sie verwöhnen", wiederholen der Vater und die Mutter von Nelly**.
Nelly war anderthalb Jahre alt, als ihre Mutter sie das letzte Mal vor ihrer Inhaftierung gesehen hat. Ihr Vater hat sie vor 4 Jahren wiedergesehen. Der Vater sagt: "Gemeinsam sprechen wir nie darüber. Meine Frau spricht nie darüber." Die Mutter sagt, sie wisse nicht, wie es Nelly geht. Sie habe es vergessen. Aber sie denke immer an sie. Sie wollen sie wiedersehen, um sie anschließend zu sich zu nehmen. Sie wollen "nochmal von vorne anfangen".
Nelly ist 7 1/2 Jahre alt. Sie lebt seit 3 Jahren bei ihrem Tantchen. Sie war dickköpfig, jähzornig, bockig, eifersüchtig... wie die kleinen Mädchen aus den Romanen des XIX. Jahrhunderts, die ohne Mutter, verlassen und als Weisen aufwuchsen.
Nelly war also bis zu 4 1/2 Jahren wie ein kleines bö-

ses Mädchen aus dem Roman. Zu allem Überfluß ist sie auch noch verführerisch und unwissend. Sie spricht schlecht und versteht schlecht. Bei der neuen Pflegemutter hat sie lesen, schreiben und sprechen gelernt. Sie zieht sich alleine an und wäscht sich selbst. Sie schläft gut. Sie ist lebhaft, unbekümmert und charmant zu allen, die sich ihr nähern. Die Pflegemutter, die weiß, daß Nelly ihr eines Tages weggenommen wird – Nelly ist nicht ihr Adoptivkind – hat sie schon durch ein anderes anderthalbjähriges behindertes Kind ersetzt. Sie liebt Nelly. Aber nach dem Gesetz ist sie nicht die Mutter. Nelly geht zu ihrer Mutter zurück, die danach verlangt... Sie wurde weit weg von der Mutter und der ihr unbekannten Schwester erzogen.

Die Mütter sagen niemals, daß sie ihre kleine Tochter schlagen, weil es ein Mädchen ist. Niemals. Aber das, was sie über ihre Tochter, sich selbst und ihre Mutter sagen und erzählen, ist bezeichnend dafür. Wenn eine mißhandelnde Mutter spricht, so beginnt sie fast immer bei der eigenen Mutter. Ohne Gründe dafür zu suchen und ohne die Geste zu verstehen – "Ich wußte nicht mehr was ich tat... ich kann es nicht erklären... ich weiß nicht, warum..." – empfindet sie diese Rückkehr zu ihrer eigenen Mutter, zu sich selbst als kleines Mädchen, als notwendig, wenn sie versucht, von ihrer Tochter, von der Geschichte mit ihr zu sprechen. Drei Frauengestalten mit einem Kind und jedesmal die Geschichte eines kleinen Mädchens: die Mutter und ihre Tochter, die Tochter ihrerseits Mutter und die Pflegemutter als Ersatzmutter. A... die Mutter von Nelly, wurde von ihrer Mutter, einer Kriegerwitwe, einer "trockenen und brutalen", hart arbeitenden Frau auf dem Lande aufgezogen. Sie schlägt ihre Tochter. A... behauptet, ihre Mutter habe ihr ihren Bruder vorgezogen. Sie verläßt die Schule, um auf einem Bauernhof zu arbeiten. (Beim Tod der Mutter 1962 bekommt der Bruder den Hof). Sie ist dreiundzwanzig, als sie das Land verläßt, um in der Stadt

eine Stelle zu suchen. Als Hausangestellte lernt sie einen Freund kennen, der sie bei der Geburt ihrer ersten Tochter, die sie gleich in Pflege gibt, sitzenläßt. Mit G., Arbeiter in der Metallindustrie, verläßt sie die Normandie, wo sie ihre Tochter in der Pflegestelle zurückläßt und geht nach Paris.
Hotelzimmer.
Keine Arbeit.
Schulden.
Schwangerschaft.
Geburt einer zweiten Tochter: Nelly 1967.
Sie wird bis 1969 in die Normandie in Pflege gegeben.
Rückkehr zur Mutter, die eine Arbeit als Hausmeisterin gefunden hat.
A... glaubt, daß ihre Tochter von der Pflegemutter nicht gut versorgt wurde. Sie wird sich nun darum kümmern. Nelly ist 16 Monate alt. Bei ihrer Mutter will sie nicht essen.
Sie verweigert jede Nahrung.
Sie macht alles kaputt.
Sie schläft schlecht.
Bei der Pflegemutter ißt sie gut, schläft gut und macht kein Theater.
A... sagt von ihrer Tochter: "Nelly ähnelt meiner Mutter. Sie ist genauso hart wie sie."
Dem Polizeibeamten stellt A... ihre Tochter so dar: Ein kleines, schwaches, kränkliches und scheues, von der Pflegemutter vernachlässigtes Mädchen. Sie klagt die Pflegemutter nicht an, sie sagt nur: "Nachdem ich sie von der Pflegemutter zurückgeholt habe, fiel sie ständig hin: ihr ist der Nachttisch auf den Kopf gefallen. Der Schorf, den sie auf der Nase hat, stammt von einer Erkältung. Vor 10 Tagen ist sie aus dem Bett gefallen und am nächsten Tag war ihr Arm ganz blau und geschwollen. Ich habe Salbe darauf geschmiert und sie hat geweint, wenn man sie massierte. Kurze Zeit nach ihrer Rückkehr ist sie von ihrem Stuhl gefallen und ich habe festgestellt, daß die

eine Schulter größer als die andere war. Wir haben sie aus Geldgründen nicht zum Arzt gebracht. Übrigens verliert sie ihre Haare, wenn ich sie kämme." Wie könnte – für eine Mutter – ein kleines Mädchen, das von seiner Mutter getrennt wurde, gesund und glücklich sein und fest auf seinen Beinen stehen?... Bei der Gegenüberstellung mit ihrem Freund bricht sie zusammen: "Ich habe meinem Freund nie gesagt, daß ich meine Tochter schlug. Wenn er mich fragte, sagte ich, sie sei schon wieder hingefallen. Seit 8 Tagen holte ich meine Tochter nicht mehr aus dem Bett, weil ich sie damals hochgenommen habe und zurückfallen ließ und seitdem konnte sie nicht mehr laufen. Ich hatte Angst, meine Tochter untersuchen zu lassen, und ich habe meinem Freund nichts von der Sache erzählt." Er hat nichts gesehen. Nelly wurde von Zeit zu Zeit verhauen, aber "wir hauen sie doch nicht so feste". Im übrigen kam er spätabends müde nach Hause; er ging früh schlafen und schlief fest. Der Vater lebt mit der Mutter seiner Tochter zusammen, aber er sieht Nelly nie. Eines Sonntags stellt er überrascht fest, daß seine Tochter nicht aufstehen kann und ununterbrochen weint. Am darauffolgenden Freitag bringt er sie in die Klinik. Das medizinische Gutachten präzisiert: "Das Kind weist folgende Verletzungen auf:

" – Im Gesicht: eine große Blutblase an der rechten Wange und mehrere Blutblasen in Höhe der Augenbrauen.

" – Großflächige Hautabschürfungen in Höhe der Wangen und der Nasengegend. Auf dem Kopf werden große Stellen mit Haarausfall festgestellt.

" – An den Gliedern: eine Vergrößerung des linken Ellenbogens mit einer nässenden Wunde an dieser Stelle, eine Anschwellung der rechten Schulter mit anormaler Blutzirkulation an dieser Stelle und eine Vergrößerung des rechten Ober- und Unterschenkels.

" – Die radiologische Untersuchung bestätigte das Vorhandensein zahlreicher Brüche verschiedenen Alters (...), Brüche der Diaphyse an Armen und Beinen, zahlreiche Schädelbrüche und einen Beckenbruch. Insgesamt 11 Brüche, wovon mehrere sicher über einen Monat alt sind."

Nellys Körper wurde vom Kopf bis zu den Füßen nichts erspart: Arme, Beine, Hüften, Gesicht und Haare waren verletzt. Die Mutter sagt: "Ich griff sie an den Haaren und hob sie vom Boden auf." So, wie ihre Mutter sie bis zum Alter von 23 Jahren gehindert hat, zu leben, so, wie sie von der Erde des Hofes in den Staub einer Hausmeisterloge von Paris zog..., nachdem man ihr den Hof wegen des bevorzugten Bruders weggenommen hatte.. Ihre Tochter verstümmeln, da wo sich die kleinen Mädchen alle ähneln: im Gesicht, an den Haaren, an den Hüften. Später werden sie Frauen und schon heute sind sie es dort, wo ihre Mutter sie als solche ansieht. Und das sind genau die Stellen, die ihre Mutter verletzt. Nelly wird eine lange Narbe links am Hals behalten... und eine Verkürzung des rechten Beines um 2,5 cm. Sie wurde deshalb im Juni 1974 operiert. Ein leichtes Hinken ist noch vorhanden.

Ihr Vater und ihre Mutter werden die Male an ihrem Körper nicht sehen... Sie werden sie nicht sehen wollen... Gemeinsam sprechen sie nicht über Nelly. Sie werden sie nicht sehen. Wie wird sie für sie existieren? Sie sind blind und stumm geworden durch das, was sie den "Unfall" nennen. Und die Eltern für sie? "Wir werden sie gerne haben... Wir werden sie verwöhnen..."

WARUM LIEBT MAN MICH WENIGER?...

Das sagten auch die Eltern von Blandine. Nicht genauso, aber sie sagten: "Das ist unsere Tochter..." Oder ihre Mutter hatte ihr vielmehr geschrieben: "Wenn Du willst, kannst Du wiederkommen. Du bist trotz allem meine Tochter..."
Aber die Mutter hatte auch der Sozialfürsorgerin gesagt: "Wenn sie wieder weggeht, ist es aus; sie weiß sehr gut, daß ich nicht hinter ihr herlaufe, wenn sie andere vorzieht, soll sie doch bei Fremden bleiben."
Zehn Jahre lang, bis 1974, lebte Blandine bei der gleichen Pflegemutter, die sie Mammi nannte. Da sie auf dem Lande aufgewachsen und einziges Kind der Pflegeeltern ist, will sie sich nicht von ihnen trennen. Sie zögert und läßt sich bitten, als ihre Mutter die Erlaubnis bekommt, sie für die Osterferien zu sich zu nehmen. Briefe, Austausch von Bildern. Blandine ist neugierig auf diese vielköpfige Familie, die sie, seit sie im Alter von 4 Jahren in Pflege gegeben wurde, nicht mehr gesehen hat. Sie ist auch beunruhigt und ängstlich, ihre Pflegemutter zu verlassen. Wenn diese sie hinterher nicht wiederhaben will? Wenn sie sie verlassen würde wie ihre Mutter, als sie 4 Jahre alt war? Ihre Mutter hatte sie nicht verlassen. Sie hatte sie mißhandelt. Aus erster Ehe hatte Frau V... 5 Kinder, davon 2 Mädchen, die sich nicht selbst anziehen und nicht allein essen können. Zwei Mädchen werden in zweiter Ehe geboren. Blandine ist das zweite. Bei der Geburt wird die Mutter wegen Depressionen stationär behandelt. Im Alter von 6 Monaten bis zu 2 Jahren wird das Kind der Jugendfürsorge übergeben. Bei seiner Rückkehr stellt die Mutter fest, daß es

nicht normal ist: es spricht nicht, weigert sich, zu spielen, schlägt mit seinem Kopf gegen die Wand und ist noch nicht sauber. Es umarmt niemanden. Es trinkt nur aus der Flasche und läuft die ganze Zeit mit einer Lutschestange herum.
Die Familie ist aus Algerien zurückgekehrt.
Nach mehreren Durchgangslagern findet man Blandine in einer 6 Zimmer-Wohnung des sozialen Wohnungsbaus in der Nähe von Paris wieder. Sie schläft in einem kleinen Zimmer neben dem elterlichen Schlafzimmer. Sie schläft allein, "weil sie Bettnässerin ist und wegen des unangenehmen Geruchs, der sich im Zimmer ausbreitet... das Bett ist ungemacht, es gibt keine Gardinen am Fenster, weil die Kleine sie beschädigen würde..." Sie schläft in einer Isolierzelle wie im Gefängnis, während ihre Schwester im Bett der Eltern schläft. Der Vater, ein Maschinist bei den französischen Fernsehanstalten, erklärt bei der richterlichen Vernehmung: "Ich weiß nicht, wie das passiert ist, aber meine Frau hat mir gesagt, daß das Kind vom Toilettenbecken gefallen ist." Dieses wird von der Mutter bestätigt. So soll sich Blandine verletzt haben und das soll der Grund für die Quetschungen und Brüche sein, die man im Krankenhaus feststellt. Das Baby mit dem Badewasser verschwinden lassen... ertränkte Babys, Babys von ganz jungen, unverheirateten Müttern, die im WC geboren werden und, nachdem sie erstickt wurden, in den Mülleimer geworfen werden.

Die Mutter von Blandine hat sie nicht auf den Grund des Toilettenbeckens gestoßen. Und wenn die Kleine, einfach so, wie durch ein Wunder, von dem Wasser, das auf dem Grunde des Prozellanbeckens sprudelt, mitgezogen würde..., denn man weiß ja, daß alles durch große Rohre in die Abwässerkanäle geht, und wer könnte anschließend etwas wiederfinden, selbst wenn es der Körper eines Kindes wäre... Fantasien einer Mutter, die den Tod ihrer Tochter nicht will und trotzdem gegen ihren Willen davon träumt, sehr wohl wissend

daß sie niemals etwas dazu tun würde und daß sie außerdem nie daran gedacht hätte... Man müßte verrückt sein...
Der Kindesmord, der Mord bei der Geburt, ist seltener geworden. Aber es gibt ihn noch, und Minderjährige sitzen wegen Kindesmord im Gefängnis. F..., zum Beispiel, wartet in einem Untersuchungsgefängnis für Frauen auf ihr Urteil. Sie erzählt:

> In meiner Familie wird über nichts gesprochen. Als ich meine Tage kriegte, hat mir meine Schwester gesagt, was das ist. Meine Mutter hat nichts gesagt. Ich bin mit einem Jungen zusammengewesen, ich habe dabei nichts empfunden. Im siebten Himmel bin ich dabei nicht gewesen... Ich bin schwanger geworden. Ich habe das zu Hause niemandem erzählt. Ich hatte Angst. Weite Tuniken waren modern. Ich sagte, ich wäre dicker geworden. Man fragte mich nicht aus. Ich habe das Kind bei uns in der Toilette gekriegt. Ich hatte im Fernsehen gesehen, wie so etwas geht. Ich habe mich auf die Toilette gesetzt und gedrückt. Es ist herausgekommen. Ich habe nicht nachgesehen, ob es ein Junge oder ein Mädchen war. Ich habe meinen kleinen Bruder um eine Schere und einen Plastiksack gebeten. Er hat keine Fragen gestellt. Ich habe die Nabelschnur durchgeschnitten und das Kind in den Sack getan. Es bewegte sich ein bißchen, schrie aber nicht. Es weinte nicht. Ich habe den Sack zugemacht und in den Mülleimer geworfen. Ich habe es ein bißchen nach unten gestoßen und dann den Mülleimer zugemacht. Dann habe ich mich hingelegt. Ich war krank, ich blutete, ich habe Babywindeln benutzt, um es zum Stillstand zu bringen. Die Hausmeisterin von unserem Wohnblock hat den Sack am nächsten Tag gefunden. Die Polizei hat mich geholt und ich habe gesagt, was ich gemacht habe. Ich weiß nicht warum ich es gemacht habe...

Blandine ist nicht ertränkt worden. Nach dem Krankenhausaufenthalt wurde sie in ein Kinderheim geschickt. Im Alter von 5 Jahren wird sie von einer Pflegefamilie aufgenommen: sie kann kaum laufen. Sie spricht nicht. Sie ist nicht zärtlich. Sie ist jähzornig und bockig. Sie erinnert an die kleine Nelly.

Die Eltern verlangen mehrmals die Rückkehr ihrer Tochter.

Blandine ist 14 Jahre alt. Die Pflegeeltern ermutigen sie, in ihre Familie zurückzukehren. Sie wird schwierig. Sie hat bei ihnen unter ihren Rassenvorurteilen zu leiden, seit sie erfahren haben, daß sie aus Algerien kommt und "jüdischer Abstammung" ist.

Blandine kommt in ihre Familie zurück. Alle sind da. Ihre beiden Schwestern sind nicht mehr in einem heilpädagogischen Heim, ihre Mutter hat sie nach Hause zurückgeholt. Ihr Bruder, der von der Fürsorge untergebracht war, ist auch zurückgekommen. Ein Junge ist seit dem Weggang von Blandine geboren. Die älteste Tochter hat geheiratet. Die Ehe hat kein Jahr gedauert. Ihr Mann schlug sie. Sie ist mit ihrem Kind zur Mutter zurückgekehrt.

Blandine kommt an.

Sofort behandelt sie mich als Rumtreiberin

Blandine bleibt 14 Tage bei ihrer Familie. Dann geht sie zu ihrer Pflegemutter zurück.

Die Pflegemutter ist über ihre Veränderung in so kurzer Zeit beunruhigt. Sie will ausgehen, tanzen, sich schminken. Sie ist nicht mehr das kleine Mädchen, das man knuddeln, verwöhnen und wie das einzige Kind liebhaben kann. Die Pflegemutter akzeptiert nicht oder nur schwer, daß sich ihr Körper und ihre Wünsche ändern. Sie lehnt diese Äußerungen einer Sexualität, die sie nicht sehen will, ab und damit gleichzeitig Blandine. Als sie nach einem Monat bei den Eltern zu ihrer Mammi, wie sie sie immer nannte, zurückkehren will, sagt diese nein. Nun ist sie das zweite Mal verlassen worden. "Warum werde ich weniger geliebt als die anderen? Warum will mich niemand behalten?" Sie schreibt verzweifelt an den Leiter des Jugendamtes, "um darum zu bitten, noch einmal zu ihrer Mammi zurückkehren zu dürfen. Sie sagt, daß sie von ihr träume und nicht verstünde, warum sie sie nicht mehr wolle". Ihre Mutter wollte nicht das kleine Mädchen, das sie war, ihre Pflegemutter stößt die Heranwachsende mit dem Körper und den Wünschen einer Frau zurück, und das gleiche tut ihre Mutter, als sie im Juni in ihre Familie zurückkehrt. Sie sagt, ihre Tochter sei faul und egoistisch, sie schließe sich in ihr Zimmer ein, weigere sich, im Haus zu helfen, denke nur an ihre Frisur und daran, sich zu schminken... Blandine reißt aus. Sie verläßt ihre Familie an einem Nachmittag, begibt sich zum Jugendamt und sagt sie ginge nie wieder zu ihren Eltern zurück. Wie Yasmina, die junge, in Frankreich geborene Algerierin, die sich in ein Heim geflüchtet hat und ihre Mutter nie wiedersehen will. Sie würde sich eher umbringen. Blandine sagt: "Es ist aus, sie existieren nicht mehr für mich, ich will sie nie wieder sehen... meine Mutter hat mich angeschrien und geschlagen... Sie haben gelogen, sie waren nett, um mich zurückzuholen. Ostern war es in Ordnung, sie haben mir Geschenke gemacht. Im Juni, wenn die anderen Unfug machten, hieß es immer, ich sei es gewesen. Die Frau, die sie mißhandelt hat, ihre Mutter, ist also immer noch die böse Mutter für sie. Von der Mammi sagt sie: "Sie hat mir alles beigebracht; als ich zu ihr kam, konnte ich weder laufen noch sprechen." Die Mammi ist immer die gute Mutter, bis zu dem Tag, an dem Blandine zeigt, daß sie kein kleines zurückgebliebenes Mädchen mehr ist, dem man helfen kann und das man ernährt, sondern wo sie zeigt, daß sie eine Frau wird. Die Pflegemutter lehnt eine Aufzucht ab, die ihr weder Trost noch Dankbarkeit noch Anerkennung einbringt. Blandine äußert ihre Wünsche zu leidenschaftlich. Sie ist nicht artig. Sie ist nicht mehr ihr kleines Mädchen. Die Pfle-

gemutter liebt sie nicht mehr und weigert sich, sie wieder aufzunehmen. Und als sie sich bereit erklärt, sie bei einer anderen Pflegemutter zu besuchen, so ist es, um ihr zu sagen, daß sie brav sein solle...
Ihre Pflegemutter will sie nicht mehr und Blandine will diese Familie nicht, von der sie doch bei der Fürsorge geträumt hat. - "Ich bin von der Fürsorge, ich sage es nie, nur wenn ich muß." Vom Mythos zur Realität. Sie hat Angst, ihrer unbeherrschten und keifenden Mutter zu ähneln. Sie hat auch "Wutausbrüche". "Wenn man nicht der gleichen Meinung wie ich ist, dann schreie ich und mache alles kaputt; das heißt... ich höre auf, bevor ich alles kaputt gemacht habe. Hinterher fühle ich mich wohl." Sie sagt, sie wolle später keine Kinder haben. Sie mag keine Kinder. Und wenn eines Tages...
Die neue Pflegemutter - der sie in aller Eile nach dem doppelten Versagen ihrer Mütter anvertraut wurde - findet sie sehr frühreif. Sie geht oft auf blauen Dunst in den Nachbarort, um Freunde zu treffen. Sie steht auf, frühstückt und geht ins Nachbardorf. "Sonntagabend hatte sie eine Verabredung mit einem Jungen, und sie ist aus dem Haus gegangen, um am Bahndamm auf die Durchfahrt des Zuges zu lauern... Ein anderes Mal erwartete sie den Brief eines Jungen, den sie in Korsika kennengelernt hatte. Als kein Brief kam, wollte sie sterben..." Wenn das Mädchen anfängt, als Frau zu existieren, wenn es sein Unabhängigkeitsbedürfnis zeigt und den Wunsch, außerhalb des Hauses zu gefallen, äußert, dann sprechen Mutter und Pflegemutter, egal ob sie das Kind aufgezogen haben oder nicht, von ihr zwangsläufig wie von einer Dirne. Die Pflegemutter hat Blandine aufgezogen. Aber worüber hat sie mit ihr gesprochen? Dieses Schweigen zwischen Müttern und Töchtern gibt es auch bei den Pflegemüttern. Schweigen über die Sexualität, die Lust und die Jungen. Sie wollen nur wissen, ob die Mädchen "anständig" mit den Jungen des Ortes oder der Siedlung verkehren. Ihnen das Handwerkszeug für ihre Freiheit mitgeben, mit ihnen sprechen, ihnen etwas erklären,

das haben ihre Mütter auch nicht mit ihnen gemacht. Sie sehen nicht ein, warum sie es mit ihren Töchtern machen sollten. Im übrigen glauben sie, daß ihre Töchter "sicherlich mehr als sie über dieses Kapitel" wissen, wie es die letzte Pflegemutter von Blandine ausdrückte. Die Pflegemutter sagt auch, daß Blandine auf Luxus aus wäre. Sie würde gerne Mannequin oder Filmschauspielerin werden. Die Wände ihres Zimmers seien mit Postern tapeziert. Das Radio laufe ständig und sie lese Liebesromane. Sie verbringe ihre Zeit damit, ihre Haare zu entfernen, sich 3 bis 4 mal täglich umzuziehen, und ihre Pflegemutter solle ihre Kleidung ständig waschen. Im Fernsehen interessiere sie sich für Schlagersänger.
Pflegemutter, Mutter, Pflegemutter, sie alle sehen in der koketten und faulen Heranwachsenden ihre Vorstellungen von Prostitution bestätigt. Vorstellungen, die in den Köpfen von diesen braven Frauen der Pflichterfüllung sehr lebendig sind und die sich selbst, ihren Körper, ihren Anspruch auf Lust, auf Gefühl und auf Liebe aufgegeben haben... Elisabeth (sie ist ebenfalls 14 Jahre alt), die nach mehrmaligem Ausreißen in einem Heim lebt, erzählt:

> Wenn ich meine Mutter um dieses oder jenes bitte, so behandelt sie mich gleich wie eine Rumtreiberin und so weiter. Und ich habe noch nie mit einem Jungen geschlafen. Außerdem kann ich ihr überhaupt nichts sagen. Sie redet nicht mit mir. Wenn ich ihr sage, daß ich Freunde habe, dann schreit sie mich gleich an und beleidigt mich... Seit ich ausreiße, ist es noch schlimmer. Sie hat zu mir gesagt: "Willst Du vielleicht, daß ich Dir einen Stadtteil miete, wo Du als Nutte gehen kannst..." Sie sagt immerzu, daß ich auf dem Strich landen werde. Als ich das erste Mal Schuhe mit hohen Absätzen angezogen habe, hat sie sich über mich lustig gemacht und ihre Schwestern ebenfalls. Meiner Schwester sagt sie nie etwas. Die ist ihr Liebling...

Blandine ist kein besonderer Fall. Ihre Geschichte ist die fast aller kleinen mißhandelten Mädchen. Dem klei-

nen Mädchen ist es gelungen, den Anforderungen der Pflegemutter zu entsprechen, um nicht ein zweites Mal ausgestoßen und abgelehnt zu werden. Die schwerwiegenden Symptome, die sich bei seiner Ankunft bei der Pflegemutter zeigten, haben sich verändert. Es hat sich "angepaßt": es hat sich pflegen, ernähren und erziehen lassen, so wie es sich gehört, um ein kleines, zurückhaltendes, nettes, artiges und passives Mädchen zu werden, genauso wie es die meisten in Pflege gegebenen Kinder, nach Beobachtungen von Psychologen und Ärzten, sind, obwohl bei den mißhandelten und dann in Pflege gegebenen Kindern einige Phobien auftreten, wie: Angst vor Lärm, vorm Fernsehen, Angst vor der Dunkelheit, der Einsamkeit, Angst aus dem Haus zu gehen, vor Unbekannten und die Angst, verlassen zu werden... Das kleine Mädchen führt das Leben kleiner Mädchen ohne Probleme, nach den Normen einer Pflegemutter, die sich vorgenommen hat, seine Entwicklung zu fördern.
Eine in einer Familienpflegestelle arbeitende Psychologin stellt bei ihren Beobachtungen von kleinen Mädchen fest, daß das Verhalten der "kleinen Mädchen des Staates", wie sie sie in einem Artikel aus TEMPS MODERNES (Mai 1976) nennt, nach mehreren Jahren in einer Pflegestelle genau das wiederspiegelt, was man von kleinen Mädchen erwartet: Passivität, Zurückhaltung, Sanftmut, Gefühl, Ruhe... Sie werden später Frauen sein, die für eine modellhafte und organisierte Reproduktion erzogen wurden: passiv, zurückhaltend, sanft, ruhig... Man könnte hinzufügen: ordentlich, sorgfältig, sauber..., wenn nichts ihren Lebenslauf als kleine mißhandelte und dann abgeschobene und in Pflege gegebene Mädchen unterbricht. Sie sind auch gezeichnet. Einige behalten ihre Narben und Verbrennungen, andere müssen orthopädische Schuhe tragen wegen einer Muskelschwäche, die von einem Mangel an Pflege in den ersten Monaten herrührt, wieder andere

behalten auf ihrer Haut die sichtbaren Folgen von mangelhafter Ernährung... Wie wir es schon bei den Geschichten von mißhandelten kleinen Mädchen gesehen und gehört haben.
Solange es noch seinen Körper und seine Wünsche vergessen kann, um der Pflegemutter zu gefallen, so lange akzeptiert diese das, was noch nicht ganz richtig ist: die Gesten, das Laufen, das Sprechen... Aber wenn das Kind anfängt, Fragen nach seinem Ursprung zu stellen, was auch immer die Antwort darauf sein mag, dann drückt es seine Liebe und seine sexuellen Gefühle so gut es kann mit seinem Körper aus... und dann wird das frühere kleine Mädchen, das man vergessen hatte, zu dem Pflegekind, das man trotz allem erzogen hat, das trotz allem schwierig war und das Sorgen bereitet: das undankbare Mädchen, das die Opfer nicht würdigt, das diejenige nicht anerkennt, die ihre Pflicht erfüllt hat... Die Pflegemutter, die von dem kleinen Mädchen als gute Mutter angesehen wurde, zeigt sich plötzlich als böse Mutter, die zu viel verlangt und die die Sexualität unterdrückt... Die ausreißenden Jugendlichen - die der Mutter, der Pflegemutter, der Heimmutter weglaufen, weil sie schweigt, verbietet, droht, weint und unnachgiebig ist - finden sich so auf der Straße oder der Autobahn wieder, allein oder mit einem unterwegs getroffenen Freund oder der Freundin, die mit ausreißt.

Die Polizeiakten

Frühjahr 1977. Zwei Mädchen gehen auf der Autobahn ohne Gepäck, sie haben weder Koffer noch Bündel. Sie gehen zu Fuß. Sie verstecken sich nicht. Sie gehen geradeaus auf dem hellen und harten Pflaster der Autobahn. Die Polypen sehen sie. Besonders in der Umgebung von Paris sehen sie viele dieser Heranwachsendenpaare, die am Rande dieser anonymen und gefährlichen drei- bis vierspurigen Straße, die sie

genau den Blicken der Polizei aussetzt, entlangmarschieren. Angerufen bleiben sie stehen, geben Auskunft, steigen in den Wagen bis zum nächsten Polizeirevier. Beim Verhör in dem kleinen Saal, wo sie artig nebeneinander sitzen, betrachten sie das Photo der Polizeiakten. Der Inspektor, der sie verhört, versteht diese plötzliche Starrheit ihrer Blicke nicht. Er hat selbst nie richtig diese Seite der Polizeiakten betrachtet. Auf einer Ebene steht ein Gebäude mit einer großen Mauer rundherum. Sie haben gesagt: "Das sieht aus wie Blamont. Das ist unser Gefängnis. Wir sind abgehauen." Sie waren in einem Heim, einem alten Kloster, untergebracht. Eine kam von der Fürsorge, die andere war ihren Eltern davongelaufen. Sie wollte nicht mehr zu ihnen zurückkehren. Beide waren minderjährig und hin- und hergeschubst zwischen Eltern, Pflegeeltern und Heim. Hier saßen sie nun im Büro des Polizeiinspektors.
Sie verbrachten die Nacht in einem Heim in der Umgebung von Paris und wurden dann mit "Polizeieskorte in ihr Heim zurückgebracht".
Blandine hätte eine von ihnen sein können. Diejenige, die sagte, sie wäre von der Fürsorge. Sie wird weglaufen, auch sie wird allein oder mit einer Freundin in eine große Stadt gehen, damit man sie nicht erkennt. Flucht zur Mutter, zum Ursprung, zu sich selbst, und sie möchte in der Anonymität der Städte untertauchen. Oder aber sie flüchtet mit einem Freund; sie wird alles für ihn tun, sie wird "verrückt nach ihm sein", er wird ihr Retter, der Mann ihres Lebens, der Einzige, der Erste und der Letzte sein... Wie in den Liebesromanen, die sie gelesen hat.
Pascale** wird wie Blandine, wenn sie sich selbst, ihren Körper und ihren Namen sucht, wenn sie verloren ist, weil ihre Pflegemutter nicht begreift, daß die Zeit vorbei ist, wo sie sie ernährt hat, damit sie groß wird, weil sie jetzt groß ist, eines Tages genauso das Haus verlassen für die Straße, die Stadt oder die Großstadt. Pascale ist ein kleines uneheli-

ches Kind, das gleich nach der Geburt in Pflege gegeben wurde. Die Mutter hat schon vier Kinder aus einer ersten Verbindung. Der Vater hat sie verlassen als sie schwanger war. Die Mutter lebt nacheinander mit verschiedenen brutalen Männern zusammen, die sie verprügeln und auf ihre Kosten leben. Pascale, die bei zwei Pflegemüttern untergebracht ist, wird mit 13 Monaten wegen eines Bruches und mehrerer Quetschungen ins Krankenhaus eingeliefert.
Bei ihrer Entlassung aus dem Krankenhaus wird Pascale der Fürsorge übergeben. Der Mutter wurde das Sorgerecht für ihre Kinder entzogen. Zwei Jahre später erhält die Mutter das Besuchsrecht. In Gegenwart der Pflegemutter sieht sie ihre Tochter, die sich nicht an sie erinnert, und die sich von ihr umarmen läßt. Die Mutter schreibt nach dem Besuch. Sie ist verwirrt über die Ähnlichkeit ihrer Tochter mit dem Mann, der sie verlassen hat. Pascale ist fünf Jahre alt, als die Mutter endgültig verschwindet. Keine Briefe mehr. Keine Nachrichten mehr.
Das achtjährige kleine Mädchen lebt seit 5 Jahren bei seiner Pflegemutter. Es war jähzornig und ängstlich wie Blandine. Es hatte Angst vor allem und die Puppen, die für es bereitgelegt worden waren, verschüchterten es. Seine Pflegemutter bekommt ein kleines Mädchen und erzieht Pascale und die eigene Tochter wie zwei Schwestern, so wie sie schon ihre ältere Tochter gleichzeitig mit einem gleichaltrigen Pflegekind erzogen hat. Sie erzieht die Kinder, ihre Tochter und ihre Pflegetochter als Pärchen. Mit der älteren Pflegetochter wird sie im Augenblick des Erwachsenwerdens schwere Probleme haben.
Pascale ist "vernünftig" geworden, aber sie erträgt die Abwesenheit ihrer Pflegemutter nicht. Sie folgt ihr überall hin. Ohne sie kann sie weder essen noch schlafen. Wie ein Baby, das noch im mütterlichen Leib lebt, so klammert sie sich an den Schoß der Pflegemutter. Diese sagt, daß ihre Pflegetochter ihr ähnelt: "Ich bin auch so, wie meine Mutter."

Wie ihre ältere Schwester kann Pascale sich nicht vom Körper dieser Frau lösen. Die Pflegemutter sagt, daß ihre Tochter nicht weit weggehen konnte, um zu studieren, und sie glaubt, daß Pascale genauso sein wird: "Sie arbeitet gut, aber das will für später gar nichts besagen." In dem Beobachtungsbericht über das kleine Mädchen wird hinzugefügt: "Wie schon ihre Pflegemutter gesagt hat, verfügt sie nicht über die ausreichende Anatomie, um ihre Ausbildung fern von der Pflegemutter zu machen." 1974 ist Pascale 8 Jahre alt. Später... Ohne eine Zukunftsvision geben zu wollen, ist ihre Geschichte vorhersehbar. Sie liest sich voraus in dem Bericht von Monique:

Meine Pflegemutter hatte meine Koffer gepackt

Monique ist 20 Jahre alt. Sie lebt seit einigen Monaten in einem Mütterheim. Sie hat gerade eine kleine Tochter bekommen. Sie hat sie auf dem Arm, das Kind schläft. Es ist Januar 1978.

Ich bin von der Fürsorge. Meine Mutter hat mich mit zweieinhalb Jahren verlassen. Das heißt nicht völlig. Aber sie hat mich weggegeben, und ich habe sie nie wieder gesehen. Ah, doch, einmal. Ich war 5 Jahre alt. Sie ist zur Pflegemutter gekommen. Ich wußte nicht, daß sie es war. Für mich war sie nur eine Dame, als ich sie gesehen habe. Nicht meine Mutter. Ich habe ihr nicht guten Tag gesagt. Ich habe nicht mit ihr gesprochen. Sie ist nie wieder gekommen. Meine Pflegemutter nannte ich Mamma. Wir waren sechs von der Fürsorge. Einige sagten Mammi zu ihr. Ich war da mit meiner Schwester. Sie ist ein Jahr älter als ich. Sie war der kleine Liebling. Und ich... immer war ich es... immer kriegte ich alles ab... Zu ihr sagte sie nie etwas.
In der Schule wußte man wegen unserer Kleider Be-

scheid. Wir waren nicht sonderlich beliebt. Ich mochte die Schule nicht. Meine Schwester war eine liebe kleine Schülerin und so. Vorneherum war sie freundlich, aber hintenherum... Ich teilte meine Schläge direkt aus. Die Pflegemutter zog meine Schwester vor. Nach fünf, sechs Jahren haben wir gewechselt. Die zweite war sehr streng. Wir hatten alles, was wir brauchten, aber sie ließ uns nichts machen, wenigstens mich nicht. Meine Schwester konnte mit ihrem Freund in den Keller gehen, da wurde nichts gesagt. Aber als ich einmal unten an der Treppe stand und mit einem Kumpel schwatzte und nichts böses tat, da kam sie an und gab mir eine Ohrfeige und schickte mich in mein Zimmer. Bei ihr konnte man überhaupt nichts sagen. Wir machten alles im Haus – Saubermachen, Abwaschen, Waschen... – sie benutzte uns als Dienstmädchen. Sie hat weder mich noch meine Schwester aufgeklärt. Meine Tage... ich dachte, ich hätte Aa in die Hose gemacht.

Ich wurde überwacht. Ich konnte nie ausgehen. Eines Tages bin ich weggelaufen. Ich bin abgehauen. Ich war 16 Jahre alt. Mit einem Freund bin ich per Anhalter gefahren. Wir wollten zu seiner Großmutter. Wir sind nicht weit gekommen, die Polizei hat uns aufgelesen. Sie haben gesagt: "Eure Reise hört hier auf..." Meine Pflegemutter hatte meine Koffer gepackt. Ich wurde in ein Heim gesteckt. Da bin ich nicht geblieben. Ich konnte nicht. Ich bin mehrere Male ausgerissen, um S... wiederzufinden. Danach haben wir uns zusammengetan. Wir sind nach Paris gegangen. Ich war volljährig. Ich war frei. Ich habe mein erstes Kind gekriegt, einen Jungen. S... wollte einen Jungen. Das zweite, oder vielmehr die zweite habe ich hier in dem Mütterheim bekommen. Ich bin in einer Klinik niedergekommen, das tat sehr weh. Mehr als bei dem Jungen. Es war eine schwierige Geburt. Es tat sehr weh. Wir wurden gepfändet, wir hatten gar nichts mehr. Ich wußte nicht, wohin ich gehen sollte. Er ist in einem Heim für junge Arbeiter. Er wollte noch einen Jungen. Es ist ein Mädchen. Sie ist zu früh gekommen. Ich wollte sie viel später. Er will sechs Jungen, nur Jungen. Eine große Familie. Bei ihm sind sie ich weiß nicht wie viele. Er will es so machen wie seine Familie. Ich habe niemanden. Das sowieso. Meine Schwester sehe ich nie mehr; die hat mich rausgeschmissen. Sie ist verheiratet und hat es geschafft. Sie hat Geld. Meine Mutter will ich nicht einmal sehen. Übrigens habe ich sie nie gesucht... sie mich auch nicht... Sie hat mich verlassen... Wenn sie mich hätte sehen wollen... Sie hätte es trotzdem gekonnt. Sie ist nie wiedergekommen. Ich bin verlassen worden. Eine Mutter, die das macht... für mich ist sie nicht meine Mutter. Meiner Pflegemutter habe ich geschrieben, als ich das erste gekriegt habe. Sie hat mir niemals geantwortet. Sie ist niemals gekommen, mich zu sehen oder so. Ich habe nur S... und meine Kinder. Zwei, das genügt. Ich will keine anderen mehr. Aber als ich S... gesagt habe, daß ich die Pille nehmen wollte, hat er mich angeschrien. Er will das nicht, er sagt: "Nachher schläfst Du mit allen und jedem, nein, ich will das nicht, es bleibt bei nein." Ich habe ihm gesagt, daß ich sie von meinem Geld kaufen würde und habe es ihm erklärt... Er war dafür, unter der Bedingung, daß er selbst die Packung aufbewahren würde, ich weiß nicht warum. Ich bin gegen die Abtreibung, er auch. Aber ich mache nicht immer das, was ich will. Er ist eifersüchtig. Das ist unglaublich. Wenn er glaubt, daß ich mit zwei Gören Zeit dazu haben würde... ich muß mich um andere Dinge kümmern. Wenn er trinkt, wird er brutal. Sonst ist er nett. Weihnachten ist er mich besuchen gekommen, er hatte gerade seine Unterstützung bekommen: er hat mir einen Korb für die Kleine mitgebracht und für mich eine Uhr... teuer... 350 FF (ca. 154 DM). Sie ist sehr schön... ich habe sie oben in meinem Zimmer... Aber er ist eifersüchtig, und wenn er einen Schluck zuviel getrunken hat, läßt er seine Wut an mir aus.

Ich kann nichts machen, nichts sagen, er beschuldigt mich mit irgendwas und hat mich auch schon geschlagen. Ich habe Freundinnen, die mit Algeriern leben. Sie erzählen mir, daß diese wegen einem Nichts ihren Gürtel abschnallen. Sie werden öfter als ich verprügelt und sagen nichts. Sie sagen es mir, und das ist alles. Sie bleiben trotzdem mit ihnen zusammen. Bei mir ist es nur, wenn er getrunken hat. Zur Zeit geht es. Solange er die Kinder nicht schlägt... sage ich mir... Aber trotzdem... einmal bin ich weggelaufen. Er sagt immer, daß er nicht mehr trinken will, und das ist nicht wahr. Er wußte nicht, wo ich war. Ich habe als Bedienung in einem algerischen Café gearbeitet. Ich hatte ein Zimmer in der ersten Etage. Die Gäste waren korrekt zu mir. Aber der Wirt... Also der. Er ließ uns nicht in Ruhe. Die andere Serviererin und mich. Er wollte immer mit uns ausgehen und uns überall hin begleiten... Das war ein Algerier. Und er war auch noch verheiratet. Ich arbeitete von 9 bis 3 Uhr morgens. S... hat erfahren, wo ich war. Er ist gekommen, um vor allen Leuten einen Skandal zu machen. Wenn er schreit, ist es ihm egal, ob er alleine ist oder nicht. Für mich war es eine Schande. Ich bin zu ihm zurückgekehrt.
Er sucht eine Wohnung für die Zeit, wenn ich hier rauskomme. Ich werde zuerst mit der Kleinen in ein Mütterheim gehen. Wenn wir eine Wohnung haben, werde ich den Jungen zurückholen – er wurde in Pflege gegeben, und ich frage mich, ob man ihn mir wiedergibt; ich habe Angst, daß sie ihn mir nicht wiedergeben – und ich werde ihn mit meiner Tochter aufziehen. S... arbeitet in Teilzeitjobs als Lagerist... Wenn ich keine Arbeit finde... Ich habe überhaupt keine Ausbildung... ich kann nicht lernen. Das gefällt mir nicht... Meinen Sohn habe ich anerkannt***. Er trägt meinen Namen. Die Kleine hat er anerkannt, als ich im Krankenhaus war***. Er ist zum Bürgermeisteramt gegangen, um sie eintragen zu lassen. Sie trägt seinen Namen. Ich wollte das nicht. Heute kann er sie mir wegnehmen, wenn er will. Ich habe Angst, daß man sie

mir auch wegnimmt... Schließlich und endlich bin ich im Augenblick hier. S... kommt nicht oft, um mich zu besuchen. Wenn ich ihn sehe, sage ich: "Mach das woanders, aber nicht jetzt hier mit mir. Ich will nicht noch einmal schwanger werden." Er ist nicht zufrieden, wenn ich ihm das sage. Aber ich muß es tun, sonst... Einmal, noch vor der Geburt, habe ich ihn mit einem Mädchen gesehen. Er brachte sie sozusagen zur U-Bahn, das glaubst Du doch selbst nicht. Ich habe ihn mehrere Male angerufen. Er tat, als ob er mich nicht sehen würde. Ich bin gerannt. Eine Frau hat mich auf der Straße angehalten, sie hat mir gesagt: "In Ihrem Zustand..." Ich habe ihr geantwortet: "Das ist mir scheißegal". Ich habe S... und das Mädchen eingeholt. Ich habe dem Mädchen gesagt, es solle verschwinden. Sie hat nicht diskutiert. Ich hab' geschrien, die Eifersucht hat mich fast erdrückt, sie saß wie ein Kloß im Hals... Ich wußte nicht mehr was ich tat. Er hat nichts gesagt. Er hat weiterhin behauptet, daß sie nur eine Bekannte wäre, aber ich wußte, daß das nicht stimmte... Ich habe Angst, daß er eine andere findet, während ich hier bin. Deshalb, wenn ich nein sage... → zum Geschlechtsverkehr mit ihm

Sie trägt den Namen ihres Adoptivvaters

Die Geschichte von Muriel wird vielleicht anders verlaufen**. Die Geschichte ihrer Kindheit von 6 bis 14 Jahren: Ihre unverheiratete Mutter hat ihrer Mutter, mit der sie 4 Jahre zusammenlebte, die Schwangerschaft und die Geburt ihrer Tochter verschwiegen. Muriel wird sofort nach der Geburt bei einer Pflegemutter untergebracht. Ihre Mutter besucht sie und nimmt sie von Zeit zu Zeit zu sich. Mit 6 Monaten wird das Kind mit einem inneren Hämatom ins Krankenhaus eingeliefert. Mißhandlungen der Mutter oder der Pflegemutter? Die Pflegemütter können auch mißhan-

deln. Erinnern wir hier kurz an den Brief einer jungen Frau, den sie 1972 an Menie Grégoire* geschrieben hat. Als kleines Mädchen wurde sie nach dem Tode ihrer Mutter bei einer Pflegemutter untergebracht, da niemand aus der Familie sie haben wollte, nicht mal ihr Vater. Die Pflegemutter schlug sie. Mit 12 Jahren war sie noch Bettnässerin. Mit 13 Jahren in Pension, klettert sie über die Mauer und reißt immer wieder aus. Mit 14 unternimmt sie einen Selbstmordversuch mit Gas. Als sie 16 Jahre alt ist, stirbt ihr Vater und sie heiratet. Sie mag ihren Mann nicht. "Ich habe geheiratet, um zu fliehen... Nach 6 Jahren Ehe ekele ich mich immer noch vor dem Beischlaf. Vor neun Monaten habe ich eine nervöse Depression gehabt... Ich bin zu einer Psychiaterin gegangen, aber sie hat mich nur angesehen und ich wußte nicht, was ich machen sollte, da habe ich aufgehört... Ich habe mich Ihnen anvertraut, weil es leichter ist, zu schreiben..." Als P.S. fügt sie hinzu: "Ich schlage meine Tochter oft, und ich schreie die ganze Zeit... Meine Tochter hat Angst vor mir... es kommt vor, daß ich trinke, das ekelt mich an, aber wenn sich alles dreht, spüre ich meinen Kummer nicht..."
Muriels vierte Pflegemutter benachrichtigt die Polizei über Blutergüsse und Kratzwunden im Gesicht des Kindes nach den Besuchen der Mutter. Gerichtliche Untersuchung. Das Kind wird der Fürsorge übergeben. Es ist viereinhalb Jahre alt. Bei der Pflegemutter ist es ein kleines, lebhaftes, schwatzhaftes, unbesonnenes und wenig gefügiges Kind. Es schläft schlecht.
Mit sechseinhalb Jahren bittet ein Ehepaar darum, Muriel zu sich zu nehmen; sie wollen sie adoptieren. Der leiblichen Mutter sind alle Rechte entzogen worden. Die Kleine betrachtet Herrn und Frau D... als ihre Adoptiveltern, selbst wenn 1974, 7 Jahre danach, die Adoption immer noch nicht legalisiert ist. Herr D... kämpft für die Adoption. Frau D... verhält sich wie eine Adoptivmutter. Muriel fürchtet nicht mehr, verlassen zu werden. Innerhalb von 5 Jahren

paßt sie sich an ihre Adoptivfamilie an und kommt deren Wünschen nach einem vernünftigen, ordentlichen und fleißigen kleinen Mädchen nach. In der Schule arbeitet sie gut mit. Ihre Adoptiveltern - Vater wie Mutter - investieren mehr als normale Pflegeeltern in die Ausbildung ihrer Tochter, die ihre Ausbildung fortsetzen möchte. Sie hat außerschulische Hobbys wie Musik... Ihre Adoptiveltern überwachen und kontrollieren sie ständig, aber das, was sie nicht kontrollieren, das ist ihre heimliche Geschichte mit ihrer Mutter, die sich durch Schicken eines Buches und dann durch ein bißchen Geld zu jedem Geburtstag äußert. Muriel hat das Buch abgelehnt. Aber am nächsten Tag liest sie es heimlich in der Schulbibliothek. Sie behält von ihrer Mutter "das unscharfe Bild einer großen brünetten Frau". Eines Tages wird sie von zu Hause weggehen, um diese große, brünette Frau zu suchen... Schwärmerische Suche, die fast immer umsonst ist oder enttäuschend verläuft für die Mädchen, die adoptiert wurden oder in Pflege sind: Sie wollen mit der Rückkehr zu ihrer Mutter und zu sich selbst ein Märchen wahr werden lassen.

1974 schrieb eine Frau, daß sie, nachdem sie im Alter von einem Jahr weggegeben wurde, bei mehreren Pflegeeltern gewesen war und schließlich im Alter von 4 Jahren adoptiert wurde, nicht aufgehört hatte, von ihrer Mutter zu träumen. "Es ist überflüssig zu sagen, daß ich mein ganzes Leben lang geträumt habe, eines Tages käme eine schöne Dame, mit einem schönen Wagen und schönen Kleidern und viel Geld, um mich abzuholen und daß diese Frau meine Mutter wäre... Davon habe ich nie in Ruhe träumen können, da meine Pflegemutter sich vorgenommen hatte, meinen schönen Traum zu zerstören. Sie erzählte mir, wo ich herkam, daß meine Mutter nichts wert sei, daß sie mich mit einem Soldaten zustandegebracht hätte, der noch nicht einmal Franzose wäre und so weiter, und jedes Mal, wenn ich eine Dummheit machte, sagte sie zu mir, daß

ich den Kopf eines Boches (Schimpfwort der Franzosen für die Deutschen) hätte und daß ich nicht mehr wert sei als diese. Trotz alledem wollte ich eines Tages meine Mutter kennenlernen, und ich habe mich immer schuldig gefühlt. Ich habe es geschafft, sie ausfindig zu machen. Ich habe sogar Halbgeschwister. Aber ich möchte nicht mit ihr reden, weil sie mich verstoßen hat. Ich würde gerne wissen, wie sie ist und wie sie lebt..."
In der Schule trägt Muriel den Namen ihres Adoptivvaters: er kämpft um die Adoption. Seine Frau stimmt ihm zu. Von ihrem Mann dominiert, fügt sie sich in seine Ordnung und der guten Ordnung im Hause; sie ist gewissenhaft, peinlich genau, ängstlich... Muriels Körper redet für sie, weil weder sie selbst noch ihre Adoptiveltern alles beherrschen können: sie tun so, als ob es keine Probleme gäbe, als ob alles ganz normal wäre.
Muriel hat weiterhin Angst vor der Dunkelheit.
Sie hat Angst, bestohlen oder überfallen zu werden.
So drücken sich ihre Angst, verlassen zu werden und die Ängste, von denen sie nicht spricht, aus. Der Beobachtungsbericht schließt daraus: "Mehrere Entwicklungsmöglichkeiten sind zu befürchten: das plötzliche Auftreten von Konflikten und Muriels Opposition, die wahrscheinlich schwer von Herrn S... ertragen wird, der sich verraten fühlen wird oder, wenn der familiäre Druck bei den D...s zu stark ist, so muß eine Verschlimmerung der neurotischen Symptome bei Muriel befürchtet werden."
Sie ist 13 Jahre alt. Das ist 1974.
Die Zukunft?
Sie könnte so aussehen, wie sie von dieser jungen Frau aus dem Gefängnis erzählt wird, sie könnte ...
Denn man könnte sich auch eine ganz andere Geschichte vorstellen. Nicht jede Adoptivtochter findet sich im Gefängnis wieder, weil sie als kleines Mädchen abgeschoben wurde... Ohne es also als Fortsetzung zu betrachten, so führt uns die Geschichte von Hélène dahin und reproduziert Gesten, Situationen, Verhal-

tensweisen und Träume, die man immer wieder in der einen oder anderen Form in den Geschichten der Frauen wiederfindet, die in Gefängnissen, Heimen, Institutionen und Häusern eingesperrt sind... Opfer von Gewalt. Hélène wurde bei ihrer Geburt verlassen und dann adoptiert. Sie hat studiert. Sie war sogar sehr gut. Sie hat auch ihre Mutter gesucht. Hoffnungslosigkeit, Zynismus. Heute weiß sie es. Sie erzählt:

Meine Mutter war alles für mich

Ich hätte ein Junge sein sollen. Meine Mutter wollte einen Jungen. Sie hat eine Tochter bekommen. Das war ich. Sie hat mich der Fürsorge überlassen. Ich war drei Wochen alt. Sie hatte mich bei einer Nachbarin gelassen und ist nicht mehr wieder gekommen. Ich bin bei Nonnen in einem Erziehungsheim aufgewachsen. Dort habe ich meine Kindheit verbracht. Meine Mutter war verschwunden. Meinen Vater habe ich nicht gekannt. Sie war ein "Fräulein Mutter" wie man so schön sagt.
Meine Mutter war alles für mich. Ich habe sie sehr hoch eingeschätzt. Als ich 13 oder 14 Jahre alt war, wollte mich mein Onkel, der Mann von der Schwester meiner Mutter, ein reicher Industrieller, adoptieren; damals war es schick, ein Kind zu adoptieren, das gehörte zum Standing. Ich bin einige Zeit bei ihnen geblieben. Eines Tages, als ich im Bad war, hat er versucht, mich zu vergewaltigen. Ich habe sehr große Angst gehabt. Jedenfalls ekeln mich die Männer mit ihrem Sex an. Nicht die Männer an sich. Wenn ich ausgehe, um mich zu amüsieren, gehe ich mit Freunden aus, die mich wie einen Mann behandeln. Ich brauche mich nicht gegen sie zu wehren.
Ich wollte nicht bei meinem Onkel bleiben. Ich bin ausgerissen. Ich versuchte meine Mutter wiederzufinden. Sie mich auch. Durch meine Großmutter, zu der ich lief, wenn ich ausriß, erfuhr sie, daß ich adop-

tiert war. Ich habe sie wiedergesehen. Ich war ihr trotzdem böse. Ich habe es ihr gesagt. Sie sagte nichts. Was hätte sie auch sagen können? Sie hatte mich verlassen. Ich wußte, daß sie mit einem Mann abgehauen war. Ihn hatte sie sich ausgesucht. Und ich... Sie war immer mehr Frau als Mutter. Später habe ich erfahren, daß sie mit jedem schlief. Ich frage mich sogar, ob sie sie nicht dafür bezahlten. Diese halbseidenen Frauen kann ich nicht ausstehen.

Ich wollte sie wiederfinden mit jemandem, einem Mann, den sie liebt und der sie liebt. Ich habe einen Matratzenfloh gefunden. Einmal habe ich sie mit in die Ferien genommen. Meine Freundin war auch da. Meiner Mutter war es vollkommen wurscht, daß ich mit einer Freundin zusammenlebte, das interessierte sie nicht. Ich hatte ein Haus gemietet, und meine Mutter kam jeden Abend halb betrunken mit einem anderen Typen nach Hause. Ich hätte es vorgezogen, wenn sie als Nutte anschaffen gegangen wäre. Das hätte ihr wenigstens etwas eingebracht. Aber da vergnügte sie sich mit jüngeren Mackern und am Ende des Monats hatte sie keinen einzigen Pfennig mehr. Ich mußte ihr Geld geben. Seit einem Jahr schicke ich ihr nichts mehr. Ich habe die Nase voll. Damit sie mein Geld ihren Gigolos gibt, oh nein, da bin ich dagegen! Sie schlief einfach nur so mit den Männern. Ich bin sicher, daß sie noch nicht einmal Spaß daran hatte. Die Nutten auch nicht, ich weiß. Meine Freundin prostituiert sich im Bois de Boulogne. Darüber bin ich übrigens gestolpert. Wegen Zuhälterei. Ich bin hier in der Sondergruppe für Lesbierinnen, Zuhälterinnen und Prostituierte. Man läßt uns nicht mit den anderen zusammen aus Angst vor Ansteckung. Wir müssen uns an der Mauer entlangdrücken, damit niemand uns sieht, damit niemand eine Frau sieht, die... Die Männer, das verstehe ich. Für die ist es ein Bedürfnis. Aber die Frauen, nein. Wenn es ein Job ist, gut einverstanden. Sonst akzeptiere ich es nicht. Meine Mutter konnte darauf nicht verzichten. Meine Freun-

din hat eine kleine Tochter. Sie ist zweieinhalb Jahre alt. Ich vergöttere sie. Ich bin diejenige, die sich um sie kümmert. Ich möchte nicht, daß sie ein Leben führt wie ich, meine Freundin oder meine Mutter. Ich arbeite in einem weiblichen Nachtkabarett. Die Kameraden aus dem Kabarett kommen niemals zu mir nach Hause. Ich möchte nicht, daß die Kleine sie kennenlernt. Ich kenne die, das ist mein Leben, aber sie, die Kleine, sie soll auch niemals auf den Strich gehen. Übrigens wird meine Freundin das alles aufgeben. Wir wollen noch ein zweites Kind. Ihre Tochter hat sie so bekommen. Es war ein Unfall. Ich bin zufrieden, daß sie sie behalten hat. Durch künstliche Besamung wird sie das Zweite bekommen. Sie wird mit der Prostitution aufhören und mit den Kindern zu Hause bleiben. Ich verdiene genug für uns alle. Ich möchte, daß meine Tochter, für mich ist sie meine Tochter – sie nennt mich Tantie – ein kleinbürgerliches Leben führt. Sie soll studieren und sich ihr Leben aussuchen. Wenn sie anfängt, mit Jungen zu gehen, werde ich mit ihr zum Doktor gehen, damit sie die Pille kriegt. Sie wird kein Matratzenfloh werden. Das auf keinen Fall! Wenn sie einen Typen liebt, kann sie mit ihm gehen, aber sie muß nicht alle zwei, drei Tage wechseln. Ich möchte gerne, daß sie eine Romanze mit einem Mann erlebt, einem Mann, der sie respektiert, der sie nicht mißhandelt wie mein Onkel, der richtig widerlich zu meiner Tante ist. Er sagt immer, daß er sie aus dem Dreck gezogen hat, und daß sie nur ihre Schnauze halten soll. Für mich sind die Männer ... Ich habe nie mit einem Mann geschlafen. Ich bin Lesbierin von Geburt an. Meine Tage hat man bei mir erst künstlich hervorrufen müssen, und ich habe nur links einen Eierstock. Also als Frau... Ich glaube, ich hätte keine Kinder bekommen können. Außerdem habe ich das niemals gewollt. Ich habe die Kleine. Das ist gut so.
Diese Kleine, ich liebe sie.

Das war im Dezember 1977
Im Januar 1978 kommt Hélène von neuem ins Gefängnis, diesmal wegen vorsätzlicher Tötung. Sie hat auf ihre Freundin geschossen, die mit dem Notarztwagen ins Krankenhaus eingeliefert wurde.
Und das kleine Mädchen, das in den Träumen dieser Frau ein ruhiges und glückliches Leben haben sollte..
Es wird in Pflege gegeben.
Das, was an dem Bericht von Hélène auffällig ist, ist die Geschichte mit ihrer Mutter.
Ihre Mutter wollte einen Jungen.
Ihre Mutter hat sie wegen einem Mann verlassen.
Ihre Mutter erniedrigt sich für die Männer und mit den Männern.
Ihre Mutter ist weder eine ehrenwerte Frau, noch eine tugendhafte Ehefrau, noch eine gute Mutter.
Ihr Haß auf die Männer rührt von der Geschichte der Liebe zu ihrer Mutter her. Einer Mutter, von der ein kleines, uneheliches Mädchen träumt, das zur Fürsorge abgeschoben wurde und das verrückt nach dieser Frau ist, die ihm die Männer vorzieht und es von neuem verläßt. Wie kann ihre Beziehung zu den von ihr geliebten und ausgesuchten Frauen, vorzugsweise Prostituierten, sein? Mit welchen Reden über die Männer, über ihre Mutter und über die Frauen, die ihren Körper an arme Tröpfe verkaufen... hätte sie die kleine Tochter ihrer Freundin erziehen können? Das war ein kleines Mädchen, ein kleines Kind, hört, das ist auch das, was es bildet, was es von seinem Unterbewußtsein her formt... Dieses kleine Mädchen, das in Pflege gegeben wurde, weil seine Mutter, eine Prostituierte aus dem Bois de Boulogne, fast von der Frau, mit der sie zusammenlebte und die gerade eine Gefängnisstrafe wegen Zuhälterei abgesessen hatte, getötet worden wäre...
Die Gewalt der Beziehungen zwischen diesen Frauen, die es aufgezogen, die Gewalt in ihren Beziehungen

mit der Außenwelt... Ein Extremfall. Man würde es gerne wissen. Man kann es sich vorstellen. Alles ist gegeben für die Fortsetzung der Geschichte, die schon jetzt ein Roman ist. Aber das hier ist kein Roman.

WENN SIE SIE SEHEN WÜRDEN, HÄTTEN SIE LUST SIE WEGZUGEBEN

Hin- und hergerissen zwischen Mutter und Pflegemutter ist das kleine Mädchen seines Körpers überdrüssig. Es möchte sterben. Und es ist dieser Kampf um die Ernährung, das Essen und die Zuneigung, der es überleben läßt.
Hier ist das kleine Mädchen seiner Mutter überdrüssig. Die mißhandelten kleinen Mädchen sterben nicht immer. Bleiben sie durch Zufall, aus Versehen oder weil sie einen sehr starken Lebenswillen haben am Leben? Für sich selbst? Für ihre Mutter? Oft sind sie dem Tode knapp entronnen, wenn sie stark vernachlässigt waren oder so geschlagen wurden, daß sie normalerweise an einem Gehirntrauma hätten sterben müssen. Vielleicht braucht die Mutter, wenn sie nicht davonläuft und die Kinder zurückläßt, oder wenn sie die Kinder nicht gleich nach der Geburt weggibt, diesen Körper der kleinen Tochter als Erinnerung, um sich eine Kindheit ins Gedächnis zu rufen, nämlich die eigene, oder sie braucht ihn als einen anderen Körper - dessen Unterschied man hervorheben muß - als den des Vaters oder des bevorzugten Sohnes, oder als einen ähnlichen Körper, den man verschandeln muß, so als ob es der eigene wäre, ein verletzlicher, ablehnender und abstoßender Körper, den sie nur berühren kann, um ihn zu verunstalten, aber auch, um ihn am Leben zu erhalten - leidendes Fleisch, gebranntmarkte Haut - und dann weiß und sieht man, daß sie lebt. Damit die Tochter für sie und ihn lebt, muß die Mutter sie hart anfassen, um sie nicht zu streicheln, aus Angst vor Zärtlichkeit, weil eine Mutter ihre Tochter nicht streichelt, weil

ihre eigene Mutter hart und brutal war...
Die kleinen mißhandelten Mädchen, die nicht sterben, leben durch den Wunsch der Mutter, sie immer nur fast zu verlieren, fast zu töten und sie am Leben zu lassen, damit dieses Leiden von der Mutter auf die Tochter weitergegeben werden kann, denn die Kinder sterben nicht von dem einen oder anderen Sturz, selbst wenn sie auf einen spitzen Gegenstand aufschlagen, sterben sie nicht vom Hinfallen. Ein Kind töten, es sterben lassen, ist nicht so einfach. Im Grunde genommen geschieht es sehr selten, daß ein Kind durch einen Unfall ums Leben kommt, wie oft auch immer die Eltern behaupten mögen, daß der von ihnen gewollte, gesuchte, provozierte und herbeigeführte Tod ein Unfall gewesen sei. Die Kinder, die sterben, werden von ihren Eltern getötet und diejenigen, die nicht sterben, die wollen die Eltern für sich selbst am Leben erhalten.
Die Mutter will ihre kleine Tochter für sich selbst am Leben erhalten. Sie weggeben oder verlassen. Niemals. Oder höchstens für kurze Zeit; nicht lange; um sie wieder zurückzuholen. Sie ist schließlich die Mutter. Sie entführt sie sogar von der Pflegemutter. Sie beginnt sie zu schlagen. Und wenn man sie ihr von Amts wegen wegnimmt, wenn die Behörden auf verschiedene Anzeigen hin eingreifen, dann hält die Mutter ihre Tochter fest; sie gehört ihr, sie wird sie nicht hergeben. Ihrer Meinung nach kann sie mit ihr machen, was sie will: sie ist die rechtliche Mutter. Und wenn sie ihre Tochter schlägt, so hat sie gute Gründe dafür und die Kleine hat es verdient... Das ist weil... sie weiß es nicht.

Ich lasse es nicht zu, daß sie den Teppichboden schmutzig macht

"Ich, der unterzeichnende Dr. X..., bestätige, die kleine Catherine in meiner Krankenhausabteilung behandelt zu haben. Sie hatte mehrere, über den ganzen Körper verteilte Blutergüsse, einige in Form von langen Striemen, die von Peitschenschlägen herrührten, andere stammten von Bißwunden und wieder andere hatten keine besondere Form... Dieses Kind befand sich in einem sehr schlechten Allgemeinzustand, im Alter von 2 Jahren und 10 Monaten wog es weniger als 10 kg." Fräulein M..., die Mutter des kleinen Mädchens, gab zu, daß die Verletzungen von Peitschenschlägen herrührten.**

Im Alter von 24 Jahren lebt Fräulein P... bei ihren Eltern. Sie wird schwanger und bringt ein kleines Mädchen zur Welt, das von den Großeltern aufgezogen wird. Fräulein P... stellt einen Antrag auf Unterstützung für ihre Tochter und nimmt sich eine Wohnung. Im darauffolgenden Jahr wird sie wegen versuchter Abtreibung und einem Selbstmordversuch ins Krankenhaus eingeliefert.

Sie bekommt einen Jungen.

Sie hat eine bescheidene Stellung in einer Bank, wo sie auch den Vater ihres Sohnes kennengelernt hat. Der Vater erkennt das Kind nicht an und zahlt keine Alimente an Fräulein P... Er lebt nur von Zeit zu Zeit mit ihr zusammen. Das Kind wird tagsüber zu einer Pflegemutter gebracht. Ein Jahr später bekommt Fräulein P... eine Tochter: Catherine. Sie hat ihrem Arbeitgeber und ihren Eltern ihre Schwangerschaft verborgen und so verliert sie alle sozialen Vergünstigungen.

Als ob das Kind verschwinden würde, wenn man die Schwangerschaft verheimlicht... Fräulein P... wollte dieses 2. Mädchen nicht haben. Sie hat es in ihrem Bauch umgebracht, ohne es körperlich zu töten. Das kleine Mädchen wird trotz seiner Mutter physisch vorhanden sein, ein kleines Mädchen, das man schlagen muß, sogar noch vor der Geburt.

Die Geburt von Catherine zwingt Fräulein P... dazu, ihren Sohn vorübergehend bei der Fürsorge unterzubringen. Fräulein P... könnte einige Monate in einem

Mütterheim unterkommen: sie hat keinen Platz für das Neugeborene und kein Geld für eine Säuglingspflegerin. Sie will sich nicht von ihrem Sohn trennen und weigert sich, in ein Mütterheim zu gehen. Um ihren Sohn behalten zu können, drängt sie darauf, daß ihre Tochter wegkommt "um keine Zeit zu haben, mich an sie zu gewöhnen," sagt sie. Das kleine Mädchen wird in eine Pflegefamilie in das Departement Sarthe gegeben. Es ist einen Monat alt. Fräulein P... sieht ihre Tochter 2 Mal in 2 Jahren. Ihr Freund unterstützt sie finanziell immer noch nicht. Er hat seine Tochter nicht anerkannt. Er will die Mutter seiner 2 Kinder nicht heiraten: Sie ist oft krank und innerhalb von 2 Jahren kommt sie 2 Mal ins Krankenhaus. Er sagt: "Ich will keine Tote heiraten." Die Mutter bringt den Beginn ihrer Nervenkrisen und ihrer physischen Schwäche mit der Geburt ihrer Tochter in Verbindung: das kleine Mädchen hat die Mutter für immer krank gemacht. Wegen ihr will der Vater die Situation nicht legalisieren und sich um seine beiden Kinder kümmern... Das Leben der Tochter ist der Tod der Mutter. Ein symbolischer Tod. Ihre Geburt hat sie sozusagen das Leben gekostet.
Fräulein P...: "Als ich Catherine bekommen habe, lebte ich mit meinem Sohn in einem ganz kleinen Zimmer. Ich war natürlich verpflichtet, sie wegzugeben. Ihre Geburt war eine Katastrophe. Ich habe mich davon nie erholt. Seitdem habe ich immer häufiger Nervenkrisen..." Catherine ist 2 Jahre alt. Zweifellos wird sie weggegeben, zurückgeholt, geschlagen, kommt mehrere Male ins Krankenhaus, wird wieder woanders untergebracht... Wenn sie nicht stirbt - es kommt selten vor, daß Kinder nach 6 oder 7 Jahren an den Folgen von Mißhandlungen sterben - so wird sie wie die Heranwachsende, die seit einiger Zeit (Anfang 1978) in einem Heim lebt, sagen: "Man behandelt mich wie einen Koffer". Sie könnte ihre Geschichte auch so wie die junge Algerierin Yasmina erzählen, die auf der Durchreise in einem Aufnahmeheim ist. Sie ist 16 Jahre alt und wohnt seit 2 Wochen in diesem

Heim. Sie hinkt ein bißchen: eine Folge von Mißhandlungen? Sicherlich, selbst wenn sie es nicht sagt. Weiß sie es? Es gibt zahlreiche mißhandelte Kinder, die behindert sind.
Yasmina erzählt:

Sie gab mir ihre Milch von weitem, durch Schläuche

Sie schlägt mich. (Sie, das ist meine Mutter) Mit dem Besenstiel schlägt sie mich überall hin. Ich habe noch blaue Flecken davon. Ich wollte sterben, wenn ich nicht weggelaufen wäre. Sie nennen das Ausreißen. Einmal ist sie zur Polizei gegangen, um mich suchen zu lassen; und ich war auch gerade auf der Polizeidienststelle. Ich habe ihnen gesagt: "Ich will nicht mehr zu ihr zurückkehren. Ich will selbst dann nicht, wenn ich eingesperrt werde. Sie haben mich eingesperrt. Das ist wie ein Gefängnis. Hier ist es besser. Sie hat mir gesagt, daß sie mich nicht wieder bei sich aufnehmen würde, wenn ich in ein Heim ginge. Ich will nie mehr zu ihr gehen. Sie hat mich nicht aufgezogen. Mit 8 Jahren bin ich zu ihr zurückgekommen. Vorher war ich in Pensionen, weil ich etwas an der Hüfte und auch da im Kopf habe. Wenn ich mich ärgere, mache ich alles kaputt und schlage mit dem Kopf gegen die Wand. Dort unten hat man mich gepflegt. Ich weiß nicht, ob ich geheilt bin. Aber meine Mutter mag mich nicht. Sie ist immer krank, und sie sagt, daß wäre wegen mir. Dabei habe ich ihr gar nichts getan. Sie sagt nur, daß das nach meiner Geburt begonnen habe. Ich weiß das nicht, aber das ist nicht mein Fehler.
Sie wollte Söhne haben. Ich habe 2 Schwestern. Zu denen ist sie nicht so. Sie sind gut angezogen und alles, und ich, ich muß das anziehen, was sie will. Ich bin doch nicht mehr 3 Jahre alt. Wenn ich Kinder hätte, wäre ich nett zu ihnen. Nicht so wie sie. Ich würde mit ihnen sprechen und mit ihnen spazieren-

gehen. Ich kann nie weggehen. Ich gehe zur Schule und dann nach Hause: zu Hause in mein Zimmer. Ich gehe schlafen und am nächsten Tag das gleiche. Mit ihr spreche ich nie. Von meinen Tagen habe ich ihr nichts erzählt. Ich sage nie was. Sie will, daß ich im Haus arbeite. Ich bin das Hausmädchen. Wenn ich nicht will, schlägt sie mich. Sie wollte mich nicht mehr sehen, also legte ich mich unters Bett, ja, unters Bett! Ich war klein, und dort war genug Platz, wenn ich mich nicht bewegte. Sie schreit immer hinter mir her. Ich will nicht mehr zu ihr zurückgehen. Meine Kinder... Ich hätte gerne Jungen. 3 Jungen. Das ist einfacher. Für sie. Ich habe festgestellt, daß Mädchen zu sehr leiden. Sie glaubt immer, ich würde Dummheiten mit den Jungen machen... Aber ich bin Jungfrau. Man muß Jungfrau sein, das ist sauberer. Außer, wenn ein Unfall passiert... es ist besser, Jungfrau zu bleiben. Jugendliche von 13 Jahren, die das schon gemacht haben, das finde ich nicht schön. Für mich ist die Prostitution und all das... das will ich nicht. Meine Mutter sagt zu mir: "Wenn Du eine Rumtreiberin sein willst..." und auch noch andere Worte, die ich nicht sage. All das, weil ich zwei Mal abgehauen bin. Ich wollte nicht mehr bei ihr bleiben. Wenn ich meine Schwester treffe, dann beleidigt sie mich, sie auch...
Ich bin im Brutkasten gewesen. Sie hat mich nicht aufgezogen. Später kam sie mich nicht mal besuchen. Sie hat mir nicht ihre Milch gegeben, nicht mit ihren Brüsten. Sie gab mir die Milch von weitem, einfach so durch Schläuche. Sie sagt, daß sie mich nach Algerien zu meinem Onkel schicken werde. Ich will aber nicht. Ich bin hier geboren. Ich will nicht ganz alleine dorthin gehen. Ich gehe nicht. Ich haue ab. Ich gehe nicht. Sie, sie stammen aus Algerien, sie sind Araber, sie können dorthin gehen, wenn sie wollen. Ich bleibe hier. Aber nicht bei ihr. Sie sagt immer, ich solle meine Haare zu einem Knoten zusammenbinden.

Aber ich will das nicht, weil ich große abstehende Ohren habe. Jetzt habe ich ein Kopftuch um und da sieht man es nicht.

Ich will nicht nach Hause zurückgehen.
Ich will nicht zu ihr zurückkehren.

Die 18-jährige, die 1972 an Menie Grégoire schreibt, will auch nicht zu ihrer Mutter zurückkehren. Sie ist die Tochter von Seeleuten, das zweite Kind von 8 Geschwistern. Die Mutter wollte bei ihrer Geburt einen Sohn haben. "Es war ein Mädchen, also ich. Sie fand mich sehr häßlich und schlug mich sehr oft. Ich habe davon noch Narben am Körper. Mit 14 Monaten schlug sie mich so, daß sie mir das Nasenbein gebrochen hat. Mit einer Wäscheklammer wollte sie mir die Nase wieder ankleben, wie sie sagte... Sie mochte mich nicht, also entschloß sich mein Vater, mich mit 2 Jahren zu seinen Eltern zu geben. Aber die stritten sich oft. Meine Mutter sagte zu mir mit einer haßerfüllten und gehässigen Miene, an die ich mich immer erinnern werde: "Hör gut zu, ich habe Dich zwar zur Welt gebracht, aber für mich bist Du eine Fremde, für mich existierst Du nicht." Und dieses, Menie, war ganz furchtbar für mich. Ich war nun 9 Jahre alt und wußte, daß sie mich weggegeben hatte (zu den Großeltern), aber ich wußte nicht warum... Ich hatte niemanden, der mich verstand... alle machten sich über mich lustig. Ich habe mich von der Außenwelt abgeschlossen und mich in die Einsamkeit zurückgezogen. Vor einem Jahr habe ich mein Studium abgebrochen, um zu arbeiten. Ich beaufsichtige 3 Kinder und gebe alles Geld meiner Großmutter...
"Ich bin vielleicht eine unangenehme Erinnerung im Leben meiner Mutter, aber ich kann mir doch nicht das Leben, das sie mir gegeben hat, nehmen, damit sie mich los ist... Ich kann nicht weggehen und die, die mich aufgezogen hat, alleine lassen... Wo sollte ich ohne Geld auch schon hingehen? Ich kenne nieman-

den... Außerdem bin ich dick und häßlich, was bleibt mir also übrig?"
Wie Yasmina erträgt sie nur schlecht diesen Körper, den ihre Mutter zerstören wollte, den sie weit weggab, den sie geschlagen hat, um ihn formlos zu machen und um die Zeichen der Weiblichkeit an den Stellen zu zerstören, wo sie sich als Frau, als begehrender und begehrenswerter Körper empfinden könnte. Aber die Mädchen verbieten sich selbst, was ihre Mütter ihnen verboten haben, indem sie sie physisch am Körper und durch Worte im Kopf verletzt haben.
Mutter und Tochter verbieten sich Zärtlichkeiten und Küsse...

Nachdem Fräulein P... in eine bessere Wohnung umgezogen ist und ihre Tochter Catherine zu sich genommen hat, stellt die Schulfürsorgerin zahlreiche Blutergüsse bei dem kleinen Mädchen fest. Fräulein P... sagt:
Sie umarmt mich nicht.
Sie spricht nicht.
Sie ist nicht sauber, weder am Tag noch in der Nacht.
Der sporadisch auftauchende Vater erträgt sie nicht und droht ihr, die Wohnung zu verlassen. "Er schreit sie die ganze Zeit an", und wenn sie nicht gehorcht, so sagt er: "Ich werde ihren Willen brechen", und wenn sie Pipi auf den Fußboden macht: "Sie wird mich um Verzeihung bitten." Die Mutter, eine sehr pingelige und übertrieben ordentliche Hausfrau, toleriert nicht den kleinsten Schmutzfleck. Jede Beschmutzung ist eine Zumutung für diese anspruchsvollen Frauen, die für extreme Sauberkeit sind und die überhaupt kein Verständnis aufbringen, die aus ihrem Haus ein Totenhaus machen - nichts liegt herum, alles ist ordentlich, sauber und antiseptisch. Und ein Kind, das diese kalte Harmonie, diese Gefühllosigkeit ohne Fehl stört, indem es sein Pipi und sein Aa überall hinterläßt und hinter dem man die ganze Zeit hinterher sein muß und noch einmal sauber machen muß, damit alles reinlich bleibt und damit man das Herumliegende nicht

mehr sieht; dieses Kind da, daß sein Leben durch seine Ausscheidungen kundtut, weil es sich in dieser sterilen und tödlichen Ordnung nicht anders ausdrücken kann, genau dieses kleine Mädchen, das weniger nett, weniger zärtlich und weniger artig als sein Bruder - sein gehätschelter und bevorzugter Bruder - ist, bringt Unordnung, tanzt aus der Reihe und muß bestraft werden. Die Mutter: "Ich lasse es nicht zu, daß Catherine den Teppichfußboden beschmutzt, und ich werde sie wieder weggeben, wenn sie mir Unannehmlichkeiten macht." Man wird das für sie tun, denn nach 8 Tagen stellt man in der Schule neue Mißhandlungen fest und 8 Tage später weist sie neue Blutergüsse auf. Schließlich wird sie von ihren Eltern in eine Klinik eingeliefert. Im Krankenhaus ist sie in Sicherheit und ihre Eltern ebenfalls...
Bei der Polizei sagt Fräulein P... zu der Fürsorgerin, daß sie ihre Tochter so stark geschlagen hätte, weil sie ihre Notdurft auf dem Fußboden verrichtete. "Ich setzte sie 1 Stunde lang auf den Topf, und sofort danach machte sie auf den Fußboden. Ich verstehe das nicht. Ich habe sie hart mit der Hand geschlagen, und sie muß gefallen sein und sich gestoßen haben. Ich wußte nicht mehr, was ich tat, ich konnte nicht mehr..." Der Vater vergleicht Catherine immerzu mit ihrem Bruder, der mehr Zärtlichkeit brauche, weil er in den ersten beiden Jahren mehr gelitten habe als Catherine, die von einer guten Pflegemutter, die sie Mamma nannte, verhätschelt wurde. Vater und Mutter loben das Verhalten des Sohnes und kritisieren das der Tochter. In der Schule ist der Junge aufgeschlossen und sehr lebendig, und seine Schwester ist immer traurig. Sie ist keine Bettnässerin.
Nach dem Krankenhausaufenthalt wird Catherine in ein Pflegeheim geschickt. Vom Jugendrichter werden erzieherische Maßnahmen für Catherine und ihren Bruder angeordnet. Es gibt wenig Nachrichten über das kleine Mädchen. Im Juni 1974 ist es 6 Jahre alt. Es scheint sich bei seiner Pflegemutter gut anzupassen. Es geht zur Schule. Es geht in die erste Klasse.

Die Intoleranz der Mutter dem Körper ihrer Tochter, ihrer Gegenwart, ihren sündhaften Bekundungen von Leben und dieser schmutzigen Sprache gegenüber – denn indem das kleine Mädchen sichtbar seinen Körper entleert, damit man es auch sieht, versucht es, sich seiner Mutter gegenüber verständlich zu machen, dieser Mutter, die es nicht hört, nicht hören will, wenn es nicht so sauber wie eine Puppe ist – kann man auch als eine Ablehnung dessen ansehen, was ein kleines Mädchen in seinem Bauch haben kann und das, wie es selbst aus dem Bauch der Mutter herauskommen kann – diese Scheiße, das könnte auch ein Kind sein. Sie schlägt das Kind, manchmal sogar zu Tode, um die Tochter daran zu hindern, das zu tun, was sie selbst getan hat: Kinder zu machen, denn wenn ihr Körper nicht mehr funktioniert, nicht mehr in Ordnung ist, wenn sie anormal wird, dann wird sie vielleicht nicht Mutter. Das in der Wurzel zerstören, was aus einem kleinen Mädchen eine Frau machen würde, das was innen in einer anderen Form vorhanden ist. In dem Bauch ihrer Tochter mögliche Kinder töten und auch die töten, die sie gegen ihren Willen zur Welt gebracht hat. Das kleine Mädchen umbringen, das sie vor ihrem ersten Schrei nicht töten konnte oder wollte. Und es ist da. Es gibt nichts anderes mehr zu tun, als es zu schlagen, weil es ein Unfall war. Eine Schwangerschaft mehr. Nach oder vor so vielen anderen. Die Mutter ist immer dick; müde und krank. Wo ist ihr Körper? Sie verliert ihn, indem sie sich regelmäßig aufblähen und wieder schlank werden sieht, ohne darauf Einfluß nehmen zu können, weil der Mann, der Ehemann, nein zur Empfängnisverhütung sagt, denn er ist der einzige, der den Körper der Frau benutzt und abnutzt. Er ist der Besitzer. Er besitzt diesen Körper, der sich ihm mit seinem Sex und seinem Bauch hingibt. Und seine Frau, die Mutter seiner Kinder, "gehört nicht mehr sich selbst". Er sagt nein zur Pille, und sie sagt nein zur Abtreibung... Wenn die Kinder geboren sind, so ist sie es, die sie aufzieht, ernährt, kleidet, schlägt und tötet. Viel öfter als der Vater.

An einem der nächsten Tage werde ich sie verschwinden lassen

"An einem der nächsten Tage werde ich sie verschwinden lassen", sagt M. F..., die Mutter von Jocelyne. Die Geschichte dieses kleinen Mädchens, das mit 3 Jahren an den Folgen mütterlicher Mißhandlungen stirbt ist beunruhigend. Alles begann mit einer Darmgeschichte. Eines Tages entdeckten die Eltern von Jocelyne ein Stück Darm, das aus dem After hervorguckt. Dieses Mal handelt es sich nicht nur um die Scheiße, sondern um das, was sie herstellt, um ein Stück aus dem Körperinneren, das unverständlicherweise daraus hervorkommt. Die kleinen Kinder sind überzeugt, daß die Kinder durch den After gezeugt werden und daß das Kind im Inneren, im Bauch etwas mit Scheiße zu tun hat. Übrigens glauben das nicht nur die Kinder. Das ist auf jeden Fall eine "Anomalie", wie in dem Bericht festgestellt wird. Um dieses Stückchen zu entfernen, verbringt das kleine Mädchen mehrere Monate im Krankenhaus. Als es zurückkommt, hat seine Mutter einen dicken Bauch, weil sie seinen zukünftigen kleinen Bruder erwartet. Und Jocelyne hat ein großes Pflaster auf dem Bauch, weil die Wunde immer noch eitert. Dieses Pflaster reißt sie ab, um zu sehen, was da herauskommt. Ihre Mutter schimpft sie aus, weil es schmutzig ist und weil sie den Verband wieder neu machen muß.
Die Kinder sagen auch, daß die Babys aus dem Bauch herauskommen. Man öffnet den Bauch mit einem großen Messer und holt das Kind heraus. Jocelyne muß wissen, was sie in ihrem Bauch hat, aber ihre Mutter verbietet ihr diese neugierige und unpassende Geste und schlägt sie mit der Peitsche. Und dann hinterläßt sie in ihrem Zimmer auf dem Stuhl und im Bett ihre Pisse und ihre Kacke. Sie setzt ihre Scheißhaufen ohne Unterschied im ganzen Haus ab - sie macht in die

Hose und niemals auf den Topf – und man muß alles sauber machen, immerzu. Diesen kleinen eiternden und stinkenden Mädchenkörper will die Mutter nicht mehr sehen. Ihn zu berühren ekelt sie an, sie "kann nicht mehr", sie wird das Kind woanders unterbringen lassen. Sie schlägt es. Die Kleine schreit. Der Schenkel schlägt gegen das Holz des Bettes und wird dick. M. F... macht eine Salbe drauf. Jocelyne kann nicht mehr aufstehen: das tut ihr weh. Sie weint. Sie schreit in ihrem Bett. M. F... klebt ihr ein Pflaster über den Mund, damit sie schweigt. Sie stopft alle Körperöffnungen zu, durch die ihre Tochter sich verständlich machen könnte, ihre Tochter, die nicht viel spricht und die nicht zärtlich ist. Sie hätte sich, sagt die Mutter, bei ihrer Rückkehr aus dem Krankenhaus, nach der Geburt des kleinen Bruders, geweigert, ihre Mutter zu umarmen, während ihre Geschwister sich alle begeistert an ihren Hals gehängt hätten. Sie zunähen, zustopfen: mit Pflastern, Leukoplast und Windeln, damit ja nichts herauskommt, weder Worte, noch Eiter, noch Fäkalien. Mund, Bauch und Hintern: überall da, wo Jocelyne spricht und das ausdrücken könnte, was man verschweigen muß und vielleicht ihre Liebe zur Mutter, ihren Ruf nach Zärtlichkeit, nach der Hand der Mutter auf ihrem Körper. Die Mutter verstopft diese Körperstellen des Kindes und verschließt sie endgültig. Jocelyne schweigt endlich. Damit ihre Mutter, die sie beseitigt, leben kann, stirbt sie 1973.
Sie ist verschwunden.
Wenn sie nicht geht, wenn sie nicht von der Hand ihrer harten und distanzierten Mutter stirbt, die den Körper ihrer Tochter wie einen Toten immer weit von sich hält, dann sagt ihre Mutter zu ihr: "Du bist nicht normal, Du wärst besser tot". Und sie betrachtet sie wie eine an einer unheilbaren Krankheit leidende Behinderte. Caroline ist nicht behindert**. Aber ihre Mutter sagt von ihr: "Ich wußte, daß die

nicht normal ist. Man wollte es nicht sagen, man wollte es nicht sehen.
Sie ist von einem Krankenhaus zum anderen geschickt worden... das war schwierig..." Sie zieht ihr ihre "sehr hübsche, niedliche, goldige und lebhafte" Schwester vor. Diesen kranken Körper will die Mutter nicht haben. Sie will Caroline nicht als Körper von ihrem Körper anerkennen, der ihrem Körper wehgetan hat, so wie die Geburt von jedem ihrer Kinder sie fast das Leben gekostet hat. Sie bekommt einen Sohn und 4 Töchter, und jedes Mal stellt die Geburt ein "erhöhtes Risiko" dar. Auch hier sagt der Mann nein zur Empfängnisverhütung. Vielleicht hofft er, seine Frau im Kindbett zu verlieren; auf diese Art und Weise würde er gleichzeitig Mutter und Kind loswerden und niemand könnte ihn wegen Mordes verklagen. Die Mutter stirbt nicht, aber eine der kleinen Töchter wird geschlagen und abgelehnt. Es ist diejenige, die bis zur Verunstaltung ihres Körpers, bis zur Nachahmung physischer Invalidität nach der Zärtlichkeit der Mutter verlangt, die sie ihr verweigert. Caroline wird von ihrer Mutter, die sie tot wünscht, weggegeben. 1974 im Kindergarten spricht sie schlecht, sie stottert... Sie ist körperlich und sprachlich zurückgeblieben. Die Worte kommen nicht aus ihr heraus oder sie sind blockiert, werden wiederholt und sie bewegt sich so, als ob sie behindert wäre - sie wird krankengymnastisch behandelt. Nach dem Wunsch der Mutter hat sich das kleine Mädchen, das nicht leben sollte und das die Mutter weit weg von ihrem Körper, ihren Händen und ihren Küssen aufgezogen hat, nach dem von der Mutter ausgesprochenen Modell entwickelt: "Du bist nicht normal..." Wenn es spricht, unterbricht sie es, wenn es gerade geht, hindert sie es daran.
"Wenn Sie sie sehen würden, hätten Sie Lust, sie wegzugeben", sagt die Mutter der fünfjährigen Laurence**. Alles spielt sich zwischen Mutter und Tochter ab, und der Vater lebt nebenher, so als ob es ihn nichts anginge: Die Kinder, das ist Sache der Mutter.

Wissen die Mütter, was sie sagen? Und daß das, was sie anderen über ihre Töchter sagen - das Kind hört es immer, lauert und wartet darauf - manchmal tödlich sein kann? "Wenn Sie sie sehen würden, hätten Sie Lust sie wegzugeben." Noch ein kleines Mädchen mit einem kranken Körper, weil seine Mutter ihm nicht erlaubt, sich zu bewegen und zu leben. Wenn sie weggeht, bindet sie es an einem Stuhl fest. Die Mutter läßt es in seinem Bett, es verläßt nicht das Zimmer, wo es trotz allem versucht, seine ersten Schritte zu machen, und seinen Körper im Raum auszuprobieren, in einer Stellung, die es noch nicht beherrscht. Vielleicht um es zu bestrafen, weil es versucht hat, aus diesem Zimmer, in dem es eingeschlossen ist, herauszukommen, wird das kleine Mädchen mit einem Schenkelbruch ins Krankenhaus gebracht. Laurence bleibt lange dort. Sie hat eine Rachitis und sehr wenig Haare. Sie ist traurig und spricht wenig oder gar nicht. Mit 5 Jahren gleicht sie einem knapp dreijährigen Kind. So, als ob sie nicht gewachsen wäre. Sie verkleinert sich, um weniger Platz einzunehmen. Sie verschwindet fast, um ihrer Mutter einen Gefallen zu tun, die sie weit weg wünscht und nicht mehr sehen oder anfassen will. Ihre Mutter schlägt sie, weil sie sich bewegt: Sie schaukelt in ihrem Bett hin und her, sie zieht sich aus, sie masturbiert. Ihre Mutter sagt, daß sie lasterhaft sei. Wenn sie 15 Jahre alt oder jünger ist, wird sie ihr genauso wie die Mütter und Pflegemütter ihren Töchtern und Pflegetöchtern - die in frühester Kindheit mißhandelt wurden - sagen, daß sie eine Rumtreiberin sei oder eine Hure oder eine Nutte... und worauf sie bloß warte, um auf den Strich zu gehen...

Das Vergehen des kleinen Mädchens ist zu offensichtlich, zu ausdrücklich, als daß die Mutter es übersehen könnte: Der Körper äußert sich hier brutal, wild und ohne Umschweife, und das sexuelle Zeichen, das die Tochter an die Mutter richtet, beunruhigt und verwirrt sie. Sie versteht nicht, daß Laurence mit dieser agressiven und leidenschaftlichen Geste sprechen will, weil

sie so unter den Augen der Mutter mit sich selbst spricht – sie versteckt sich dafür nicht – und die Mutter sieht diese Geste als dämonisch, unglückbringend und pervers an. Mit Schlägen antwortet sie auf diese ihrer Meinung nach obzöne, übertriebene und nicht akzeptierbare Bitte nach Liebe. Die Schläge haben sie beruhigt. 1974 ist die neunjährige Laurence ein mageres, ängstliches, trauriges und an Atrophie erkranktes kleines Mädchen. Sie verliert die Haare in großen Mengen. Passiv und ruhig hört sie ihre Mutter sagen: "Du bist häßlich, Du bist bescheuert, Du bist völlig verkehrt... von Dir kann man nichts erwarten." Sie ist schmutzig und vernachlässigt. Die Mutter hat 5 Kinder, und Laurence ist das dritte, das zweite der Mädchen; der Älteste und der Jüngste sind Jungen.
Und dann wird sie eines Tages auf nichts mehr hören, nichts wird mehr wichtig sein, weder Worte noch Gesten, und sie wird sagen: "Mir ist alles egal". Oder sie sagt gar nichts wie diese Jugendlichen, die eines Tages einfach so in einem Heim oder Mütterhaus auftauchen.
"Während ihres Krankenhausaufenthaltes schien Laurence Fortschritte zu machen, nun sieht es so aus, als ob sich ihr Zustand langsam verschlechtert und sie sich in der Welt des Schwachsinns einrichtet", sagt der Beobachtungsbericht. Man kann sich auch vorstellen, ohne sich groß zu täuschen, daß sie eines Tages mit einem Kind dasitzt, ohne zu wissen, wie sie daran gekommen ist, und daß sie sich auf dem Strich wiederfindet, weil sie ausgerissen ist, um Paris zu sehen, die Stadt, in der alles erlaubt ist, wo niemand aufpaßt, wo man spazierengehen und die großen Geschäfte ansehen kann...
Wie die junge Elisabeth, die mit 14 Jahren von zu Hause weggelaufen ist, weil sie geschlagen wurde und unglücklich war. Sie ist klein, mit einem mageren Körper, mit eingezogenen Schultern, schmächtigen Beinen und sie sieht so aus, als ob sie sagen wollte: "Seht mich nicht an, tut so, als ob ich nicht existiere."
Sie sitzt in ihrem Heimzimmer auf dem Rande des Bettes unter Postern von Sängern und Motorradhelden und erzählt (Januar 1978):

Ich wollte sterben, damit er mich nicht umbringt

Seit 3 Monaten reiße ich immer wieder aus. Das erste Mal bin ich nach Paris gekommen. Ich wollte sehen, wie es ist. Hier sind die Kaufhäuser viel größer. Ich mag die großen Geschäfte. Ich wohne in einer kleinen Stadt; ich kenne den Supermarkt auswendig. Ich gehe spazieren. Ich gucke. Ich sehe viele Dinge. Das finde ich schön.

Zunächst ging ich nicht mehr zur Schule. Eine Freundin hatte mir gesagt: "Mal sehen, wie das ist, wenn man nicht zur Schule geht." Wir haben das öfter gemacht. Das war Klasse. Wir gingen spazieren. Als meine Eltern das erfahren haben... oh, la la! Wenn meinen Vater die Wut packt, ist er gewalttätig. Er schlägt alle. Besonders meine Mutter. Ich glaube er hat irgendetwas am Kopf. Er ist Invalide. Meine Mutter arbeitet in einem Krankenhaus. Sie schlägt mich auch.

Wegen nichts ohrfeigt sie mich und nicht meine Schwestern. Meine große Schwester kann tun und lassen, was sie will. Sie geht aus, sie raucht, sie schminkt sich. Ich darf nichts. Tampax hat sie mir auch verboten. Sie sagt, daß das da innen was kaputt machen würde. Also kann ich es nicht nehmen. Ich benutze noch Binden, und das mag ich nicht. Meine Schwester benutzt schon lange Tampax, und meine Mutter sagt nichts.

Als meine Mutter meinem Vater erzählt hat, daß ich nicht zur Schule gegangen bin - ich habe die Schule nie leiden können - hat mein Vater rumgeschrien und gesagt: "Ich werde Deine Tochter umbringen, verstehst Du mich? Ich bringe sie um." Ich habe das gehört. Ich hatte mich versteckt. Ich wollte wissen, was sie sagen. Ich habe wer weiß wie viele Tabletten genommen..., um zu sterben. Ich wollte mich umbringen, damit er mich nicht umbringt. Im Krankenhaus hat man mich gerettet.

Mein Vater sagte immer zu meiner Mutter: "Dein Kaffee ist nicht gut" und solche Sachen. Meiner Mutter ge-

fiel das natürlich nicht. Eines Tages hat sie Kaffee gemacht und ihn zu der Nachbarin gebracht, die uns zum Kaffee eingeladen hatte. Mein Vater hat ihn getrunken. Er hat zu meiner Mutter gesagt: "Siehst Du, ihr Kaffee ist besser als Deiner." Meine Mutter hat gesagt: "Das ist mein Kaffee. Ich habe ihn gemacht, und ich habe ihn hierher gebracht."
Später ist mein Vater weggegangen. Er wollte nicht mehr mit meiner Mutter zusammenleben. Ich allein mit meiner Mutter und meinen Tanten... da bin ich abgehauen. Ich will nicht bei meiner Mutter bleiben. In einem Heim werde ich in Ruhe gelassen. Hier habe ich, was ich brauche. Niemand ärgert mich. Ich habe niemals eigene Kleider gehabt. Immer die von meiner Schwester. Viel zu groß. Die erste lange Hose schlug hinten lauter Falten. Meine Mutter wollte nicht, daß ich lange Hosen trug, und ich habe so gerne lange Hosen. In den großen Kaufhäusern sehe ich ganz viele. Sie gefallen mir. Ich gucke sie an. Das ist alles. Sie haben gesagt, daß ich am Freitag und Samstag mit meiner Schwester geklaut hätte und daß sie vor den Richter käme. Das ist nicht wahr. Wir haben nicht geklaut. Ich werde sie anrufen, um Bescheid zu wissen.

ALL DAS, WEIL ICH EIN MÄDCHEN WAR

Dieser Bericht von Elisabeth erinnert an einen Brief, den eine Achtzehnjährige 1973 an Menie Grégoire* geschrieben hat. Sie berichtet ihr, daß die Töchter für ihre Mutter nicht zählten und daß sie sie schlecht behandelte und sie immer arbeiten ließ, wenn sie keine Schule hatten, während der Bruder ans Meer reisen durfte. Sie arbeitet gut in der Schule und möchte ihre Ausbildung fortsetzen, ihre Mutter ist dagegen... Wenn ihre Tochter weit weg von der Mutter glücklich wäre und ein weniger hartes Leben führen könnte... das würden nur wenige Mütter akzeptieren.

"... also hat meine Mutter gesagt: "Du machst es genauso wie Deine Schwester, Du gehst in den Haushalt. Ein Mädchen heiratet, kriegt Kinder und braucht keinen Beruf." (...) Ich bekam eine Stelle und meine Mutter hatte meiner Herrschaft eingeschärft, mich abends nicht aus dem Haus zu lassen. Ich wurde für 200 FF (etwa 88 DM) bei freier Kost und Wohnung eingestellt. Ich akzeptierte immer alles. Bis zu dem Tag, an dem ich meine Mutter um 10 FF für die kleinen persönlichen Ausgaben bat. Sie hat sie mir verweigert.

Da wurde es fürchterlich... Ich sagte meiner Mutter, daß ich in meinem Alter das Recht hätte, Strumpfhosen zu tragen, meine Nägel rosa zu lackieren..., daß ich die Nase voll hätte, wie eine kleine Göre behandelt zu werden und daß ich abhauen würde..."

Sie flüchtet zu einer Schwester ihrer Mutter, die sich mit ihr verkracht hat. Dann kommt sie zu ihren Eltern zurück. Ihre Mutter bringt sie in einem Heim für schwererziehbare Jugendliche unter. Ein Jahr

lang bekommt sie keine Nachricht. Auf einen Brief an ihre Mutter erhält sie als Antwort, daß sie erst noch für ihre Untat büßen müsse. Sie lernt einen jungen Mann kennen. Er trinkt und arbeitet nicht. Er sagt, er liebe sie. Sie liebt ihn nicht. Ihre Eltern werden von der Direktorin informiert. Ihre Mutter läßt ihn zu sich kommen und setzt mit ihm den Hochzeitstermin fest. Sie heiraten ganz allein. "Ich hatte davon geträumt, in einem schönen weißen Kleid zu heiraten... und dann habe ich in meinem alten braunen Mantel, den ich täglich trug, geheiratet... Ich lebe jetzt in Scheidung. Die Liebe habe ich niemals kennengelernt. Ich weiß nicht was das ist: die Lust... Meine Mutter hat mich nie wieder sehen wollen. Ich arbeite sehr hart als Aushilfskraft in den Großmarkthallen von Rungis und werde schlecht bezahlt. Ich wohne in einem miesen Hotel in Paris... Mit 20 Jahren sehe ich aus wie 30.
"All das, weil ich ein Mädchen war."
In Beobachtungszentren, Heimen, möblierten Zimmern, Stundenhotels, Mütterheimen und Gefängnissen... dort überall tauchen sie auf, sie, die als kleine Mädchen von der Liebe der Mutter ausgeschlossen wurden, weil sie kleine Mädchen waren.
"Oft wissen die Mädchen gar nicht", so erklärt eine Erzieherin, "daß sie sich prostituieren. Um das Hotel des Freundes zu bezahlen, schlafen sie mit anderen Freunden oder den Freunden des Freundes und ganz allmählich, um die Schulden zu begleichen oder dies oder jenes zu kaufen, finden sie sich auf dem Strich und im Hotel mit dem Freund wieder, der sich als Zuhälter entpuppt. Ein Mädchen sagte ganz stolz, daß ihr Freund sie respektieren würde. Er rühre sie nicht an. 5 oder 6 Monate lang gab es Versprechen, Reisen, wurde in Restaurants und Bars gegangen. Das verliebte Mädchen schlief mit dem Typen und plötzlich sah es überall Schuldenberge und Wechsel auftauchen, die bezahlt werden mußten... Aus Dankbarkeit für ihren Freund, seine Freundlichkeit und sei-

ne Großzügigkeit fing sie an, für Geld mit Männern zu schlafen, zuerst wenig mit Bekannten und dann mit Unbekannten und sie ließ sich dazu bringen, andere Mädchen für ihren Zuhälter, ihren liebevollen Freund, zu erniedrigen. Die Mädchen stehen dieser Welt völlig unbedarft gegenüber. Das Bild kann auch anders aussehen. Die Mädchen werden zum Beispiel für eine Scheinfirma engagiert. Der Direktor schlägt ein herrliches Wochenende in Deauville vor. Er schenkt ihr Kleider, Schmuck, geht mit ihr ins Restaurant, ins Luxushotel... Ein Mädchen hat eine ganze Weile einfach so mit einem Typen zusammengelebt. Es hat sogar sein Kind verlassen, um nur für ihn da zu sein. Es arbeitet nicht mehr im Büro, sondern führt den Haushalt. Eines Tages gibt er vor, daß er seine Frau aufsuchen muß... Er hat sie sitzengelassen. Sie steht vor dem Nichts... Er hat sie selbst auf den Strich geschickt... Wenn die Mädchen sich darüber klar werden, sagen sie: "Das ist mir egal, selbst wenn er andere Frauen hat, das ist mir egal, wenn ich auf den Strich gehe, ich liebe ihn". Oft wollen sie sogar ein Kind von ihm, und wenn das Probleme macht, ist es ihnen egal, sie wollen ein Kind und das ist alles.
Manchmal lehnen sie sich sofort, wenn sie es begreifen, dagegen auf und dann akzeptieren sie es, resignieren, viele werden geschlagen oder verprügelt, für sie ist das normal, das gehört zu ihrem Leben dazu und dann erleben sie das wie einen Beweis der Männlichkeit und der Kraft des Zuhälters.
Viele Mädchen schlafen mit irgendwelchen Typen für ein bißchen Geld oder für kleine Geschenke. Für sie hat das mit Prostitution nichts zu tun. Sie lassen sich ein bißchen aushalten, das ist alles. An ihren Körper denken sie nicht. Wenn er zu etwas nütze ist, so ist das immerhin schon ein Gewinn, über ihren Körper sprechen sie nicht. Man sollte meinen, sie wüßten nicht, daß er existiert..."
Die Mädchen, die aus der Provinz mit 16 Jahren nach Paris kommen, weil sie sich mit ihrer Familie ver-

kracht haben... geraten nicht zwangsläufig auf den Strich. Diejenigen, die von einem Heim zum anderen weitergereicht werden, sind eine leichte Beute für die Zuhälter, und die Richter wissen das. Sie sagen: "Um die Heime sieht man oft Zuhälter herumstreichen, die kleine, junge Mädchen suchen, deren Leben verpfuscht ist oder die mehr oder minder straffällig geworden sind."
Die meisten jungen Mädchen, die eine schwere Kindheit hinter sich haben - diejenigen, die nicht den glücklichen und zärtlichen Körper der Mutter kennengelernt haben - und die auf die Straße gesetzt wurden, die arbeiten müssen, die in Paris im Exil in einem Dienstmädchenzimmer hausen, die Lehrlinge im kleinen Handel sind, sie alle arbeiten in der Einsamkeit und der Verlassenheit bis zur Erschöpfung. Samstags gehen sie in eine Tanzbar und lernen dort den kennen, der... und schon sind sie von neuem in der alten Geschichte verwickelt:
- Ablehnung der Pille. Schwangerschaft. Ablehnung der Abtreibung.
Leben im Hotel. Trennung. Der Freund geht weg und läßt die schwangere Minderjährige sitzen. Oder sie geht weg (das ist selten). Sie verläßt ihren Arbeitsplatz. Sie ist allein, ohne Geld. Rundherum ist Schweigen. Die Mutter weiß nichts. Sie kommt in ein Mütterheim... Sie möchte einen Sohn...
Die jungen Mädchen und jungen Frauen, die ein bißchen von sich selbst sprachen, sagten fast alle, daß sie einen Sohn wollten - den Stammhalter - entweder, weil er einfacher zu erziehen sei, oder um dem Vater des Kindes oder sich selbst einen Gefallen zu tun.

Er will einen Jungen, ich auch

Eine 23-jährige Frau ist gerade ins Mütterheim gekommen. In 2 Monaten, Anfang 1978, wird sie entbunden, es ist das zweite:

Bei uns zu Hause waren wir neun. Mein Vater verdiente nicht viel. Ich war das dritte. Ich kümmerte mich um die Kleinen, weil meine Mutter oft krank war. Ich machte alles im Haushalt. Außer in der Küche. Meine Mutter mochte nicht, wenn wir ihr im Wege waren. Wir sprachen über nichts. Dazu war keine Zeit. Zu meiner Mutter habe ich nie über mich gesprochen. Selbst bei meinen Tagen habe ich nichts gesagt. Die sind einfach so gekommen. An Jungen dachte ich nicht. Ich laß Photoromane, das war alles. Aber mit Jungen ausgehen, das interessierte mich nicht. Mit 16 Jahren bin ich weggegangen. Nach Paris... ich habe nicht geglaubt, daß es so schwer wäre. In der Straße durfte man auf keinen Fall die Männer ansehen; wenn man nicht aufpaßte, dann waren sie da, verfolgten einen und man wurde sie nicht wieder los. In der Provinz ist es nicht das gleiche. Also ging ich nicht mehr aus. Ich habe in einer Schlachterei als Verkäuferin gearbeitet. Ich schlief in einem Zimmer ohne Licht, ohne Möbel mit einer Matratze auf dem Fußboden... das war schmutzig. Ich bin da nicht geblieben. Später bin ich als Lehrling in eine Bäckerei gegangen. Das war sauberer. Ich bin 2 Jahre geblieben. Ich ging zum Tanzen. Ich habe einen Jugendfreund aus meiner Gegend getroffen. Ich habe einen Jungen bekommen. Er ist bei meiner Mutter. Sie will ihn mir nicht wiedergeben. Ich bin weggegangen. Er war kein Mann, wie ich ihn mir vorgestellt habe. Der andere, das war keiner aus meiner Gegend.

Ich nahm die Pille nicht mehr, weil ich dick wurde. Ich wurde schwanger. Ich wollte das nicht. Das war zu schnell. Ich hab' es trotzdem behalten. Abtreibung..., dazu hatte ich keine Lust... und dann war es zu spät. Also behalte ich es. Er will einen Jungen. Ich auch. Das ist einfacher. Ich will kein Mädchen... Schließlich und endlich nehme ich, was kommt. Er hat angefangen, gewalttätig zu werden, als ich schwanger war. Ich weiß nicht warum. Ich bin hierher gekommen. Ich wollte nicht. Aber ich konnte nicht mit ihm zusammenbleiben. Ich bin nicht frei. Jeden Tag Rechenschaft ablegen, davon hatte ich die Nase voll. Ich werde allein mit meinen Kindern leben. Ich arbeite; es interessiert mich nicht, Kinder zu machen. Das, was mich interessiert, ist in meinem Beruf aufzusteigen. Dann hätte ich meine Ruhe. Ich verlange nichts von niemandem. Weder von meiner Mutter, noch von meinem Freund. Meine Mutter sagt immer, ich wäre verrückt, ich wäre nicht normal. Sie will, daß ich heirate. Ich will nicht. Vielleicht, wenn ich 30 bin. Ich habe Zeit. Mein Leben ist noch nicht zuende. Und dann habe ich noch nicht das gehabt, was ich wollte... also...

Die Heranwachsenden oder die jungen Frauen, die für einige Zeit in einem Mütterheim wohnen, erleben diese Zeit wie ein provisorisches Gefangensein. Die Lebensbedingungen sind von einem zum anderen verschieden, aber es gibt ein geschriebenes oder ungeschriebenes Gesetz dort, daß man beachten muß, weil man sonst auf die Straße gesetzt wird. Das ist ein vorübergehender Aufenthaltsort, fast vorprogrammiert in ihrer Geschichte, eine notwendige Etappe, ein Zwang mehr, bevor sie in Freiheit leben können... Welche Freiheit?... Übrigens unterscheidet sich ihre Geschichte kaum von der der jungen Frauen in den Gefängnissen.

Ein Mädchen ist niedlicher anzuziehen

Die Frauen in den Gefängnissen sind fast alle, wenn wir ihre Geschichte anhören, kleine, mißhandelte Mädchen gewesen, und nicht nur diejenigen, die wegen Kindesmißhandlung oder -tötung einsaßen. Sie sind nicht alle von ihrer Mutter geschlagen worden, aber immer sehr streng erzogen worden, mit Schweigen und mit Gewalt, in der Einsamkeit eines kleinen Mädchens, das glaubt, daß niemand es liebt und besonders die Mutter nicht. Wie die mißhandelnden Mütter, so haben auch die Mädchen in den Heimen, die jungen Frauen in den Mütterheimen und die Frauen in den Gefängnissen eine Mutter gehabt, die sie als böse Mutter erlebt haben. Sie haben eine Mutter gehabt - das Gefängnis wäre das letzte masochistische Zurückkehren zur Mutter - , die weder berührt noch streichelt. Die streng erzieht, weil sie selbst streng erzogen wurde, die niemand küßt oder die Tochter in den Arm oder auf den Schoß nimmt; sie ist eine Mutter, die überwacht, nachspioniert, straft, befiehlt, terrorisiert und droht, entweder keifend oder schweigend mit Kälte. Oder aber sie haben eine strenge Mutter gehabt, die ordentlich bis zum Extrem, peinlich genau und ebenfalls kalt war. Sie kommt dem Körper niemals nahe, außer um ihn zu reinigen, zu waschen und ihn sauber und fast unsichtbar zu machen. Eine besessene Mutter, für die ein kleines Mädchen ein Gegenstand ist, den man sauber halten muß, den man ordentlich wegstellen kann oder wie ein kleines Mädchen, wie eine Puppe, anziehen kann.
"Ich wollte ein Mädchen haben, Mädchen sind niedlicher anzuziehen." Das sagt eine Gefängnisinsassin. Sie ist 20 Jahre alt. Sie hat eine traurige Haltung, wie eine traurige alte Frau. Sie hat ein ruhiges und glattes Gesicht mit Sommersprossen, weil sie rothaarig ist. Sie war gegen die Abtreibung, sie hat ihre Toch-

ter behalten. Sie war gegen Kinderkrippen – "die Kinder sind dort nicht glücklich, man kümmert sich nicht gut um sie" – sie hat ihr Kind zu Hause erzogen, während der Vater in der Fabrik arbeitete: Er arbeitete in 3 Schichten. Er trank. Er schlug sie. Er war eifersüchtig. Er ließ seinen Bruder kommen, um sie zu überwachen. Er war 20 Jahre alt.
Ihre Tochter war artig. Sie konnte die Hausarbeit in Ruhe machen, aber...
Die Kleine wollte nicht auf den Topf gehen. Wenn er nach Hause kam, hatte er immer etwas zu meckern, über das Putzen, den Staub, die Kleine, die Küche... Wenn er abends nach Hause kam, zog er die Schuhe aus und zog sich Hausschuhe an. Wenn die Kleine mit seinen Schuhen spielte, schrie er... Eines Tages ist er mit dem Kopf auf dem Tisch eingeschlafen... da habe ich meine Tochter getötet... Mit ihm bin ich von einem Unglück ins andere gekommen... Wenn ich hier herauskomme, werde ich meine Tochter gemeinsam mit meiner Mutter erziehen... Ich will nicht mehr, daß ein Mann mich anfaßt. Nie mehr... Beim Zweiten haben wir geheiratet. Die Zweite ist hier mit mir in der Säuglingsabteilung. Sie ist sehr weit. Mit fünfeinhalb Monaten bleibt sie auf dem Topf. Sie lächelt. Gestern abend hat sie Mamma zu mir gesagt. Dort unten ist sie, im Hof, fertig zum Ausgehen mit den anderen. Aber ich bin nicht ruhig. Ich habe kein Vertrauen. Wenn ich nicht mit ihr zusammen bin, bin ich unruhig. Ich will, daß sie die ganze Zeit mit mir zusammen ist. Für den Spaziergang ist der Korb zu schwer, deshalb nehme ich sie auf den Arm... Wenn ich meine Tochter nicht bei mir hätte, weiß ich nicht, was ich täte. Als das geschehen ist, wollte ich auch sterben, aber ich habe es nicht gekonnt
...
Dieses zweite kleine Mädchen, das das erste ersetzt, dieses Mädchen der Trauer und des Trostes für die eingesperrte Mutter wird wie die anderen Kinder bis zu 18 Monaten, bis zur Trennung, an seine ängstliche, besitzergreifende und sich verzweifelt anklammernde

Mutter gebunden sein: ein Körper wird in zwei Teile geteilt. Sie hatte ihre Tochter mit Messerstichen getötet und sie in Stücke geteilt. Das Fallbeil des Strafrichters wird die Tochter der Mutter entreißen, um sie der Mutter der Mutter oder einer Pflegemutter anzuvertrauen. Man kennt schon diese Geschichte des kleinen Mädchens des Gefängnisses und des Todes, das mit seiner Mutter eins war, so als ob es noch nicht geboren wäre und das bald von der mütterlichen Zelle ausgestoßen wird. Die Mutter hat es in ihrem gequälten und gefangenen Körper eingeschlossen; das Gefängnis wirft es heraus und verdammt es zur Aufzucht durch Großmutter oder Pflegemutter. In gewisser Weise ein Verlassen... und das was daraus resultiert.
Die böse Mutter, die daran hindert, zu leben - das ist die allgemeine Vorstellung - , die immer nein sagt. Die für ihre Tochter ein Leben wie ihr eigenes will, nicht besser, nicht schlechter - und wenn sich die Tochter diesem von der Mutter in ihren Gesten, ihren Reden und durch ihr Leben selbst dargebotenem Lebensmodell nicht unterordnet, dann versteift sich die Mutter darauf, in ihrer Tochter die Frau, die zukünftige Mutter - die gute Mutter - die Ehefrau oder die Freundin eines Mannes, der sie nicht eines Tages sitzen läßt, indem er abhaut ohne wiederzukommen oder indem er das Haus verläßt und langsam verschwindet ... zu töten.

Sie hat mich niemals geküßt, meine Mutter

Sie ist eine junge Frau von 32 Jahren. Sie sitzt im Gefängnis, weil sie ihren Sohn getötet hat. Sie hatte 3 Söhne. Sie sagt, sie hätte gerne Töchter gehabt.
Sie ist ihrer Mutter erst entwischt, als sie ins Gefängnis gekommen ist. Bis dahin ist sie immer wieder ins mütterliche Heim zurückgekehrt. Im Gefängnis - zu einer langen Freiheitsstrafe verurteilt - hat sie sich entschließen können, zu heiraten und hat geheiratet.

Gegen den Willen ihrer Mutter. Die erste Geste der Selbständigkeit hat sie paradoxerweise im Gefängnis versucht und ausgeführt, indem sie geheiratet hat. Ein doppeltes Eingesperrtsein hat sie von der Gefangenschaft bei der Mutter befreit. Ihr Leben ist, wie sie lachend sagt, "ein ganzer Roman". Sie ist eine junge, vierschrötige und geschwätzige Frau. Sie kommt aus dem Norden. Sie erzählt (September 1977):

Das, was ich Ihnen erzählen werde, werden Sie nicht glauben. Ich stamme aus dem Norden. 2 Jahre lang habe ich fast ganz allein bei meiner Großmutter gelebt. 2 Jahre meines Lebens war ich sehr glücklich. Ich muß ungefähr 6 Jahre alt gewesen sein. Daran erinnere ich mich. Einmal, ich hatte einen Bruder, der fast ein Zwillingsbruder war, er war gerade 10 oder 11 Monate jünger als ich, und er starb an einer Kinderkrankheit, und ich erinnere mich, daß wir auf den Friedhof gegangen sind. Da bin ich gegen einen kleinen Kinderkranz gestoßen und hingefallen. Meine Mutter hat mich geohrfeigt und gesagt: "Es ist immer das Unkraut, das übrig bleibt.

Mein Vater hat meine Mutter verlassen, als ich 6 Monate alt war. Meine Mutter hat mit mir bei ihrer Mutter gelebt. Sie hat mir immer gesagt, daß sie keine Kinder wollte. Sie hat mir auch erzählt, daß sie zwei Tage lang gelitten hat. Es war eine Zangengeburt. Meine Mutter hat mich nie gestreichelt oder mit mir geschmust, niemals. Sie hat mich vielmehr geschlagen. Bei meiner Kommunion war ich ganz weiß gekleidet und trug Lackschuhe. Sie wollte - wie alle Mütter - das ich die Schönste sei, das war teuer. Sie hatte mich morgens zurecht gemacht und gesagt: "Sieh den anderen beim Spielen zu, ich will nicht, daß Du Dich schmutzig machst." Jedes Mal, wenn ich mich schmutzig machte, schlug sie mich. Ein anderes Mal hat sie mich geschlagen, weil ich eine Lutschstange haben wollte - es war ein Stock mit einem kleinen Mausekopf

obendrauf, solche gibt es nicht mehr – die sie mir versprochen hatte, sie hatte es vergessen, und ich habe ein bißchen geschrien, als ich sie verlangt habe. Meine Lutschstange habe ich nicht bekommen. Meine Mutter schlug mich. Ich habe noch eine Beule am Hinterkopf, wenn man sie berührt, fühlt man sie. Wenn ich meine Mutter abends von der Fabrik abholte, hatte ich einen kleinen Korb, in den ich geschnittene Holzstücke fürs Feuer legte. Ich ging nicht oft zur Schule. Mit 14 schickte meine Mutter mich zur Arbeit. Ich bin 1946 geboren. Sie hat überhaupt nichts vom Leben erzählt. Eines Tages, als ich noch klein war, habe ich in der Küche zwei Gläser auf dem Tisch stehen sehen. Ich habe zu ihr gesagt: "Das ist nicht schlimm, wenn ich diesen Mann sehe." Sie hat gesagt: "Ich will keinen Mann in meinem Haus."
Wenn ich Frauen mit dicken Bäuchen sah, fragte ich meine Mutter, warum. Sie sagte mir, sie seien krank. Sie wollte es mir nicht erklären. Sie sagte: "Du hast noch Zeit genug, das zu erfahren." Sie hat mir nichts darüber gesagt, wie man Frau wird. Ich wußte nicht, wie ein Junge aussieht. Ich hatte keinen Bruder mehr und wußte nicht gut Bescheid. Eines Tages gehe ich in die Spinnerei, stoße mich an etwas und falle hin. Im Laufe des Tages gehe ich auf die Toilette und sehe Blut in meiner Hose. Ich dachte, ich hätte mich beim Fallen verletzt. Ich verstand das nicht, weil ich da keine Schmerzen hatte; ich habe Taschentücher benutzt, weil ich blutete. Als ich nach Hause kam, habe ich es meiner Mutter erzählt. Sie hat mir eine Binde gegeben und gesagt: "Das passiert jetzt jeden Monat so und von jetzt an sprich nicht mehr mit Männern und geh' nicht mit Jungen."
Sie wollte mir nichts erklären. Ich habe nichts kapiert.
Meine Mutter nenne ich niemals Mamma. Eines Tages, als sie böse auf mich war, hat sie gesagt: "Ich will nicht mehr, daß Du mich Mamma nennst." Also

habe ich sie nicht mehr angeredet. Noch heute, wenn ich ihr schreibe, nenne ich sie nicht Mamma. Ich schreibe gar nichts. Im allgemeinen schreibt man: Meine liebe Mamma... ich nicht, sie auch nicht. Sie schreibt niemals meine liebe Tochter... das ist, als ob ich nicht ihre Tochter wäre.
Ich habe gearbeitet. Ich ging zurück zu meiner Mutter. Sie überwachte mich. Wenn ich zu spät kam, schrie sie mich an oder schlug mich. Sie war sehr hart, meine Mutter.
Ich habe trotzdem einen Jungen gekannt. Den Sohn einer Nachbarin. Wir sind einige Zeit zusammen gegangen, ich war 16, er auch. Er arbeitete wie ich. Vom Kinderkriegen wußte ich nichts. Und dann ist es passiert. Er hat mich umarmt und mir erzählt, daß er das machen wollte, weil er mich lieben würde. Ich habe ihn machen lassen. Nach einer Weile fing ich an, dicker und dicker zu werden. Die Mädchen in der Fabrik haben mich aufgeklärt und mich zu einem Arzt geschickt. Ich mußte mich auch übergeben. Mir war übel wie einer Frau, die ein Kind kriegt, das habe ich erst später erfahren. Eines Morgens habe ich sogar Milch auf meinem Hemd gesehen, das konnte auch sein, weil ich im Wachsen war, aber da habe ich mir doch Fragen gestellt. Ich bin zum Arzt gegangen. Er hat mich gefragt: "Haben Sie Verkehr gehabt?" Ich wußte nicht, was das heißen sollte. Er hat mich untersucht, ich habe ihm Widerstand geleistet, ich hielt meinen Rock fest, damit er ihn nicht hochheben konnte. Das 3. Mal hat er mir gesagt, daß ich ein Baby bekommen würde. Ich war im 5. Monat schwanger. Wie sollte ich das meiner Mutter erzählen? Ich habe es der Nachbarin gesagt, die in meiner Gegenwart mit meiner Mutter gesprochen hat. Ich dachte, sie würde mich umbringen. Sie hat gesagt: "Ich will keinen Mann in meinem Haus. Wenn Du es behälst, ziehst Du es alleine groß." Als ich es bekommen habe, hat sie mir geraten, es wegzugeben. Das wollte

ich nicht. Sie sagte, sie würde mich mit meinem Sohn aufnehmen, aber allein. Sie hat mich daran gehindert, zu heiraten. Er sah das Kind heimlich. Einmal hat meine Mutter ihn im Treppenhaus getroffen. Da hat sie ihn geohrfeigt. Er ist eingezogen worden. Er hat mir nicht mehr geschrieben. Ich habe erfahren, daß er ein Mädchen geheiratet hat, die schwanger von ihm war.
Ich war allein mit meinem Ältesten. Er heißt P... Er wird bald 14. Ich habe gearbeitet. Ich lebte mit meiner Mutter und meinem Sohn zusammen. Ich ging nicht aus. Ich sah niemanden. Schließlich habe ich einen Jungen kennengelernt. Wir gefielen uns gut. Meine Mutter wollte ihn nicht sehen. Wir wollten heiraten. Eines Tages war ich mit Freunden in einem Café – meine Mutter hat mir das erzählt, als ich im Gefängnis war, sie hat es mir nicht vorher gesagt – ich saß neben einem jungen Mann, den ich nicht kannte. Meine Mutter hat mich gesehen und es meinem Verlobten erzählt. Ich habe ihn vorbeigehen sehen und danach nie wieder. Er hat geglaubt, ich wäre mit einem anderen zusammen. Wir wollten heiraten, das Datum war schon festgesetzt. Ich erwartete mein zweites Kind. Am Tage der Hochzeit war ich auf dem Standesamt. Alle sind vorbeigekommen, ich habe auf ihn gewartet, er ist nicht gekommen.
Dann habe ich noch einen Jungen bekommen. Ich lebte immer noch bei meiner Mutter. Sie wollte sich nicht so sehr um die Kinder kümmern. Ich war allein. Wegen ihr. Das war das zweite Mal. Die Kinder waren immer krank, und ich auch. Bei der Arbeit lief das auch nicht. Es gab Entlassungen. Ich mußte die Kinder weggeben. Man hat sie zu Pflegeeltern gegeben, zu verschiedenen. Das war eine vorübergehende Pause. Ich hatte nicht das Recht, sie zu sehen, wann ich wollte, und man hatte mir nicht die Adressen der beiden Pflegemütter gegeben. Ich mußte bei ihnen vorbeigehen, um Nachrichten von ihnen zu bekommen.

Ich wußte nicht einmal, wo sie waren. Ich sah sie einmal im Monat.
Den, der mich während meines Gefängnisaufenthaltes geheiratet hat, habe ich auf dem Wege zur Arbeit kennengelernt. Eine Freundin, die selbst so platt wie ein Plättbrett war, die Ärmste, hatte zu mir gesagt: "Wenn Du als Modell posieren willst, kannst Du ein bißchen Geld verdienen. Das war so um 70/72. Mir hat das gefallen. Ich habe das 2 Jahre so gemacht. Das war nicht das gleiche Milieu. Eine nackte Frau war für die ganz natürlich, sie sagten nie Anzüglichkeiten. Während man bei den anderen, wenn die Bluse etwas verrutscht war, sonst was hörte... Dort habe ich ihn nicht kennengelernt. Er war Arbeiter. Wir sind ausgegangen, und wir haben ein bißchen in einem möblierten Zimmer zusammengelebt. Meine Mutter wollte davon nichts hören. Ich habe in einem kleinen Häuschen gelebt. Es wuchs sogar Petersilie im Hintergarten. Wir gingen gemeinsam die Kinder besuchen.
Mit ihm habe ich meinen Dritten gekriegt. Noch einen Jungen. Das war ein hübsches Baby. Und dann ist es passiert. Ich bin hierher gekommen.
Wir haben im Gefängnis geheiratet. In dem Sprechzimmer. Meine Mutter konnte nicht nein sagen, sie hat mich nicht daran hindern können. Er ist frei. Er ist hierhergekommen, um hier zu wohnen. Wir haben geheiratet. Wenn er mich besuchen kommt, erzählt er mir von dem Haus, zeigt mir Kataloge, und wir suchen gemeinsam aus. Ich habe im Radio gehört, daß die Geburtenrate sinkt. Wir haben beschlossen, daß wir ein Kind haben werden. Ich weiß schon den Namen. Aber ich habe Angst, daß ich zu alt sein werde, wenn ich hier herauskomme. Ich habe Angst davor, daß ich dann keine Kinder mehr kriegen kann. Aber wenn ich Ausgang habe, werde ich die Pille nehmen. Ein Kind im Gefängnis, das ist nicht gut. Ich möchte nicht, daß es im Gefängnis geboren wird. Wenn es ein kleines Mädchen ist, wird es M... heissen. Ich hätte gerne ein kleines Mädchen, um es

hübsch anzuziehen. Das ist so niedlich. Aber wenn ich zu alt bin. Man sagt, eine Frau über 40... Ich hätte gern ein Kind.

Ich habe versucht, ihre Zunge mit meinen Fingern herauszuziehen

C.L... und A.L... sitzen ebenfalls im Gefängnis, weil sie ihre Töchter nicht versorgt haben. Die eine wurde im Koma ins Krankenhaus eingeliefert, die andere starb im Bett, bevor die Polizei sie entdecken konnte. C.L... und A.L... haben auch Mütter gehabt, die sie vernachlässigt haben oder sie schlecht behandelten. Hart, abweisend und auf jeden Fall ablehnend. Sie selbst waren von den Männern verlassen worden oder wurden von einem brutalen Mann beherrscht. Von ihrer Mutter auf Abstand gehalten, weit weg von ihrem Körper und immer wieder von diesem Körper zurückgestoßen, den sie gerne zärtlich und nah gewünscht hätten, haben sie ihrerseits den Körper ihrer Tochter auf eine fatale Art von sich gestoßen: ins Bett verbannt - fern vom mütterlichen Körper und den Händen der Mutter, die ihr Nahrung gibt, damit sie groß werde und lebe - wird ihr die Nahrung von einer unsichtbaren Mutter ohne Körper, Mund und Hände verweigert. Das kleine Mädchen ist nicht tot geboren, hat den mütterlichen Leib nicht als Foetus verlassen, ging nicht durch eine natürliche Fehlgeburt verloren, wurde nicht durch die Nabelschnur weder im Leib, noch auf dem Geburtsweg erdrosselt, wurde bei der Geburt weder vom Vater noch von der Mutter getötet (so wie bei dieser Frau, die 7 Kinder geboren hat, die niemals abgetrieben hat und die nie an die Pille gedacht hat: Sie hat jedes Kind bei sich zur Welt gebracht, und dann trug ihr Mann das Kind, das sie gerade erdrosselt hatte, ganz ruhig in einem Eimer hinten in den Garten, um es in einem Graben zu verschar-

ren, den er zu diesem Zweck schon bei den ersten Wehen ausgehoben hatte...)
Dieses kleine Mädchen also, wird von der Mutter zum Sterben allein gelassen, ohne Nahrung, in stundenlanger, tagelanger Agonie.
"Ich habe sie gefragt: 'Und die Kleine, wächst sie gut?' Sie hat zu mir gesagt: 'Ja, es geht...' Das berichtet eine Nachbarin von A.L... während der Befragung der Nachbarschaft. Am Vorabend hat sie bei A.L... an einer Tupperware-Veranstaltung teilgenommen. Das Kinderzimmer ist geschlossen. Beatrice und ihre Schwester schlafen. C..., die älteste der 3 Töchter, bleibt mit ihrer Mutter und den Nachbarinnen auf. Auf dem Platz ist A.L... gesprächig und strickt. Sie nimmt oft die beiden älteren Töchter mit. Es kommt vor, daß sie die 2. (sie ist 3 Jahre alt) zu Hause läßt. Sie sagt, sie sei oft krank und etwas zurück. Die Nachbarn finden die zweite schmutzig und vernachlässigt. A.L... spricht viel von der ältesten. Sie mag sie am liebsten und der Vater auch, wie die Mutter bestätigt.
Die befragten Nachbarinnen glaubten, daß A.L... nur zwei Töchter hätte: "Als ich erfahren habe, daß ein Mädchen gestorben sei, habe ich sofort an das zweite gedacht." Diejenigen, die A.L... besser kannten, wußten daß sie noch ein Baby hatte, das niemals jemand zu sehen bekam: die 11 Monate alte Beatrice. Ihre Mutter fährt sie nie aus. Beatrice bleibt in ihrem Bett, und wenn eine Nachbarin kommt, dann ist die Kinderzimmertür geschlossen. Jedesmal, wenn eine Nachbarin nach Beatrice fragt, so antwortet die Mutter, daß das Kind im Augenblick sehr artig sei und daß es nachts nicht mehr schreie und daß es keinen Krach mag, daß es schlafe und daß es im Haus ebensogut aufgehoben sei, um sich auszuruhen. Andere Nachbarn stellen fest, daß A.L... ihr Haus von oben bis unten putzt. Daß sie sogar Deodorants im Hausflur versprüht: "Ich habe mir gesagt, daß sie übertrieben sauber sei." Die Schwester von A.L... und ihr Mann, die zu Weihnachten eingeladen sind, wohnen 2 bis 3 Tage bei ihnen und wundern sich - beim Polizeiinspektor - über die ungeheuere

Menge von Deodorants im Haus. A.L... verbrennt Duftstäbchen. Während des Verhörs erzählen sie: "Vom Donnerstag, den 25. Dezember an... habe ich einen sehr unangenehmen Geruch festgestellt, der genau von oberhalb des Sofas ausging. Ich habe gesagt, daß es schlecht röche und meine Schwester hat geantwortet, daß keins ihrer Kinder darauf gemacht hätte... und daß sie nicht verstünde, woher dieser abscheuliche Geruch käme..."
Sie haben sich alle auf das Sofa gesetzt und bei dem Verhör haben die Schwester und der Schwager erklärt: "Wenn man sich auf das Sofa im Wohnzimmer setzte, dann war da so was wie ein Widerstand in der Mitte. Diesen Widerstand in der Mitte gab es nicht an den Seiten." Der Ehemann stellt auch diese harte Stelle, die sich nicht eindrücken läßt, fest: "Ich habe mich in die Mitte des Sofas, das sich im Wohnzimmer befindet, gesetzt. Ich habe gemerkt, daß es da nicht so weich war, wie es auf dem Sofa sein sollte. Ich habe geglaubt, daß eine Feder gesprungen wäre oder etwas anderes kaputt gegangen wäre. Ich habe mir gesagt, ich werde mal nachsehen müssen..." Der Ehemann kümmert sich nicht um die Kinder. Er überläßt das seiner Frau, die sich darum kümmert wie eine gute Mutter. Babys erschrecken ihn, und er interessiert sich erst für Kinder, wenn sie laufen und sprechen können. Es kommt vor, daß er einige Augenblicke mit seiner ältesten Tochter, die 4 Jahre alt ist, verbringt, um ihr Schachspielen beizubringen. Er sieht seine Töchter selten. Er kommt spät nach Hause, und sie sind schon im Bett, wenn er kommt. Übrigens geht er niemals ins Kinderzimmer. Er ist ein Fanatiker von Schach und Ping-Pong und nimmt oft an Turnieren teil. Er kommt vor 2 oder 3 Uhr morgens nicht nach Hause. Er verläßt weder seine Frau noch seine Kinder. Er kommt spät nach Hause, und er geht früh weg zur Arbeit, sonnabends und sonntags nimmt er an Turnieren teil. Er ist ordentlich, er läuft keinen anderen Frauen nach, er trinkt nicht, was kann eine Frau mehr er-

warten? Er gibt ihr Geld für das Haus, das er mehr und mehr verläßt. A.L... fühlt sich verlassen. Es geht ihr schlecht. Sie läßt sich gehen. Seit der Geburt von Beatrice ist sie sehr dick geworden. Noch ein kleines Mädchen, das durch seine Geburt den Körper der Mutter angegriffen hat, um ihn zu zerstören, ihn krank oder unförmig zu machen. Einen Körper, den die Mutter nicht mehr sehen will, in dem sie sich nicht wiedererkennen kann. Sie vernachlässigt ihn, wäscht, ernährt und kleidet ihn schlecht. Dieser Körper ist nicht mehr ihr Körper. Dieser Körper ist keiner mehr. Und niemand ist da, um sie daran zu erinnern, daß ihr Körper existiert und daß er schön und begehrenswert sein kann. Ihr Mann schläft nur wenige Stunden im gemeinsamen Bett und ohne an seine Frau zu denken. Sie sucht keine anderen Männer, um darauf aufmerksam zu machen, daß sie da ist mit ihrem Frauenkörper und den Brüsten und dem Bauch einer Frau. Sie steht nicht mehr auf, kümmert sich nicht mehr ums Haus und ums Leben. Es gibt keine oder fast keine Lebensmittel mehr im Kühlschrank oder in der Küche. Die kleinen Mädchen essen, was sie finden. Aber Beatrice bleibt in ihrem Bett, rührt sich nicht, schreit nicht, spricht nicht. Weit weg von der Mutter, den Schwestern im Leben wie im Tode nah, vom mütterlichen Körper vergessen, der für A.L... nicht mehr als weiblicher Körper der Mutter existiert... Beatrice existiert schon nicht mehr. Sie ist noch nicht tot aber so gut wie. Sie ist für ihre Mutter, die ihrem eigenen Körper nachtrauert, gestorben. A.L... bleibt im Bett liegen. Die Kleinen kommen und gehen. Sie sind artig, sie verlangen nichts, weder für sich, noch für die Kleinste, das Baby im Bett.
Abgeschnitten vom Körper der Mutter – wie tot – stirbt das kleine Mädchen.
A.L... wollte einen Jungen. Schon als zweites wollte sie gerne einen Jungen haben. Das hat sie einer Nachbarin erzählt und hinzugefügt: "daß sie einen Nervenzusammenbruch bekommen hätte, als ihr die Hebamme

gesagt hätte, daß es ein Mädchen sei... Sie habe hinzugefügt, daß sie sich geweigert habe, ihr Kind zu stillen..."
Es ist an dem Tag geschehen, an dem die Tupperware-Veranstaltung stattfand. A.L... erzählt dem Polizeiinspektor: "Ich bin in das Zimmer gegangen, in dem Beatrice war. Sie war in ihrem Bett... die Kleine hatte die Augen weit geöffnet. Sie lag auf dem Rücken und war zur Hälfte mit dem Laken und der Bettdecke bedeckt. Ich dachte, sie wäre aufgewacht, und sofort habe ich gemerkt, daß ihre Augen sich nicht mehr bewegten. Ich habe meine Hand vor ihren Augen entlanggeführt und habe von neuem festgestellt, daß sie sich nicht bewegen. Ich habe sie an den Füßen hochgehoben und geschüttelt. Ich habe geglaubt, sie hätte erstickt sein können und habe versucht, ihre Zunge mit meinen Fingern herauszuziehen. Ich habe festgestellt, daß ihr Mund starr war, der Kiefer war geschlossen, und es ist mir nicht gelungen, meine Hand in ihren Mund zu schieben, um ihre Zunge herauszuholen. Ich habe bemerkt, daß ihr Körper starr und hart war und ihr Kopf nach allen Seiten pendelte. Sie hatte ein kleines, weißes Unterhemd an und zwei Zellulosewindeln um, die von einer Plastikwindel gehalten wurden. Da es sehr warm in unserem Appartement ist, hatte sie nichts anderes an... Ich habe sie lang auf dem Bett ausgestreckt, mit dem Gesicht auf die Matratze und habe den Kopf nach links gedreht. Ich habe sie bis zur Brust mit ihrem Laken und ihrer Bettdecke zugedeckt. Ich habe mich auf den Fußboden neben das Bett gesetzt und gewartet... Wenn meine Töchter mich nach ihrer Schwester fragten, habe ich gesagt, sie schliefe und sie sollten sie nicht aufwecken... 3 Tage später war Beatrice immer noch in ihrem Bett. Sie ist dort mehrere Tage geblieben. Von Montag an habe ich meine Tochter mit einem Rest Teppichboden und einem großen Federbett zugedeckt, damit die Kleinen sie nicht sehen konnten und um sie zu verstecken, weil mir übel wurde. Ich habe sie bis Donnerstag so gelassen... Am Abend war ich allein

mit meinen Mädchen, da habe ich beschlossen, die Kleine aus dem Bett zu nehmen und sie in der Wohnung zu verstecken. Ich habe sie in einen weiß-geblümten Plastiksack getan und an dem Abend in meinem Schlafzimmer zwischen meinen Nähsachen, die sich am Ende des Bettes befinden, versteckt. An dieser Stelle habe ich sie 3 oder 4 Tage lang gelassen. Damit man sie nicht entdeckt, habe ich sie in einen grünen Jutesack gesteckt. Am Dienstag habe ich den Karton im Wohnzimmerschrank, gegenüber der Tür, versteckt. In diesen Karton habe ich den Plastiksack gesteckt. Bis zum nächsten Montag habe ich den Körper in dem Karton gelassen. An diesem Tag habe ich den Körper in den Mülleimer der Stadt, der auf dem Bürgersteig in der Nähe des Gymnasiums steht, geworfen. Ich habe den Karton weggeworfen... Dann bin ich zu mir gekommen... da ich am Todestag keinen Arzt gerufen hatte... habe ich Angst bekommen. Ich wollte meine beiden ältesten Töchter zu einer Nachbarin bringen und mir bei mir zu Hause mit Gas das Leben nehmen, um einen Unfall mit Beatrice vorzutäuschen. Ich habe das nicht durchgeführt..."
Bei der Hausdurchsuchung haben die Polizeiinspektoren die verdächtigen Gegenstände beschlagnahmt und versiegelt:

- eine rosa-weiße Überdecke
- ein hellblaues Laken
- 7 Unterhemden: 3 weiße, 2 blau-weiß gestreifte, ein grünes mit rosa umrandet und ein rosa-weißes
- einen weißen Betthimmel
- ein weißes Überjäckchen
- eine weiße Strickjacke mit Knöpfen
- eine Unterhose mit blauen Blumen
- ein weißes Kopfkissen

"Im Kinderzimmer befinden sich ein Etagenbett und ein kleineres Bett, das Frau A.L... als das von Beatrice bezeichnet. Wir entdecken in diesem Bett saubere Laken und Decken. Die Schaumstoffmatratze ist von heller Farbe und hat die Maße: 137 x 63 cm. Sie hat verdächtige rote und braune Flecken und riecht nach Verwesung... Sie wurde beschlagnahmt und versiegelt ..."

Die Untersuchung geht weiter. Bis zum Sofa im Wohnzimmer: "Wir nehmen eine genaue Untersuchung des Sofas vor. Die Matratze wird hochgenommen. Wir entfernen die Nägel, die den Stoff festhalten. Wir stellen fest, daß der Sitzteil aus einem Holzrahmen und 6 im Abstand von 18,5 cm liegenden Querleisten besteht. Zwischen der 3. und 4. Querleiste, die an der Wandseite der Matratze liegen, sehen wir ein Paket, das in einer Plastikhülle eingewickelt ist. Das Paket ist von heller Farbe... Es ist 62 cm lang. Es ist weich mit harten Stellen. Es kommt ein Verwesungsgestank daraus hervor... Wir stellen fest, daß das Paket in eine große Plastiktüte eingewickelt ist. Wir stellen fest, daß es unmöglich ist, das Paket aus dem Sitzteil des Sofas herauszuholen, ohne es zu zerreißen oder den Inhalt zu zerstören. Wir beschliessen, die Hauptleiste und eine der Querleisten zu zersägen. Nun können wir das Paket herausziehen... Wir binden die Plastiktüte auf; wir finden in dem Sack ein gelbliches Wachstuch mit bräunlichen Motiven... In diesem Moment kommt ein starker Verwesungsgeruch daraus hervor. Aus hygienischen Gründen halten wir es für besser, unsere Untersuchung zu unterbrechen. Seit dem Herausholen des Paketes sind viele Fliegen aus dem Sitzteil herausgekommen ...

Nach dem Inhalt des Paketes befragt, gab Frau A.L... (die bei der ganzen Durchsuchung anwesend war) zu, daß es sich um den Körper ihrer Tochter handeln würde."

A.L... wollte den Körper ihrer Tochter verschwinden lassen. Ihn nicht mehr sehen, nicht mehr berühren, nicht mehr fühlen, nicht mehr ernähren. Sie verhungert und verdurstet in ihrem Bett. Sie stirbt für den Körper der Mutter. Was bleibt von einem so klei-

nen Körper übrig, der verhungert ist? Den Rest verpackt sie wie im Bett: Laken und Zudecke. Dann, um ihn noch mehr zu verstecken, damit er nicht mehr von den beiden lebenden Schwestern wahrgenommen werden kann – weder von den Augen, dem Blick, noch vom Geruchssinn oder der Liebe – rollt sie ihn in ein Stück Teppichboden und bedeckt ihn mit einem Daunenbett. Aber der Umschlag reicht nicht. Sie muß ihn in einen Plastiksack verschnüren – Plastik für die Nahrung, die Abfälle – Plastikmülleimer – dann in einen anderen. Dann in einen Karton in einen Schrank. Damit er sicherer verschwindet als im Leichenhaus oder unter der Erde. Schließlich unter die Matratze, immer in körpergroße Hüllen verpackt. Vom Zimmer der Kinder zum Zimmer der Mutter, vom Bett zum Kasten für die Decken, von der Teppichdecke zum Jutesack... Schließlich ins Wohnzimmer, das letzte Zimmer vor der Entdeckung... Beatrice eingeschlossen zwischen Matratze und Sitzkissen, eingenäht in das schon zusammengerollte Leinen, in ein Wachstuch und 2 Plastikhüllen... Nichts von dem Körper konnte hervorgucken, herausragen, auslaufen oder riechen... Trotzdem ein Geruch..., den man unbedingt mit anderen chemischen oder natürlichen Gerüchen verdrängen muß. Den Geruch des Körpers auslöschen. Das einzige Zeichen des kleinen verschwundenen Mädchens, des eingewickelten, von der Mutter erstickten Babys, damit man es nie mehr sieht.
Sie wird die stinkenden, verwesenden, von Fliegen angefressenen Reste des Körpers ihrer Tochter sehen. Sie wird entsetzt diesen Körper betrachten, den sie in sich getragen hat und den sie nicht als von sich geboren haben wollte.
Beatrice stirbt ein zweites Mal.
Und ihre Mutter mit ihr. Der Körper der Mutter. Unversehrt vor diesen verwesenden Stücken.

Ich habe gesagt: "Noch ein Mädchen, bloß das nicht!"

A.L... ist 26 Jahre alt. Sie sitzt seit 2 Jahren im Gefängnis. Sie ist hübsch und gepflegt. Groß und schlank. Vielleicht hat der Tod von Beatrice ihr ihren eigenen Körper wiedergegeben. Sie erzählt (Dezember 1977):

> Meine Mutter hat immer meine Schwester vorgezogen. Ich bin in zweiter Ehe geboren. Meine Schwester auch.
> Meine Mutter hatte sehr jung geheiratet. Sie hatte einen Sohn. Nach der Scheidung hat sie ihn bei seinem Vater lassen müssen. Sie hat ihn nie wieder gesehen. Dann hat sie einen Berufssoldaten geheiratet. Meinen Vater.
> Mein Vater war zufrieden, eine Tochter zu haben. Das ist selten. Wenn er zu Hause war, dann kümmerte er sich um mich, er ließ meine Mutter kaum an mich heran. Als ich 3 Jahre alt war, ist meine Schwester geboren. Dieses Mal wollte mein Vater einen Sohn. Meine Schwester war zart und immer krank. Sie war ein kränkliches Wesen. Ich war wie ein Junge. Meine Schwester spielte mit Puppen. Ich nicht. Wenn mein Vater von seinen Reisen zurückkam, dann brachte er mir Trommeln und Klarinetten mit, Puppen ließ ich in den Schaufenstern. Wenn man mir welche schenkte, machte ich sie kaputt. Meine Schwester war genau und ordentlich. Im Grunde genommen waren meine Töchter meine ersten Puppen.
> Ich war 10 Jahre alt, als mein Vater eine zivile Arbeit annahm. Das ging nicht mehr gut zwischen meinen Eltern. Ich habe an fürchterlichen Streitgesprächen teilgenommen. Ich habe verhindert, daß

sie sich schlugen und bat auf Knien, nicht wegzugehen. Damit meine Schwester an den Szenen nicht teilnahm, schloß ich sie in ihrem Zimmer mit ihren Puppen ein. Als ich 16 war, nahm ich meinen Koffer und stellte ihn zwischen sie und sagte: "Einer von beiden muß weggehen. Ich habe die Nase voll von all dem." Seit diesem Tag... haben sie nicht mehr von Scheidung gesprochen.
Mit meiner Mutter habe ich nie richtig reden können. Ich habe mich nicht herumgetrieben. Ich hatte einige Flirts, aber das ging nicht sehr weit. Mein Vater machte jedesmal, wenn er mich mit einem Jungen sah, riesige Szenen, und meine Mutter hätte mich leicht als Nutte behandelt. Ich habe meine Eltern sich niemals umarmen oder küssen sehen. Meine Mutter sah ich angezogen oder im Nachthemd. Wenn sie uns gute Nacht sagte, trug sie einen Schlüpfer unter dem Nachthemd. Eines Tages, als sie erfahren hatte, daß ich nackt schlief, wurde sie wütend. Sie fand das schmutzig. Sie verbot uns, im Nachthemd herumzulaufen, wenn unser Vater im Haus war.
Eines Tages bin ich aufgewacht und habe in meinem Bett Blut gesehen. Das war am 1. Januar, ich erinnere mich noch genau. Freundinnen hatten mir davon erzählt. Meine Mutter hat nie was gesagt. Meine Großmutter hat es mir ein bißchen erklärt. Meine Mutter nicht. Ich habe mich geschämt, weil meine Großmutter allen Leuten erzählte: "Sie ist jetzt ein junges Mädchen." Wenn meine Mutter zu mir von Männern sprach, dann sagte sie, daß sie nur an Schweinereien dächten, sie sagte, daß sie nie wollte und mein Vater immerzu. Den einzigen Rat, den sie mir gegeben hat, war: "Tu so, als ob. Vor allen Dingen tu so, als ob." Ich sagte zu mir: Wenn das alles ist, warum macht man dann so eine Brühe darum? Als ich meinen Mann kennengelernt habe, habe ich begriffen, daß meine Mut-

ter mit meinem Vater nicht glücklich war.
Mit meinen Töchtern bin ich sehr frei umgegangen. Mein Mann auch. Wir liefen nackt in der Wohnung herum... Es war nicht so, wie bei meiner Mutter. Ich habe alle 3 zu Hause erzogen. Ich arbeitete nicht.
Ich wollte immer 3 Jungen haben. Mein Mann wollte nur ein Kind: ein Mädchen. Ich habe ein Mädchen bekommen. Es ist sein Liebling. Die Älteste. Beim zweiten, als man mir sagte: "Es ist ein Mädchen" und ich es mit seinem roten Gesicht voller Pickel gesehen habe, habe ich gesagt: "Ich will sie nicht sehen, sie ist nicht schön." Gut, aber das war die Erschöpfung. Das hat mich nicht daran gehindert, sie wie die erste zu lieben. Meine Töchter liebe ich. Als die Dritte geboren wurde, habe ich gesagt: "Noch ein Mädchen! Oh nein, lassen Sie sie in ihrem Bett. Ich will sie nicht sehen." Dabei war sie hübsch, die hübscheste von allen dreien. Im Grunde genommen hatte ich von der Geburt der zweiten an Angst, daß unsere Ehe ebenso kaputt gehen würde, wie die meiner Mutter. Und dann ist es geschehen. Ich hatte an einem Desaster zwischen meiner Mutter und meinem Vater teilgenommen, und ich war dabei, das gleiche mit meinem Mann zu erleben. Ich habe die Nerven verloren. Manchmal ging es besser, dann habe ich Hoffnung gehabt. Beim zweiten hat mein Mann von Abtreibung gesprochen. Ich habe nein gesagt. Ich bin dagegen. Für mich ist Abtreibung ein Verbrechen, ich gehe davon aus, daß ich 26 Jahre und 9 Monate alt bin. Seit der Empfängnis lebt es. Es zu töten, ist ein Verbrechen. Bei der dritten Schwangerschaft habe ich mir trotzdem die Frage gestellt. Ich hatte die Pille versucht, sie aber nicht vertragen und andere Verhütungsmittel auch nicht. Meine Töchter habe ich gewollt. Ich kann sagen, daß ich trotzdem überlegt habe. Bei der letzten Schwangerschaft fühlte ich mich wohl. Es ist wahr, daß nur die erste genau zu

dem Zeitpunkt, den ich errechnet hatte, geboren wurde. Fast programmiert. Das ist so abgelaufen, wie ich es beschlossen hatte. Es stimmt auch, daß sie immer lieb, artig und niedlich war. Aber ich liebe sie alle drei. Gleichmäßig. Eines Tages hat mein Mann, als die beiden Mädchen auf dem Teppich vor dem Fernseher saßen, zu mir gesagt: "Sieh mal, wie süß die sind. Wenn Du das mit P... gemacht hättest, wäre sie tot. Sie wäre nicht da mit ihrer Schwester, lebendig und alles..." Ich erwartete das dritte. Ich habe nicht abgetrieben.

Also diese Geschichte mit der Dritten. Ich begreife das nicht, wie mir das geschehen konnte. Ich begreife es nicht. Ich war sehr dick geworden. Ich machte eine Diätkur. Ich war sehr schwach. Am Ende stand ich fast gar nicht mehr auf. Mein Mann kam immer später nach Hause. Ich sah ihn praktisch überhaupt nicht mehr. Die Einkäufe, das Essenmachen, all das... die Wäsche, ich schaffte das nicht mehr. Morgens blieb ich in meinem Bett. Deprimiert und müde. Die Kleinen waren lieb. Sie sagten: "Pst, Mamma ist krank," sie machten keinen Krach. Sie ernährten sich fast selbst. Ich ging nicht aus dem Haus. Sie machten den Kühlschrank auf und bedienten sich selbst. Ich hatte keine Kraft mehr... Und dann, eines Morgens, habe ich sie auf den Arm genommen und sie war tot. Ich bin wie aufgewacht. Ich hatte begriffen.

Aber ich habe ihren Körper nicht verletzt. Ich habe sie nicht verstümmelt, nicht verunstaltet. Ich habe sie nicht geschlagen. Ich habe sie sauber eingewickelt in Plastik... Danach wußte ich nicht mehr, was ich tat. Die Panik... Schließlich...

Ich kann sie nicht vergessen.

Bald ist Weihnachten. Das ist ihr Todestag. Es ist jetzt 2 Jahre her...

Sie hat in einer Gefängniswerkstatt für die Herstellung von medizinischen Geräten für Frauenkliniken gearbeitet. Eine präzise, nützliche und wertsteigernde Arbeit für die Gefangenen, betont die Direktorin von Fleury. Sie ist Kontrolleurin in dieser Werkstatt geworden, in der Frauen, die von ihren Kindern getrennt sind, die Kindesmörderinnen, dafür arbeiten, damit die Kinder der anderen leben. Seit einem Monat kann und will sie nicht mehr. Wegen ihrer Tochter.

Ich sah sie verkommen, ich wollte sie nicht mehr sehen

Wie Beatrice, bleibt die 20 Monate alte Tochter Michèle von C.L... in ihrem Bett. "Sie hängte die Wäsche oberhalb meines Fensters auf, und eines Tages ist sie gekommen, um die Wäsche zu holen, die aufs Dach gefallen war. Wenn Wäsche heruntergefallen war, legte ich sie vor meine Tür, damit sie sie mitnehmen konnte. Seit Anfang des Jahres sah ich keine Wäsche mehr am Fenster trocknen, ich hörte keinen Laut mehr in der Wohnung..." Das erzählt eine Nachbarin der Mutter von Michèle.
Seit 8 Tagen liegt die Kleine im dunklen und kalten Zimmer. Allein. Man glaubt, sie sei bei einer Pflegemutter oder bei der Großmutter. Die Nachbarn wissen es nicht. Einige haben die Mutter abends ganz schnell vorbeihuschen sehen. C.L... arbeitet in einem Café. Sie ist Serviererin. Es scheint, als ob sie nachts Männer zu sich in die Wohnung holt. Wenn sie Michèle in ihrem Bett zurückläßt, zieht sie von Hotel zu Hotel - sagt der Polizeibericht - jedesmal in Gesellschaft von anderen Individuen.
"Im Hotelverzeichnis der Präfektur findet man die Spur von Fräulein L... in verschiedenen Hotels der Hauptstadt und besonders Anfang des Jahres wieder.

14 Mal im Januar
17 Mal im Februar
5 Mal im März

Sie gibt es zu. Sie will nicht mehr nach Hause zurückkehren: "Seit 6 Monaten waren Gas und Strom gesperrt. Ich konnte im Haus nichts mehr machen. Ich wollte nicht mehr dahin zurück. Seit einem Monat habe ich das Kind nicht mehr sauber gemacht... ich fuhr ihr mit einem nassen Waschlappen durchs Gesicht... Ich machte kein Feuer mehr, nur mit etwas Alkohol, den ich in eine Konservendose goß."
Von Zeit zu Zeit kommt sie noch vorbei. Sie hat sie nicht ganz vergessen. Sie weiß, daß sie da ist, allein. Der Vater ist seit kurzem im Gefängnis. Vorher kümmerte er sich um sie, weil er arbeitslos war: er kam nach Hause, um ihr etwas zu essen zu geben. Er fand einen Zettel auf dem Tisch: "Michèle hat nicht gegessen. Mach ihr das Essen warm." Seit er weg ist, sagt die Mutter, will die Kleine nicht mehr essen. Weder Brot in Milch getunkt, noch Grießbrei noch Joghurt. "Sie hat angefangen, nach ihrem Vater zu verlangen; sie hat jede Nahrung abgelehnt. Ich mußte böse werden, um sie zum Essen zu bringen."
Im Café gab ihr die Wirtin - so erzählt ein Kunde - Brei, Yoghurt, Nachtisch und sogar Milch für die Kleine. "Ich habe selbst festgestellt, daß C.L... diese Nahrung in einer Tasche mit nach Hause nahm... Aber ich habe auch sehen können, daß sich die gleichen Lebensmittel nach mehreren Tagen immer noch in der Tasche befanden, sie waren verdorben und ungenießbar." Sie schlägt ihr sogar vor, da sie Probleme mit ihrer Tochter habe, sie doch der Fürsorge in Denfert anzuvertrauen: "Sie war damit nicht einverstanden und hat mir erklärt, daß sie ihr Kind nicht weggeben würde." Die Wirtin, immer noch sie, hat ihr gekündigt, weil sie schmutzig war: "Sie wurde schmutzig. Ich mußte sie veranlassen, sich die Füße zu waschen. Sie roch unangenehm. Sie hatte 20 kg zugenommen. Sie trug ihre Klamotten, bis sie ihr vom Leibe fielen... Sie machte überhaupt nichts mehr und schlief bei der Arbeit ein... Ich habe gehört, daß

sie ins Hotel Amiens ging. Sie bezahlte die Zimmer für die Freunde, die sie kennenlernte... Wenn sie das tat, dann war sie lasterhaft." Sie war auch schon vor der Inhaftierung ihres Freundes ausgerissen und überließ Michèle dem Vater. Wie B.Q..., deren beide Babys an Gehirntraumen gestorben waren. Wie andere Frauen geht sie weg, sagt nichts, kommt wieder, stellt sich der Gewalt des Mannes, den sie allein mit dem Kind gelassen hat, geht wieder weg, kommt wieder, läßt sich verprügeln, weil der Vater des Kindes weder die Freiheit der Frau noch das Versorgen des Kindes akzeptiert. Dann verschwindet der Mann entweder (und ins Gefängnis gehen ist eine Art von Verlassen) und hinterläßt das Kind bei einer Großmutter oder er bringt es irgendwo unter, oder, wie in der Geschichte B.Q..., über die Ende 1977 das Urteil gesprochen wurde, er läßt sich und das Kind mit ihm verkommen, bevor er bei der Rückkehr seiner Frau einen Gewaltausbruch bekommt.
C.L... läßt ihre Tochter im Stich. "Ich sah sie verkommen, aber ich konnte sie in der letzten Zeit nicht mehr sehen. Dieses Kind, das von M.L... stammt, war mir... Ich habe überhaupt kein bißchen Gefühl mehr für den Vater des Kindes. Ich beantworte seine Briefe nicht, und ich habe ihn niemals im Gefängnis besucht."
Sie setzt sie dem Dreck, der Kälte, der Einsamkeit, dem Hunger und dem Tod aus. Sie wäre tot, wenn nicht die Möbel in der Wohnung der Mutter beschlagnahmt worden wären. Der Kommissar des Viertels entdeckt Michèle: "Sie lag in einem Leinenbettchen, badete in ihren Exkrementen und war völlig unterernährt." Der nachfolgende Mieter erzählt: "Überall lagen verrottete Hygienebinden, ebenso wie Nahrungsreste und besonders Sektflaschen herum. Als ich das völlig verrottete Bett des Kindes, das voll von Exkrementen war, die Treppe heruntergetragen habe, ist es in meinen Händen zerrissen."

C.L... brauchte den Körper ihrer Tochter nicht wegzutragen, um ihn mit dem Müll verschwinden zu lassen. Er ist ein Stück Müll in einem Mülleimer. Das Müllzimmer ist das Totenzimmer. Die halbtote Kleine hat den Geruch eines fast verwesten Körpers - die Wäsche klebt am Körper - und die Starre einer Toten. Sie bewegt sich nicht. Niemand hat sie gehört, außer dieser Nachbarin mit dem guten Gehör: "Am Vorabend des Tages, an dem man das Kind entdeckt hat, hat es den ganzen Tag geregnet. Gegen 17 Uhr bin ich heruntergegangen, um meine Einkäufe zu machen und als ich an der Tür vorbeikam, habe ich ein Stöhnen gehört... Als ich zurückkam, habe ich vor der Tür angehalten, ich habe Stönen vernommen... Am nächsten Tag, als ich von der Arbeit kam und das ganze Wohnhaus in Aufregung sah, habe ich mir gesagt: "Das war also das, was Du gestern gehört hast." Daraufhin angesprochen, weint C.L... und erzählt. Sie sagt: "Ich merke jetzt, was für ein Unrecht ich meinem Kind angetan habe und suche keine Entschuldigung." Schuldig, eine schlechte Mutter zu sein, das haben ihr Nachbarn, Nachbarinnen und Arbeitgeber oft genug gesagt. Mit 23 Jahren sitzt sie im Gefängnis Petite-Roquette. Michèle kommt nach Bretonneau. Der Arzt, der sie dort untersucht, glaubt nicht, daß sie überleben wird. Sie überlebt. Sie lebt. Nach sechsmonatigem Krankenhausaufenthalt wird sie von der Fürsorge untergebracht. Wenn C.L... aus dem Gefängnis kommt, wird ihre Tochter 13 Jahre alt sein. Sie versucht, ihre Tochter zu sehen (sie hat immer nach ihr gefragt). Die Sozialfürsorge verhindert das. Hat sie sie wiedergesehen? Aufgezogen im Pflegeheim, weggegeben, wie ihre Mutter es auch war, mißhandelt und mit einem Vater und einer Mutter, die im Gefängnis sitzen... Wie wird ihre Geschichte aussehen? C.L... hat die Geschichte mit ihrer Tochter bis zum bitteren Ende ausgekostet. Michèle hätte sterben können, wie die beiden Brüder, die von ihrer

Mutter, Sylvie Joffin, in einem Zimmer, ohne Essen oder Trinken, ohne Heizung oder Licht eingeschlossen waren. Sylvie Joffin, die mit 16 uneheliche Mutter wurde und die der Freund mit 20 verläßt, weil er weder sie noch die Kinder will, tötet sich in ihren Kindern, zerstört die Geschichte mit dem Vater der Kinder, um ihren Tod hinter den Mauern des Gefängnisses zu erleben, dort, wo die Kindesmörderinnen von den anderen Gefangenen mißhandelt werden. Eine Aufseherin aus der Hauptanstalt von Rennes sagt: "Jetzt, wo man Zeitungen lesen kann, haben, wenn es einen großen Skandal gibt, alle davon in der Zeitung gelesen, sie kennen die Geschichte von A bis Z. Wenn es Zank gibt, dann werfen sie sich an den Kopf: "Ich habe das wenigstens meinen Kindern nicht angetan," und ähnliches. Die Aufseherin macht einen Bericht und das wird im Gerichtslokal geregelt".
Sylvie Joffin war auch allein und preisgegeben mit ihren 2 Kindern. Sie schließt sie ein, um auszugehen, gibt ihnen weder zu essen noch zu trinken und geht in eine Tanzbar, so wie A.L... ins Hotel ging, sie, die den Tag damit verbrachte, die Kunden mit Essen und Trinken zu versorgen, die abends auf ihr Zimmer kamen, und die vielleicht wußten, daß die kleine Tochter woanders... Daß Michèle nicht gestorben ist, hat sie dem Zufall zu verdanken. Sie mußte für ihre Mutter sterben, wie die beiden Söhne für Sylvie Joffin oder Beatrice für ihre Mutter.
Wie schätzte sie ihren Körper und ihr Leben ein, wenn sie jeden Abend mit einem anderen Mann von Hotel zu Hotel zog? Und Sylvie Joffin? Selbst wenn sie nachts keine Geschäfte machten wie die Prostituierten, selbst wenn sie kein Geld verlangten, so starben sie zur gleichen Zeit wie ihre verlassenen Kinder, sie waren verlassen in der Nacht, der Einsamkeit, der Verzweifelung. So was tut weh und ist der langsame Tod für die Kinder und sie selbst.

C.L.. hat ihre Tochter sterben lassen, wie sie selbst sterben wollte und indem sie das mit ihrer Tochter wieder durchlebte, was sie mit ihrer Mutter erlebt hatte. C.L... wurde 1949** geboren. Sie ist ein uneheliches Kind. Bis zum Alter von 13 Jahren lebt sie mit ihrer Mutter und deren Zufallsbekanntschaften zusammen. Ihre Mutter erzählt ihr, daß sie das Kind eines Deutschen sei.
Von der Mutter mißhandelt und von den Franzosen abgelehnt, wird sie ihrer Familie entzogen und in ein Heim gesteckt. Sie macht einen Selbstmordversuch. Kommt wieder zu ihrer Mutter zurück, die sie zum Trinken verführt. Mit 16 macht sie ihre erste Entziehungskur.
Bei ihrer Mutter schläft sie auf einer Chaiselongue in der Waschküche. Hinausgeworfen und ohne Essen und Geld dastehend, wird sie von neuem in einem Heim untergebracht. Sie ist 18 Jahre alt und macht einen neuen Selbstmordversuch. In Paris lebt sie in einem Heim und lernt den Vater von Michèle auf einem Rummelplatz kennen. Sie wohnen im Hotel. Sie ist Wäscherin. Sie bekommt eine Tochter. Sie ist unverheiratete Mutter wie ihre Mutter. Wie ihre Mutter nimmt sie sich Liebhaber. Als der Vater ihrer Tochter im Gefängnis sitzt, wiederholt sie mit ihrer Tochter die Geschichte mit ihrer Mutter...
Und ihre Tochter? Man wird, selbst wenn die Geschichte nicht die gleiche ist, an diese Geschichte, die eine junge Frau 1973* an Menie Grégoire geschrieben hat, erinnert. Sie ist 35 Jahre alt, verheiratet und hat 4 Kinder. Ihr Mann macht sie unglücklich. Er überwacht sie, sperrt sie ein und läßt sie nicht aus dem Haus. Er macht die Einkäufe und verhindert, daß sie arbeiten gehen kann... Sie bleibt wegen der Kinder. Sie wird dominiert, unterdrückt und terrorisiert von dem Mann, den sie geheiratet hat, um von ihrer Mutter wegzukommen, um etwas anderes zu erleben als Unglück. Sie erzählt, daß sie

gemeinsam mit ihren beiden Schwestern bei ihrer Mutter aufgezogen wurde, nachdem sich die Eltern die Kinder nach der Scheidung geteilt haben. Die Mutter ist nie da. Die kleinen, 6, 8 und 10-jährigen Mädchen ernähren sich selbst, kümmern sich um Haushalt und Geschirr. "Zwei Jahre später ist meine 8-jährige Schwester gestorben. Ich sehe immer noch meine kleine Schwester in ihrem Bett. Sie hat 4 Tage lang im Dunkeln gelegen, weil sie Kopfschmerzen hatte. Meine Mutter ging weg und ließ uns allein. Meine kleine Schwester weinte. Ich habe den Arzt geholt. Als meine Mutter zurückkam, war der Krankenwagen da, um meine Schwester ins Krankenhaus zu bringen. 5 Tage später ist sie gestorben... Ich wäre am liebsten auch gestorben. Einmal hat meine Mutter zu mir gesagt: "Ich würde Euch am liebsten alle auf dem Friedhof haben..."
Als ich 15 Jahre alt war, wurde ihr meine andere Schwester weggenommen. Da ich arbeiten konnte, bin ich bei ihr geblieben. Ich habe Prügel mit einem Stock bekommen, der so dick war wie ein Daumen. Einmal hat sie mir einen großen Spiegel auf dem Rücken zerschlagen. Eines Nachts hat sie mich um Mitternacht aufgeweckt, um große Holzscheite hinter dem Friedhof zu klauen... Auf halbem Wege habe ich die Schubkarre hingestellt und nein gesagt. Sie hat versucht, mich zu erwürgen... Als sie Scheinwerfer auf der Straße gesehen hat, hat sie mich losgelassen, und ich bin abgehauen. Die Nacht habe ich bei einer Nachbarin verbracht. Am nächsten Tag hat sie mich fürchterlich verprügelt... Mit 19 habe ich geheiratet. Nicht aus Liebe. Meine Mutter hat mir an diesem Tage als Geschenk mitgegeben: "Alles, was ich Dir wünsche, ist, daß Du Dein ganzes Leben lang unglücklich sein wirst..."
Sie lassen ihre Kinder sterben. Lassen sich selbst auch sterben. Der Körper der Frau, der Mutter, kommt den häuslichen, sozialen und lebenswichtigen Forderungen nicht mehr nach. Ein verlassener, vernachläs-

sigter und ungepflegter Körper. Für den Dreck. Die Scheiße. Sie wollen nicht mehr... Sie weigern sich... Sie pflegen weder das Haus, noch das Zimmer, noch das Bett, noch das Kind darin. Sie sagen nein als Hausfrau, Erzieherin und Pflegerin: Und ihren Körper vergessen sie genauso, wie den ihrer kleinen Tochter.

Es ist bemerkenswert, daß die mißhandelnden Mütter, von denen hier die Rede ist, in ihrem Beruf (als Serviererin, medizinische Angestellte, Hausmeisterin) und im privaten Leben (als Hausfrauen, Mütter ...) dazu ausersehen sind, zu pflegen, zu erziehen und für das Wohl des Körpers zu sorgen: ihn zu ernähren, zu pflegen und für ihn zu sorgen, genauso wie sie für die Orte verantwortlich sind, die der Körper zum Leben braucht (das Zimmer, das Haus, den Wohnblock...)

SIE HATTE IHM IHRE RECHTE ÜBERTRAGEN

Die Liebesgabe. Eine Mutter bietet ihrem Liebhaber ein kleines Mädchen, ihre Tochter, die ihr einziger Besitz ist, zum Geschenk an. Die Mutter als Besitzerin des Körpers ihrer Tochter, die Fleisch von ihrem Fleisch ist, gibt sie dem Mann, der vorbeikommt, damit er bleibt. Ein mörderisches Geschenk: der Tod des kleinen Mädchens ist notwendig, damit die Beziehung in einer Art Leidenschaft - die Tochter der Geliebten leidet für das Paar und festigt so die Beziehung - durch die heimlich im Zimmer gegebenen tödlichen Schläge besiegelt wird. Die Mutter liefert ihre Tochter an einen Abenteurer aus, der mit einem Schlag Besitzer von Mutter und Tochter, von ihren Körpern, Köpfen und Hintern wird. Denn die Mutter überläßt die Tochter dem Mann, den sie für sie beide ausgesucht hat, und sie überläßt ihm die Erziehung und die Dressur der Schließmuskeln des Kindes und auch die Formung des Kopfes und des Geistes: Er soll sie erziehen, sie züchtigen, sie gehorsam machen und sie sich unterordnen... Er wird das kleine, widerspenstige Mädchen erziehen, indem er es totschlägt... Er wird verhindern - wenn er kann - daß sie überall hinpisst und hinkackt. Er wird ihr mit dem Hammer "Blei in den Kopf" einhämmern und den Körper tödlich verletzen, damit er den Kopf beherrschen kann. Wenn die kleinen, mißhandelten Mädchen so nicht sterben, dann klagen sie oft über Kopfschmerzen. Dieser Dickkopf, der ihnen weh tut, den sie gegen Wände schlagen, der Kopf, der ein Loch innen drin hat... - Der Kopf ist nicht in Ordnung - sagen sie...

Ohrfeigen waren das einzige Mittel, um die auf den Topf zu bringen

"Sie liebt dieses Kind abgöttisch. Zunächst einmal ist es ein Sohn... Sie hat ihn mit einem Mann bekommen, den sie rückhaltlos geliebt hat. Ihre Töchter..."
Das erzählt die Erzieherin aus dem Gefängnis. Sie kennt A.C... gut. Dieser Sohn ist im Gefängnis geboren. Seine Mutter hat ihn solange, wie es von der Gefängnisleitung erlaubt war, behalten. "Er war mein Trost, mein Mut, mein einziges Glück... Eines Tages ist er weggegangen. Ich erzähle ihnen nichts von dieser Trennung." A.C... schreibt an den Gesundheitsminister, damit ihr der Sohn nicht von Amts wegen entzogen wird. Sie hat sich geweigert, die Freigabe zur Adoption zu unterzeichnen, die ihr vom Fürsorgeamt vorgelegt wurde. Sie ist wegen Vernachlässigung der Sorgepflicht, sowie der Gewalttätigkeit und der Körperverletzung mit Todesfolge eines Kindes unter 15 Jahren verurteilt worden. Sie hat ihre Tochter, Florence, getötet.
Es ist 1970. Florence ist 3 Jahre alt. Ihre Mutter ist 23. Der geliebte Sohn wird im Dezember 1970 geboren.
Ihren Sohn wird sie nicht hergeben: "Das was ich Ihnen, Frau Minister, mitteilen möchte ist, daß ich niemals auf meinen Sohn verzichten werde. Ich will, daß er eines Tages weiß, daß er eine Mutter hat, die vielleicht Fehler gemacht hat, aber die ihn geliebt hat... Ich will nicht, daß mein Sohn adoptiert wird, ich will ihn nicht für immer verlieren, ich möchte nicht, daß er eines Tages glaubt, seine Mutter hätte ihn verstoßen..." Das Kind ist bei einer Pflegemut-

ter untergebracht, deren Namen und Adresse die Mutter nicht kennt: "Was habe ich getan? Ich bin die Mutter von meinem Sohn." Nach 4 oder 5 Briefen, so erzählt die Erzieherin, bekommt sie 2 Photographien von ihrem Sohn. "A... weint, nimmt die Photos überall mit hin und trennt sich niemals davon. Sie betrachtet sie und zeigt sie. Ihr Sohn ist hübsch. Er ist intelligent. Man sagt ihr, er sei glücklich bei seiner Pflegemutter. Sie strickt ihm kleine Pullover."

Wenn ihre Schwester ihn zu sich nehmen könnte - "sie ist ehrenhaft verheiratet und führt ein ausgeglichenes und geregeltes Familienleben" - dann würde sie auf ihre Rechte verzichten.

Das Kind kommt zu der Schwester von A.C... Es ist seine Mutter ganz überraschend besuchen gekommen. Sie hatte es seit seinem Fortgang vor 3 Jahren nicht mehr gesehen. Der Kleine hat fröhlich gerufen: "Guten Tag,Mamma." 2 Monate später ist sie immer noch ganz außer sich. 3 Wochen später hatte ihre Mutter sie mit ihren beiden Töchtern besucht.

A.C... hat 3 Töchter gehabt.

Sie stammen aus dem Norden. Ihr Vater war Zöllner. Ihre Mutter kriegte Kinder. Bis 14 geht sie zur Schule. Dann geht sie 3 Jahre auf eine Haushaltsschule. Mit 18 verheiratet sie ihre Mutter mit einem älteren Mann, der trinkt, sie verprügelt und ihr hintereinander 3 Töchter anhängt. Die zweite, die bei der Geburt etwas schwächlich war, ist längere Zeit in der Kinderklinik geblieben.

Auf einer Reise lernt A.C... ihren Freund kennen, mit dem sie 2 Jahre zusammenleben wird. Sie verläßt Mann und Töchter: Florence und ihre beiden Schwestern. Sie fährt mit ihrem Freund zur Weinlese nach Südfrankreich: Dort gibt es Arbeit. Sie wird schwanger. Sie kommen zurück und A.C... entschließt sich, ihre Töchter wieder zu sich zu nehmen. Verhandlungen mit dem Ehemann. Verteilung der Töchter. Der Vater will weder die älteste, die ihrer Mutter ähnelt,

noch die zweite, Florence, die etwas schwer zu erziehen ist. Er behält die jüngste.
Der Handel ist abgeschlossen.
A.C... kommt mit zwei kleinen Töchtern ins neue Heim. Sie erwartet ein Kind - es wird ein Junge sein. Über Florence erzählt sie der Erzieherin, daß es ein kleines, schwachsinniges und kränkliches Kind war. Sie war wegen ihrer Nervenanfälle beunruhigt. Sie hatte darüber mit der Fürsorgerin gesprochen. Die Fürsorgerin sieht das Kind: "Es lag schreiend und sich windend auf dem Bett; es war fast nackt und in einem erbarmungswürdigen Zustand: es war rachitisch und sah aus wie ein Skelett." Es wird sofort ins Krankenhaus transportiert. Der Arzt stellt am Körper der Kleinen die Spuren von Mißhandlungen fest. Sie befindet sich in einem gefährlichen Zustand von Unterernährung. Als sie in die Intensivstation eines anderen Krankenhauses verlegt wird, stirbt sie einige Stunden später.
A.C... hatte zu der Erzieherin gesagt, daß sie ihre Töchter nicht haben wollte, daß sie sie gegen ihren Willen bekommen habe. Sie habe sie also verlassen können. Sie wiederholt, daß Florence schwachsinnig gewesen sei. Behindert. Nicht so, wie die anderen. Wenn man ihr Glauben schenkte, so wäre sie eines natürlichen Todes gestorben - an den Folgen ihres Schwachsinns oder ihrer Krankheit... Da sie im Gefängnis ist, kann sie diese These, daß ihre Tochter einfach so gestorben ist, nicht aufrechterhalten. Selbst wenn die Erzieherin ihre Akten nicht kennt, so weiß sie doch, daß sie lebenslänglich bekommen hat. Ein Fehlurteil? A.C... erzählt nichts anderes über ihre Tochter, als daß diese körperlich und geistig behindert gewesen sei. Im Grunde genommen mußte sie sterben. Im Autopsiebericht steht etwas anderes: "Florence ist an einem beidseitigen Gehirntrauma gestorben. Die Blutungen rühren von Quetschungen der Hirnhautgefäße her, die durch direkten

Schlag oder Aufprall auf einen harten Gegenstand hervorgerufen worden. Sie hatte auf der einen Seite des Kopfes und an der Stirn Verletzungen, die von Ohrfeigen oder vom Werfen auf eine harte Fläche herrührten, außerdem ätzende Wunden, die von Stichen an Armen und Beinen stammen und ein Geschwür am Gesäß. Anzeichen von Krankheit oder Mißbildungen wurden nicht festgestellt."
Die Älteste wurde nicht mißhandelt. Florence, die Zweite, ist etwas zu schnell gekommen, ein bißchen zu rasch nach der ersten, als zweite Tochter - wenn sie ein Junge gewesen wäre... Sie ist ein zartes Kind, das nicht von allein wächst. Die andere, die Erste, erfreut sich bester Gesundheit. Die Dritte ist beim Vater geblieben. A.C... ist schwanger. Müde. Florence pisst und kackt überall hin. Ihre Mutter hat es nicht geschafft, sie zu dressieren. Wie der Freund sagt: "Ohrfeigen waren das einzige Mittel, um sie auf den Topf zu bringen." Sie ohrfeigen sie also. Besonders die Mutter mit dem Einverständnis des Freundes. Sie gehorcht nicht, "sie widerspricht", sagt die Mutter. Ihre Tochter ist nicht so schwachsinnig... Die Unverschämtheiten des Körpers werden von der Mutter nicht zugelassen, noch weniger bei diesem kleinen Mädchen, das sich gegen ihren Willen mit seinem Körper verständlich macht, den die Mutter sauber und artig haben will. Die mütterliche Gewalt - die Rechte der Mutter über die Tochter - wird der Wildheit des kleinen Mädchens mit seinem Widerstand und dem Körper, der das, was schmutzig ist und alles im Haus schmutzig macht, nicht in sich behalten kann und will, um es dahin abzulegen, wo es hingehört, ein Ende setzen. Die Kleine, die überall hinkackt, wird von der Mutter an einen festen Platz verdammt, damit sie ihre Scheiße nicht überall hinträgt, damit sie weder ihre Opposition gegenüber der Mutter, noch ihre Ablehnung der Sauberkeitserziehung zeigen kann, indem sie die stinkenden Reste hinterläßt - und man kann

nicht so tun, als ob man es nicht merken würde – die überall auf dem Körper und dort, wo er sich hinbegibt, Spuren hinterlassen: Auf dem Fußboden, dem Teppichboden, den Wänden, dem Bett und auf jeder sichtbaren Oberfläche.

Die Mutter und ihr Freund "haben während des Verhörs beim Untersuchungsrichter alle Einzelheiten der Taten zugegeben, die ihnen vorgeworfen wurden... A. C... hat erklärt, daß sie ihre Tochter schlug (...). Es kam vor, sagt sie, daß sie den Kopf verlor und nicht mehr wußte, was sie tat, wenn sie sie schlug, einmal habe sie ihre Tochter so geprügelt, daß sie selbst dabei das Bewußtsein verloren habe; abends band sie sie in ihrem Bett mit einer elastischen Binde oder einem Gürtel fest, damit sie sich nicht mit ihren Exkrementen beschmutzte. Sie hätte sie noch fester anbinden sollen, denn sie hat es geschafft, sich loszureißen; sie hatte ihr auch die Hände auf dem Rücken gefesselt, wenn sie auf dem Topf saß oder wenn sie sie als Strafe in der Küche in die Ecke stellte. Sie hat ihr die Beine mit Brennesseln eingerieben, die ihr Freund ihr auf ihren Wunsch hin geholt hatte; sie hat sie auf einen Topf voller Chlorwasser gesetzt und ihn geschüttelt, um ihr damit das Hinterteil naß zu machen, was eine Zerstörung der Haut zur Folge hatte. Sie hat sie geohrfeigt und mit einem Stock geschlagen, ohne zu wissen, wohin sie schlug."

Die Mutter bestraft das kleine Mädchen an der Stelle des Körpers, der ihr Widerstand leistet. Sie tut ihr genau dort weh, wo sich das Drama zwischen Mutter und Tochter abspielt, an der Stelle der Ausscheidungsorgane, dem äußeren Teil, dem Hintern, in den sie nicht beißt, wie es manche mißhandelnden Mütter tun, sondern den sie, um ihn wie mit einem glühenden Eisen zu brandmarken, mit Brennesseln und Chlorwasser verbrennt. Sie dort zerstören, dort anfangen. Als ob Florence für ihre Mutter nur noch aus ihrem Hintern bestünde. Ein dreckiger, immer voller

und offener Hintern, der den Abfall des Bauches herausläßt. Also muß man sie dort leiden lassen, wo sie ihre Mutter leiden läßt, denn der Mutter nicht gehorchen, heißt sie nicht lieben. Und ein kleines, schmutziges Mädchen, das schlecht riecht, läßt seine Mutter zwangsläufig leiden.
Also bestraft, schlägt und tötet die Mutter das kleine Mädchen.
Weil es seine Scheiße nicht in sich – da wo man es nicht sieht – zurückhalten konnte oder wollte...
"Sie ekelt mich an. Ich werde sie umbringen", das sagte die Mutter.
Sie hat ihre Tochter für ihren Liebhaber getötet.
Ein kleines, abseitsgestelltes Mädchen, das traurig, krank vor Sehnsucht nach Liebe und schmutzig ist, daß seine Mutter nicht anerkennt und das der Geliebte nicht als ein Mädchen mit weiblichen Attributen, die seiner Männlichkeit schmeicheln würden, ansieht: Das kleine Mädchen ist nicht niedlich, nicht kokett, weder zärtlich noch schmusig. Es ist voller Scheiße, es riecht unangenehm und man hat weder Lust, es zu umarmen, noch seine Haare oder seine kleinen runden Mädchenschenkel zu streicheln.
Es verbietet diese Gesten und Wünsche, weil es niemals die Zärtlichkeit der Küsse und des Streichelns kennengelernt hat. Seine Mutter hat es immer weit weg von ihrem Körper gehalten. Sie hat von ihm behauptet, es sei schwach und behindert; sie bindet es an Armen und Beinen im Bett fest, damit es ihr nicht die Arme entgegenstrecken kann, damit es nicht auf sie zulaufen kann... Die Mutter betrachtet dieses Liebesverlangen ihrer Tochter als Ablehnung und Ausschluß ihrer selbst... was diesen Ausschluß anbelangt, so hat sie ihn selbst durch eine körperliche Trennung von ihrer Tochter hervorgerufen.
Bei der Geschichte mit ihrer Tochter hat A.C... die Initiative behalten. Ihr Freund half ihr, ohne sich ihr überzuordnen. Es ist also sie, die Mutter, die diese Angelegenheit, die schon seit der Geburt von Florence, ihrer legitimen Tochter, hervorge-

gangen aus einer rechtskräftigen Ehe, zwischen ihr und ihrer Tochter gestanden hat, erledigt. Selbst wenn der Ehemann ein Gegenstand des Hasses ist, so existiert er doch von Rechts wegen als Ehemann und Vater.
Wenn das Kind aus einer Zufallsbekanntschaft entstanden ist, und die Mutter allein mit dem Kind ohne dessen Vater - sei er Liebhaber oder Ehemann - lebt, wenn das Kind ein Mädchen ist und die Mutter mit einem Mann zusammenzieht, der Frau und Kind akzeptiert, dann wird das kleine Mädchen, und ganz besonders, weil es ein Mädchen ist, zu einem Einsatz, der das Ganze auf eine Katastrophe zutreiben läßt. Wenn der Freund nur eine vorübergehende Bekanntschaft ist, wenn er sich nicht auf eine Beziehung einlassen will, die durch die Ehe legalisiert wird, dann sind seine Beziehungen zu seiner Geliebten und deren Tochter anders, als wenn ein Mann Mutter und Kind offiziell bei sich aufnimmt, indem er die Kinder als die eigenen anerkennt und später die Mutter heiratet, um ihr einen Gefallen zu tun, und sie auf gewisse Weise zu entschädigen. Der Stiefvater, der sich im Heim der Mutter einnistet, hat Rechte auf die Mutter und das oder die Mädchen dieser Frau und oft vergrößert er seine Rechte als Ersatzvater, als Stief- oder Adoptivvater (er ist nicht blutsverwandt) durch die Komplizenschaft der Mutter und als ob es eine einzuhaltende Tradition wäre, unterhält er mit dem Mädchen sexuelle Beziehungen. Wir kommen später darauf zurück.

Vom ersten Tag an hatte er Lust, sie zu schlagen

In dem Fall, der uns hier beschäftigt, geht es um die kleine Tochter einer unverheirateten Mutter, die einen Liebhaber braucht. M.G... sagt es deutlich: Sie hat einen Mann gefunden, sie weigert sich, ihn wieder zu verlassen - hat sie überhaupt je daran gedacht, ihn zu verlassen? - trotz seiner Brutalität gegen-

über dem kleinen Mädchen. M.G... fürchtet, so sagt sie, daß sie keinen anderen Mann und keine solche körperliche Übereinstimmung wiederfinden würde. Sie hat ihren Freund in Südfrankreich kennengelernt. Sie ist 20 und er 23 Jahre alt. Sie arbeitete als Hilfsarbeiterin, bevor sie ihn kennengelernt hat. Sie hatte die "Schule mit 16 Jahren verlassen und war dann nach Lyon und in die Schweiz gereist," wo "sie sich der Prostitution hingegeben hat," unterstreicht der Bericht. Zurück in Südfrankreich in Aix en Provence wird sie von einem kleinen Mädchen entbunden, daß sie anerkennt. Von 1970 - 1973 zieht sie es alleine auf. Christiane ist 3 Jahre alt, als ihre Mutter mit ihrem Freund zusammenzieht. Ihr Freund hat Schlachter gelernt und arbeitet in einem Einkaufszentrum. Er wird wegen Zuhälterei verurteilt, bevor er lebenslänglich bekommt, weil er die Tochter seiner Geliebten getötet hat.
Christiane ist nicht sauber. Sie ist Bettnässerin. Wie so oft. Die Mutter erträgt das nicht und der Freund noch weniger - er wird es ihr beibringen, er wird sie dressieren, er, der Mann... Die Mutter jedoch, und das geschieht fast immer, ordnet sich ihrem Freund in diesem Punkt unter. Als provisorischer Vater wird er der allmächtige Vater. Er ist das Gesetz und die Wahrheit. Nicht nur, daß er sie als Vater übernimmt, sondern die Mutter verzichtet freiwillig auf ihre legalen Rechte über das Kind: "Es ist Deine Tochter. Du bist der Vater." Ein magischer und heiliger Akt. Ein Liebesakt: Die Mutter schenkt dieses Kind, das von ihr geboren wurde, diese kleine Frau, dem Mann, der hierher gekommen ist und den sie liebt. Er hat das Recht über Leben und Tod von diesem kleinen Mädchen, das er nicht kennt, das einfach so mit seiner Mutter erscheint, die es ihm als Geschenk gibt. Und er kann alles mit der Mutter und der Tochter machen, die von nun an seine Tochter ist. Sein Geschöpf, wie die Mutter. Die Mutter sagt: "Ich gebe sie Dir. Sie gehört Dir. Für Dich lebt

sie..." Und da es der Geliebte nicht kann oder nicht wagt, mit einem kleinen dreijährigen Mädchen sexuelle Praktiken zu beginnen, wird er sich mit der Sauberkeitserziehung beschäftigen, weil die Mutter ihn bittet, es zu züchtigen und auf den rechten Weg zu bringen, damit sein Körper sich nicht mehr so ausdrückt. Für wen? Gegen wen? Niemand versteht es. Die Schläge sprechen für die Mutter und den Geliebten: die einzige Antwort auf den Ruf und die Bitte des kleinen Mädchens. Die väterliche Strafe. Schläge, die zu einem religiösen Ritus werden. Nicht nur Schläge, auch andere Mißhandlungen: Verbrennungen mit Streichhölzern auf dem Bauch, Verbrennungen an den Füßen... Auch sie wird sich nicht bewegen können, um überall hinzumachen wie Florence oder Catherine... Sie wird auch auf dem Bauch bestraft, weil dort die Scheiße hergestellt wird. Der Freund - dem alles erlaubt ist, weil die Mutter ihm die Tochter, den Körper der Tochter und sich selbst in der Tochter als Opfer dargeboten hat - tötet sie. Übrigens erklärt die Mutter in dem Bericht, daß "Christiane unerträglich war und daß sie die elterliche Gewalt ihrem Freund übertragen mußte, damit er sie züchtige und damit sie ihre Ausscheidungen kontrolliere. Sie leugnet förmlich, bei den Gewalttaten anwesend gewesen zu sein und selbst Gewalt bei Christiane angewendet zu haben." Der Freund wiederholt, daß "das Mädchen nervös war und daß es seine Bedürfnisse schlecht kontrollierte und daß er es auf die Bitte der Mutter hin mehrere Male mit einem nassen Handtuch auf den Hintern geschlagen hätte." Er sagt auch, "daß er, ohne zu wissen, warum, vom ersten Tag an Lust gehabt hätte, sie zu verprügeln." Nach dem Bericht rührten die Verletzungen an After und Scheide von gewaltigen Schlägen her, die mit einem gedrehten, nassen Scheuerlappen zwischen die Beine gegeben wurden." Er züchtigt Christiane (ebenso wie Florence, die mit Brennesseln und Chlorwasser am Hintern verbrannt wurde), indem er sie an den schuldigen Stellen auspeitscht: Den After und die Scheide, die er gleichzeitig wie den Fußboden, den sie mit ihrer Pisse und Kacke vollschmiert, sauber macht. Er versucht, die Löcher, durch die Christiane ihn ärgert, zu verstopfen. Und um den Bauch, der nicht gehorcht, der verantwortlich ist für die Abfälle, die Christiane produziert und überall hinterläßt, endgültig zu neutralisieren, tritt er darauf herum. Das tödliche Unterleibstrauma "wurde von dem Liebhaber herbeigeführt, indem er auf den Bauch des Kindes gestiegen war und sich von den Fußspitzen auf die Hacken fallen ließ... und das, um 'ihr zu zeigen...'" Vielleicht hat er dort Gesten wiederholt, die er als Schlachterlehrling gelernt hat: Das Fleisch weich machen und ein Kaninchen mit einem Axtschlag in die Mitte, zwischen die ausgebreiteten Beine, in 2 Teile teilen.

Genauso stirbt die vierjährige Geneviève an den Folgen eines Gehirntraumas. Der Liebhaber der Mutter übernimmt die Opferung des kleinen Mädchens, das ihm ebenfalls von der Mutter, die ihn liebt, als Geschenk angeboten wird. F.F... hat dieses kleine Mädchen aus Versehen bekommen. Sie hat es ohne Vater behalten. Sie hat Schwierigkeiten, es aufzuziehen und gibt es eine gewisse Zeit weg. Als die mit ihrem Liebhaber zusammenzieht - er ist Mechaniker und verdient nicht viel Geld - gibt sie ihre Arbeit auf - sie ist Schreibkraft und dann medizinische Angestellte, und sagt, sie hätte gerne einen Arzt geheiratet... Ein kleines Mädchen wird geboren. Geneviève kommt zurück. F.F... bleibt zu Hause, um ihre beiden Kinder aufzuziehen. Die zuletzt geborene macht gar keine Probleme. Sie ist niedlich. Artig. Geneviève "macht in die Hose und ins Bett, ohne es vorher anzukündigen." Der Freund züchtigt sie auf Wunsch der Mutter. Eines Abends, an dem er sie etwas zu stark geschlagen hat, stellt er fest, daß sie einen kleinen roten Fleck oberhalb der Stirn hat."

Am nächsten Tag wird sie sofort in einem komahaften

Zustand in eine Klinik eingeliefert, wo sie 3 Tage später stirbt. "Nach dem Autopsiebericht weist der Körper folgende Verletzungen auf: kreisförmige Blutergüsse verschiedenen Alters, die jüngsten von blauer oder violetter Farbe befinden sich in Höhe der rechten Schamgegend und am rechten Oberschenkel (...), die anderen von gelbgrünlicher Farbe befinden sich am linken Oberschenkel und in Höhe des linken Armes und am linken Handgelenk."
Bei der Unterhaltung (September 1977 im Gefängnis) mit F.F... spricht sie viel von ihrer letzten Tochter, die sie allein aufgezogen hat, ohne aufzuhören zu arbeiten, während der Zeit ihrer vorläufigen Freilassung. Sie spricht auch von ihrer weit entfernten und gefühllosen Mutter.

Für ihn habe ich alles aufgegeben, und dann ist es geschehen

Sie hat eine sehr weiße Haut, die stellenweise rot wird, wenn sie erregt ist und braune Haare, die hinten am Hals mit einer zu großen Spange gehalten werden. Sie ist 35 Jahre alt.
Ich kann nicht sagen, daß ich unglücklich war. Nein. Mein Vater war Geschäftsmann. Wir waren 7 Töchter und 7 Söhne. Ich hatte einen Zwillingsbruder. Er war nie krank und hatte nie etwas, und ich hatte eine schwache Gesundheit; meine Mutter sagte immer zu mir: Ah, Du, Du hast schon wieder was! Ich war anfällig, und meine Mutter glaubte mir nie, wenn ich sagte, daß ich krank sei. Sie hat mich nie in den Arm genommen. Sie hat mich noch nicht einmal geküßt. Einmal habe ich unerträgliche Bauchschmerzen gehabt, ich habe geglaubt, es sei der Blinddarm. Meine Mutter hat zu mir gesagt: "Geh' ins Bett, das geht vorbei." Ich habe sehr gelitten, ihr war das egal. Ich habe die ganze Nacht Schmerzen gehabt. Am

nächsten Tag war es zum Glück wieder vorbei.
Meine Mutter hat mir nichts beigebracht. Ich sprach nicht mit ihr. Ich sah sie nicht oft. Sie hat mir nichts erklärt. Ich wußte nicht, wie man Kinder macht. Von alledem hatte ich keine Ahnung. Bei meinen Tagen hat sie nichts gesagt; in dieser Beziehung hat sie mich nicht aufgeklärt. Bis 14 bin ich zur Schule gegangen, danach war ich krank. Ich nahm auch Gesangstunden, ich fand das gut. Ich wollte Operettensängerin werden.
Ich hatte eine schöne Stimme, und das gefiel mir. Mit 16 habe ich einen Kropf gekriegt. Meine Mutter wollte es mir nicht glauben, sie sagte: "Du willst Dich nur interessant machen." Aber ich sah, wie er größer wurde. Eines Tages hat mich unser Hausarzt gesehen und gesagt: "Aber was hast Du denn da?" Ich habe ihm gesagt, daß ich es meiner Mutter erzählt hätte und daß sie es mir nicht glauben wollte. Zwei Jahre wurde es behandelt und verschwand nicht. Es gab sogar Wurzeln, die zum Herzen gingen. Ich wurde operiert. Da endlich, als sie mich im Krankenhaus sah, hat meine Mutter mir geglaubt.
Zu Hause ging ich nie aus. Ich wurde sehr überwacht und kannte niemanden. Ich mußte pünktlich zu Hause sein, meine Eltern waren sehr streng. Das erste Mal habe ich in einer Frauenklinik als Hilfskrankenschwester gearbeitet. Später ging ich zu Privatleuten, die gut bezahlten und die tagsüber eine Krankenschwester brauchten, das war im XVI. Arrondissement von Paris. Das war gut. Als meine Tochter geboren ist, habe ich weitergemacht. Manchmal kam sie mit mir mit. Die Leute sagten zu mir: "Sie ist niedlich und spricht gut für ihr Alter." Es ist wahr, daß sie sehr gut spricht: sie hat sehr früh gesprochen, sie ist aufgeweckt und intelligent. Ich sage das nicht, weil sie meine Tochter ist, es ist wahr. Ich habe Bücher über Psychologie gelesen, in denen gesagt wird, daß man mit Babys und Kindern sprechen soll. Mit meiner Tochter habe ich immer gesprochen

und sogar, als sie noch ein Säugling war, habe ich mit ihr wie mit einem Erwachsenen gesprochen. Ich habe zu ihr niemals in der Babysprache gesprochen, ich hasse das. Jetzt lebt sie bei meiner Schwester, ihr Mann ist Arzt. Sie hat 2 Söhne. Sie ist der kleine Liebling und ist immer nach der letzten Mode gekleidet. Aber ich glaube, sie ist ein bißchen kapriziös. 6 Jahre lang ist sie bei mir geblieben. 6 Jahre lang war ich vorläufig frei, bevor sie mich hierher geschickt haben. An dem Tag, an dem ich weggefahren bin, war der Abschied auf dem Bahnhof fürchterlich. Sie ist 8 Jahre alt. Ich habe sie nicht wiedergesehen. Meine Schwester glaubt, es sei besser so. Sie weiß nicht, wo ich bin. Nächstes Jahr, wenn ich meine erste Ausgeherlaubnis bekomme, werde ich sie wiedersehen. Wenn sie mit mir zusammen war, dann war sie nicht so. Sie räumte ihre Sachen auf, war ordentlich und artig. Ich bin ein bißchen pingelig. Es scheint so, als ob sie in der Schule nicht aufpaßt. Aber sie hat gute Noten, also geht es. Ich wünschte, daß sie Ärztin würde. Oft sagt sie: "Ich möchte gerne Kranke gesund machen." Sie spielt Krankenschweter, wie es halt kleine Mädchen so machen.
Mit 24 habe ich den ersten Mann kennengelernt. Er war 50.
Ich suchte Männer, die eine gute Position und Geld hatten. Ich wollte ein schönes Leben haben. Vielleicht war ich egoistisch und dachte nur an mich, wie meine Mutter. In gewisser Weise fand ich sie schön. Sie war schön und immer gut gekleidet. Sie ging oft zum Frisör und zur Kosmetikerin. Sie war gepflegt. Ich fühle mich hier vernachlässigt mit dieser Marke für Pflegeprodukte, die uns vorgeschrieben ist. Meine Haut pflege ich nicht und meine Haare auch nicht. Ich schminke mich nicht und nichts. Oben im Schrank bei meiner Schwester habe ich immer noch meinen Nerzkragen, meine Ringe und Brillianten, meine Schmuckstücke...
Dieser Mann gab mir, was ich wollte. Wir gingen aus.

Wir gingen in große Restaurants, ich kaufte, was ich haben wollte. Und dann habe ich eines Tages den Vater meiner Tochter kennengelernt. Er war genauso alt wie ich. Er war kein Alter. Er hatte einen Beruf, aber nicht viel Geld. Ich liebte ihn. Für ihn habe ich alles aufgegeben, um mit ihm zusammenzuleben. Und dann ist es geschehen. Im Schwurgericht habe ich erst erfahren, daß er ein Kind hatte und daß er 6 Monate verheiratet war, als ich ihn kennengelernt habe. Das werde ich ihm nie verzeihen. Übrigens habe ich ihm das geschrieben – er ist in Clairvaux im Gefängnis – ich habe es ihm gesagt. Und wenn ich hier rauskomme, will ich meine Tochter wiedersehen, ihn will ich nie wiedersehen. Bevor ich hierher gekommen bin, habe ich einen Industriellen kennengelernt. Er war 60 Jahre alt. Seine Frau hatte einen Gehirntumor, inzwischen ist sie vielleicht gestorben. Er hatte sehr viel Geld. Alles ging sehr gut. Er hatte einen Sohn in meinem Alter und einen kleinen Sohn. Als ich hierher gekommen bin, habe ich ihm gesagt, daß ich ihn verlassen würde, ich habe gelogen. Ich habe ihm nicht erzählt, wo ich hinginge... Wenn ich Ausgangserlaubnis habe, werde ich ihn anrufen, ich weiß nicht, was ich ihm sagen werde...
Aber vorher muß ich meine Tochter besuchen.
Eine Justiz, die eine Mutter wegen Kindesmord mit Gefängnis bestraft, straft auch die Kinder dieser Frau. Schon wenn eine Frau ein Kind im Gefängnis bekommt, so wird es ihr nach 18 Monaten entrissen: seine Geschichte ist vorgezeichnet. Die Kinder von ihren eingesperrten Müttern zu trennen, das bedeutet, aus den Kindern genaue Reproduzenten der mütterlichen Geschichte oder der Familiengeschichte zu machen. Die Beziehungsprobleme zwischen Mutter und Kind sind oft an das Geschlecht des Kindes gebunden, aber auch an mehr oder minder lange Trennungsperioden. Wenn eine Kindesmörderin bestraft wird, so ist das Strafsystem der Urheber für diese

Trennungen mit den übriggebliebenen Kindern und schafft somit neue Dramen (seitens der Mutter, seitens des Kindes).
Was wird geschehen, wenn F.F... aus dem Gefängnis herauskommt, wo sie sich weigert, ihre Tochter zu sehen, weil sie sich schämt, im Gefängnis zu sein und weil man der Kleinen erzählt hat, die Mutter sei im Krankenhaus? Welches kleine Mädchen wird die wirkliche Mutter wiederfinden? Sie hat sie mit 6 Jahren verlassen. Sie wird sie mit 10/12 Jahren wiedersehen. Von einer anderen Frau erzogen (ebensolange wie von der Mutter) und mit welchen Gesprächen über die Mutter (selbst wenn es sich um die Schwester der Mutter handelt?) Was wird sie von der Mutter wissen, ihrer Mutter im Gefängnis, der Mörderin ihrer älteren Schwester? Sie wird niemals erfahren, daß ihre Schwester dem Freund der Mutter, ihrem eigenen Vater, angeboten wurde, damit er sie tötet. Er ist auch im Gefängnis... Und wenn sie ihrerseits ein kleines Mädchen haben wird, was wird dann von dieser Geschichte in die Geschichte mit ihrer Tochter hineinreichen – wenn sie eine Tochter hat?

Die beiden kleinen rosa Füße

M.D... ist eine junge Frau, die wie die beiden vorhergehenden, ihre Tochter dem Freund ausliefert. Das Geschenk ist vollständig, da der Freund und die Mutter den Körper des kleinen Mädchens für sich behalten, indem sie die medizinischen, gerichtsmedizinischen, juristischen und die Beerdigungsinstitutionen hinters Licht führen.
M.D... "war mit Abwaschen beschäftigt und drehte der Szene den Rücken zu..."
Mit ihrem neuen Freund, den sie im Schwimmbad kennengelernt hat, entführt sie ihre dreieinhalbjäh-

rige Tochter von den Großeltern, die für sie sorgen. Es ist die Mutter, die es mit dem Opfer der Tochter für den Freund am weitesten treibt. Es ist wieder er, der das Kind mit Schlägen erzieht und - als es tot ist - verbrennt, um es verkohlt auf einer Müllhalde verschwinden zu lassen. Unter der aktiven Beihilfe der Mutter wird Carine vom Feuer unkenntlich gemacht.

Er ist Mechaniker. Er liebt Autos, er kann Stunden mit seinem eigenen Auto verbringen, das sehr gepflegt ist und auf das er stolz ist. "Er behauptet von sich, er sei sehr genau, pünktlich und ordentlich," deshalb erträgt er es nicht, daß das kleine Mädchen sich im Auto übergibt. Es spuckt nicht mit dem Hintern, sondern mit dem Mund. Jeden Tag, bei jedem Essen, erbricht es in seinen Teller.

"Sonntag... am Abend erbrach es wieder in seinen Teller, wie es häufig vorkam. Der Geliebte erhob sich sofort, ließ das Kind vom Stuhl aufstehen und gab ihm einen Fußtritt in Höhe der Hüften... Es fiel auf den Boden, und sein Kopf schlug hart auf den Kachelfußboden auf. Es verlor die Besinnung."

Wie so oft nach den Schlägen wird das schwankende Kind in sein Zimmer gebracht und bis zum Tode sanft aufs Bett gelegt. Die Eltern sind erstaunt:"Es ging ihr gut - wir haben nichts von ihr gehört, sie hat nicht geweint... wir verstehen das nicht".

M.D... tat dem Kind kaltes Wasser ins Gesicht und legte es ins Bett. Nachdem der Freund "eine weiche Stelle" am Schädel des Kindes festgestellt hatte, ließ er es etwas Alkohol trinken, was als einzigen Effekt hatte, daß das Kind einige Seufzer machte."

M.D... und ihr Mann gehen zu einem Gesundbeter. Er ist nicht zu Hause. Ein Arzt ist gefährlich. Sie schieben ein Photo von Carine unter der Tür des Gesundbeters durch und bitten ihn, so schnell wie möglich zu kommen, weil es dem kleinen Mädchen sehr

schlecht ginge.
Sie kommen nach Hause und gehen schlafen.
Er geht zur Arbeit.
M.D... wird gegen 7 Uhr 50 "von einem großen Seufzer" geweckt. Das kleine Mädchen ist gestorben. Sie benachrichtigt den Freund.
Damit es keine Spuren mehr von Carine gibt, die das Auto, ihren Stuhl und den Küchenfußboden beschmutzte... und aus Gründen der Sicherheit arbeiten M.D... und ihr Freund allein. Ohne öffentliche Zeugen: Weder Arzt, noch Klinik, noch Untersuchungsrichter..." Der Geliebte der Mutter wickelt das Kind mit Hilfe der Mutter in ein Bettlaken ein und legt es in ein kleines, weißes Schränkchen, das als Schuhbord dient. Am Abend, gegen 18 Uhr 30 trägt er das alles in seinen Wagen," - das Grab von Carine. Von nun an... - Aber sie könnte ihn noch beschmutzen... Man weiß, daß sich nach dem Tod der Körper entleert. Auf der Müllkippe angekommen, hat der Freund die "Idee, den Leichnam zu verbrennen, indem sie ihn mit dem Benzin aus dem Reservekanister übergießen (...). Er legt den Körper mitten auf den Müllplatz und steckte ihn mit seinem Feuerzeug an (...). M.D..., die dabeistand, konnte die beiden kleinen rosa Füße sehen, die unter dem Laken hervorguckten (...). Am nächsten Tag gingen sie wieder zur Müllkippe. M. D... entdeckte einen fast verkohlten kleinen Fuß, hob ihn auf und warf ihn weiter weg auf einen Haufen..." Der Fuß als Zeuge, als Fetisch.
Der Freund benachrichtigt die Polizei vom Verschwinden Carines.
Ein Jahr später geben sie die Tat zu. "Bei den Nachforschungen, die aufgrund ihrer Angaben gemacht wurden, fand man menschliche Knochen zwischen zahlreichen tierischen Abfällen: Teile des Schädels, einen Unterkiefer und den Teil eines langen Knochens: dieser wurde von den Sachverständigen dem Skelett eines 3-5 jährigen Kindes zugeordnet. Es war kein

Zweifel, daß es sich um die Reste von Carines Körper handelte." Überreste eines vollkommenen Opfers. Die Reste des Körpers sind noch da, um zu bezeugen, daß die Mutter einmal eins mit ihrer Tochter gewesen ist (eine Art Brutkasten, in dem ihr Körper geformt wurde und Kräfte gewonnen hat, um der Trennung und der Manipulation zu widerstehen). Der Liebhaber wird auf Verlangen der Mutter der Mörder des kleinen Mädchens... Wenn sie den Liebhaber mit einer größeren Tochter kennengelernt hätte - fast einer Kopie des mütterlichen Körpers, nur jünger und zarter... - dann hätte das Opfer nicht zum Mord geführt. Der Körper mußte vor den Blicken des Mannes verschwinden, weil er ihn nicht berühren konnte, wie er es gerne getan hätte. Das Opfer hätte zu einer anderen Beziehung des Körpers - der dem mütterlichen ähnelt - mit dem Geliebten der Mutter geführt. Er hätte sie weder geschlagen noch getötet. Er hätte sie einfach vergewaltigt, ohne sich dessen bewußt zu sein, weil sie ja ein Geschenk der Mutter, eine Liebesgabe, gewesen wäre. Vorübergehend dem Vater übertragene und von ihm ausgeführte Züchtigung. Körperliche Bestrafung des kleinen Mädchens durch den Geliebten. Kindesmord... Wenn er sie nicht getötet hätte, hätte er sie dann vergewaltigt? Er schlug sie aus Angst vor dem Inzest - die Mutter hat ihm die Rolle des Vaters übertragen, damit er nur der Liebhaber der Mutter sei - wenn er sie tötet, so regelt der Tod das Problem. Er trennt sich für immer von dem Körper des kleinen Mädchens. Dieser Körper wird mit seinen weiblichen Formen und Gesten nicht mehr gegenwärtig sein, und er wird nicht wachsen, um der Körper einer Frau zu werden.

DIESES KLEINE MÄDCHEN HATTE EIN VERWIRRENDES BENEHMEN

Sie denkt nur an das

Die Mutter von Antoinette mißhandelt ihre Tochter selbst, weil sie ihrem Geliebten nicht den Platz des unbekannten Vaters ihrer Tochter eingeräumt hat. Sie ist die Mutter. Der Mann, der mit ihr zusammenlebt, ist ihr Liebhaber, und er darf überhaupt keine Autorität auf ihre Tochter ausüben. Sie spielt nicht das Spiel der Frauen, die ihre Tochter dem Geliebten anbieten und ihn als Vater ansehen. Sie steht vor einem anderen Problem, nämlich dem, daß ihre Tochter, die sie jahrelang von sich ferngehalten hat, wie im Exil – Exil des Körpers, Mutter und Tochter sind sich körperlich fremd – die hin und hergeschubst wurde, und die nun zurückkehrt und keine andere Ausdrucksweise hat, als die ihres kleinen neunjährigen Mädchenkörpers, der sich unter den Augen des Geliebten im Hause der Mutter bewegt. Der Polizeibericht, der mit Akribie und Genauigkeit die Tatsachen, Indizien, Anzeichen und Gegenstände beschreibt... berichtet auf seine polizeiliche Art über diese besondere Geschichte zwischen Mutter, Tochter und Liebhaber der Mutter. Diese Geschichte, die gleichzeitig einmalig und doch allgemeingültig ist, könnte hier die Geschichten von kleinen Mädchen, die Opfer ihrer Mutter, des Geliebten der Mutter, des Stiefvaters oder des

Vaters sind, einleiten.
Die Mutter: "Wenn ich sie pinkeln höre; weiß ich, daß sie gesündigt hat..."
Der Stiefvater: "Ich betrachte sie als meine Tochter. Sie nennt mich Papa."
"Die Polizei soll so oft wie möglich bei frischer Tat einschreiten, was dem Polizeiinspektor einen Teil der Rechte des Untersuchungsrichters einräumt: Durchsuchungen, Beschlagnahmungen, vorläufige Verhaftungen (...) Der Zeitraum für das Eingreifen bei frischer Tat liegt bei 24 oder 48 Stunden: Die Polizei muß also im Falle von Kindesmißhandlung innerhalb dieser 24 oder 48 Stunden so viel Belastungsmaterial wie möglich sammeln und zu allererst den Körper der Opfer untersuchen. Spuren von Gewalt sollen genau beschrieben werden: ihre Art, die Farbe und an welcher Stelle sie sich befindet. Diese Spuren sollen so oft wie möglich und manchmal auch in Farbe photographiert werden (...). Die Gegenstände, die zur Ausübung von Gewalt gedient haben, wie Stöcke, Klopfpeitschen, elektrische Drähte, Gürtel, Feuerhaken, Bügeleisen... sollen beschlagnahmt werden, damit sie bei den Vernehmungen den verschiedenen Zeugen, den Richtern und eventuell auch während der Gerichtsverhandlung den Schöffen vorgelegt werden können ..." So steht es in einem Bericht (für eine Konferenz über die innerfamiliäre Gewalt) über die Rolle der Polizei und ihr Verhalten in der Praxis zum Thema Kindesmißhandlung.
Die Polizeibeamten halten sich strikt an diese Anweisungen. Die Photos von Antoinette, einem kleinen neunjährigen Mischlingsmädchen, decken sich mit der Beschreibung des Körpers, der von Mißhandlungen gezeichnet ist:

- Kratzwunden im Gesicht
- Verbrennungen im Gesicht, weiße Flecken
- Weiße Narben an den Armen
- An den Fingern der linken Hand noch offene kleine Wunden

- Lange Narben auf den Handgelenken
- Feine Narben zwischen den Fingern
- An den Beinen: 3 cm lange und einige Millimeter breite Narben und Schorf.

Antoinette ist das 6. Kind einer jungen Frau aus Martinique, die Krankenhelferin in einer Klinik ist. Sie ist das uneheliche Kind aus einer 3. Verbindung und ihre Mutter hat sie mit 9 Monaten der Fürsorge übergeben. Drei Kinder sind schon von der Fürsorge untergebracht. 2 leben bei der Großmutter in Martinique. Die Mutter bekommt einen Sohn von dem Freund, mit dem sie seit 7 Jahren zusammenlebt. Das kleine Mädchen hat 8 Jahre bei einer Pflegefamilie im Departement Yonne verbracht. Die Mutter verlangt es zurück. Einige Monate später wird ihr ihre Tochter "zurückgegeben". Sie ist ein schwieriges kleines Mädchen. Ihre Mutter will sie dressieren. Sie züchtigt sie selbst. Sie bittet nicht den Mann, das zu tun. Die Mütter von den Antillen wenden sich selten wegen der körperlichen Züchtigung an den, mit dem sie zusammenleben, besonders dann nicht, wenn er nicht der Vater des Kindes ist. Sie haben die elterliche Gewalt über das Kind - meistens erkennen sie es an und geben ihm ihren Namen - und legen Wert darauf, daß es ihnen gehorcht und sie respektiert... Der Mutter von Antoinette gelingt das nicht. Der Polizeiinspektorin erzählt sie: "Sie lügt sehr viel. Ich bin gezwungen, sie zu bestrafen. Sie unterschreibt ihre Hefte... Ich schlage sie oft deshalb... Sie guckt mir gerade in die Augen und lügt mich an. Meine Tochter mag mich nicht, weil ich sie in der Schule antreibe. Ich habe ihr keine Stiefel gekauft, und ich habe das dunkelblaue Kostüm zerrissen, das ich ihr gekauft habe, anstatt sie auszuschimpfen oder zu schlagen... Ich habe nicht gesehen, daß sie lasterhaft ist, aber wenn ich sie pinkeln höre, weiß ich, daß sie gesündigt hat. Sie denkt nur an das. Meine Tochter hat mir erzählt, daß sie mit dem Mann der Pflegemutter geschlafen habe. Ich habe an die Fürsorge geschrieben...

Die Mutter gesteht, daß sie die Urheberin der Schläge gewesen sei. Sie wiederholt, daß sie gezwungen sei, sie zu schlagen. Aber sie möchte im Grunde nur den verführerischen kleinen Mädchenkörper entstellen, verstümmeln und verletzen. Hat Antoinette versucht, ihren Pflegevater zu verführen? Ihre Mutter schreibt einige Zeit nach ihrer Rückkehr an die Pflegeeltern und beschuldigt den Pflegevater "mit ihrer achtjährigen Tochter geschlafen zu haben, um ihre Puppen und die Nahrung zu bezahlen." Sie fügt hinzu, "daß die kleine Negerin ihn geil gemacht habe und daß Antoinette sexuelle Beziehungen mit den Nachbarn und den Schulkameraden gehabt habe." Nachforschungen bei den Pflegeeltern. Medizinische Untersuchungen des kleinen Mädchens. Es ist Jungfrau. Es ist die Mutter, die die Geschichten aufbringt, um ihre Schläge zu rechtfertigen: ihre Tochter wurde ihr lasterhaft und verdorben, besudelt und entjungfert wiedergegeben. Man hat ihr kein kleines Mädchen, sondern eine kleine Hure wiedergegeben. Die Mutter und der Freund beschuldigen Antoinette sexueller Vergehen, damit sie sie mißhandeln können. Sie verlangt Stiefel, sagt die Mutter und gleichzeitig: sie hat eine komische Art zu pinkeln... Der Stiefvater, wie die Mutter, sieht in ihr den Dämon des Bösen, die Perversion... Dem Polizeiinspektor, der ihn verhört, berichtet er: "Seit ihrer Ankunft habe ich festgestellt, daß sie ziemlich starrköpfig, schwer zu erziehen und sogar lasterhaft ist. Wir haben festgestellt, daß sie ein verwirrendes Benehmen hatte. So ging sie 6 - 7 mal pro Tag auf die Toilette. Von ihrer Mutter ausgefragt, sagte sie, daß sie sich oft streichele und ich bin überzeugt, daß sie das Bedürfnis dazu hatte... Ich habe begriffen, daß ich mich vor diesem Mädchen, das mir gegenüber ein provozierendes und verwirrendes Benehmen an den Tag legte, in acht nehmen müßte...

Ich habe niemals die Wunden gesehen, die Antoinette an den Beinen hat. Da ich die verdorbene Art des kleinen Mädchens kenne, schaue ich sie nie an. Ich habe mich immer von ihr fern gehalten."
Ich betrachte sie als meine Tochter und sie nennt mich Papa."
Die Verwirrung des Stiefvaters, der den Charme des kleinen Mädchens so sehr fürchtet, daß er es nicht ansehen will... die Angst, die er vor seinem Begehren hat... All das kommt in den beiden Berichten über Antoinette deutlich zum Ausdruck. Aber es ist die Mutter, die schlägt und der Stiefvater, der die Augen vor den Schlägen und dem Körper des kleinen Mädchens verschließt. Mutter und Tochter als sexuelle Rivalinnen. Ist es die Mutter, die die Tochter provoziert? Solange die Tochter unter der mütterlichen Vormundschaft steht, hat die Mutter die Gewalt über ihren Körper und dieser muß bestraft werden, weil er so früh den Platz des mütterlichen Körpers einnimmt. Sie ist eine Frau in den Augen des hier anwesenden Mannes, der sich dem kleinen Mädchen gegenüber blind stellt aus Angst vor dem Inzest: Sie nennt ihn Papa, und er sagt, sie sei seine Tochter. Also schlägt die Mutter ihre Tochter, um in ihrem Körper diese mögliche Aufforderung an die Sinneslust zu zerstören. Sie schlägt und mißhandelt sie, wie sie es mit einer Frau machen würde oder wie sich zwei kleine Mädchen schlagen würden: sie beißt, kneift, reißt an den Haaren und zerkratzt das Gesicht...
Es ist Verbrechen aus Leidenschaft. Oder man erkennt zumindest die Anfänge davon: Verbrennungen im Gesicht – die mit Vitriol entstellten Gesichter der Rivalinnen gehen oft als Schlagzeilen durch die Sensationspresse – Schläge auf die Augenlider – die Augen auskratzen ist auch eine der uralten Eifersuchtsphantasien, die Augen, die eine erotische Wirkung haben, sollen zerstört werden. Antoinette erzählt der Inspektorin, die sie verhört, von ihrer

Mutter. Es gibt viele Frauen in der Abteilung zum Schutz Minderjähriger. Für Mißhandlungen, Vergewaltigungen und Inzest haben die Frauen "mehr Einfühlungsvermögen. Es ist einfacher von Frau zu Frau zu sprechen oder mit kleinen Mädchen und Jugendlichen. Es ist besser, wenn sie verheiratet sind und Kinder haben...", betont ein Hauptkommissar. Die Polizeiinspektorinnen fragen also Mütter und Töchter aus. "Man muß versuchen," so sagt die eine, "mit dem Mädchen ein mütterliches Verhältnis herzustellen. Sie von ihren kleinen Angelegenheiten sprechen lassen... Bei den größeren muß man das Vertrauen gewinnen, damit sie wie zu einer älteren Freundin sprechen." "Mit den Müttern", sagt eine andere, "ist es schwieriger. Sie wollen nicht immer gestehen... Aber bei einer, die wegen Kindesmißhandlung oder -mord da ist, weiß man sofort, ob man es mit einem harten oder weichen Charakter zu tun hat. Ich persönlich schätze es mehr, wenn die Verhöre nicht einfach sind. Wenn die Person nichts sagen will, wenn man sie in die Ecke treiben muß, damit sie endlich die Katze aus dem Sack läßt, damit sie die Tatsachen gesteht..." Im Bericht über die Rolle der Polizei stand: "Wenn die polizeiliche Untersuchung auch als Hauptziel hat, die Tatsachen der begangenen Straftaten zusammenzustellen, so hat sie trotzdem die Aufgabe, die Entwicklung des Delikts bis hin zur Tat zu verfolgen und die Beweggründe, die dazu geführt haben, festzustellen." Die Inspektorinnen gehen trotz des Einfühlungsvermögens, das die Vorgesetzten bei ihnen voraussetzen, genauso vor, wie die anderen Polizeibeamten: es handelt sich darum, in kürzester Zeit ein Maximum an Geständnis zu erlangen und für die Übereinstimmung der Tatsachen mit dem Tatsachenbericht zu sorgen.

Zu einer Frau, die ihr zuhört, um sie vor ihrer Mutter zu schützen, spricht sie ganz ausführlich, gibt alle Einzelheiten an und berichtet gerne von den Mißhandlungen, ohne daß die Polizeibeamtin zu besonderen Ausfragetechniken greifen muß. Antoinette hat das Bedürfnis, zu sagen, daß ihre Mutter eine schlechte Mutter ist: "Ich war in einer Pflegefamilie, und meine Mutter hat mich dort im Juli 1975 weggeholt. Ich sah sie zum ersten Mal und habe gesagt: "Guten Tag, Madame." Zu Anfang war meine Mutter nett. Sie kaufte mir Sachen. Und dann hat sie angefangen, mich zu schlagen... Sie sagte, ich sei eine Lügnerin und schlug mich, biß mich, stieß mich mit einer Gabel und zog mich an den Haaren... Vor 3 Wochen ungefähr hat sie mir kochendes Wasser ins Gesicht geschüttet. Manchmal kratzte sie mich ins Gesicht und drückte ganz fest mit ihren Nägeln auf meine Augenlider. Es tut jetzt noch weh. Einmal hat sie mich in meinen linken Schenkel gebissen. Auf das linke Handgelenk hat sie mich mit einem Messer geschlagen und mich gebissen. Sie hat mich mit einem Hockerbein verprügelt, und dabei ist das Bein kaputtgegangen." In den Akten steht, daß ein Kleiderbügel und ein Hockerbein beschlagnahmt wurden: bei der Verhandlung wird man sie neben dem Gerichtsvorsitzenden liegen sehen können. Der vorsitzende Richter wird sie den Journalisten und dem Publikum auf den Bänken und hinter der Barriere zeigen. "Meine Mutter schlug mich mit dem Messer zwischen die Finger..." In den Akten sieht man ein Photo von der nackten Antoinette. Sie ist überall dort gezeichnet, wo sie es berichtet hat. Sie hat lange, gleichzeitig runde und muskulöse Schenkel. Schenkel, in die die Mutter hineinbeißt und die der Stiefvater nicht sehen will. "Zu Hause wusch ich meine Wäsche, machte den Abwasch, kaufte ein und kümmerte mich um meinen kleinen Bruder." Der kleine Bruder ist der anerkannte Sohn, von dem, der mit der Mutter zusammenlebt. Er wird nicht mißhandelt. In dem Bericht steht, daß, als er von der Polizei abgeholt wurde, um vom Jugendrichter woanders untergebracht zu werden, "er großen Kummer ge-

zeigt habe, weil er von seinen Eltern getrennt wurde (seine Mutter brachte ihn zur Schule)... und daß die Eltern zornig reagiert hätten..."
Antoinette fährt fort: "Mein Papa hat zu meiner Mutter gesagt, sie solle mich nicht schlagen, sondern mich wieder zur Fürsorge geben... Meine Mutter hat mich beschuldigt, mit einem Mann geschlafen zu haben... das ist nicht wahr..."
Sie wird von neuem in ein Heim gebracht.
Sie schreibt an ihre Pflegeeltern, um sie zu besuchen.
Die Pflegemutter fragt, ob das kleine Mädchen die Ferien bei ihr verbringen kann.
Antoinette lebt in einem Heim in der Nähe ihrer Pflegeeltern. Sie wird für die Ferien dorthin fahren.
Sie ist doppelt gezeichnet: Antoinettes Körper ist voller Narben, die ihr von der mütterlichen Hand als Strafe für den frühreifen kleinen Mädchenkörper - den die Mutter lasterhaft nennt - beigebracht wurden, weil dieser Körper die Zeichen der Weiblichkeit aufweist, vorzeigt und anpreist; sie ist schwarz bei weißen Pflegeeltern auf dem Land. Man erkennt in den Phantasien der Mutter, die schreibt: "Sie ist eine kleine Negerin, das macht sie geil", den Mythos von der Frühreife der farbigen Frauen, von der Anziehungskraft der kleinen, exotischen, viel früher entwickelten Mädchen - aus Lateinamerika, Afrika und von den Antillen - auf die Weißen, auf die Männer.
Andererseits ertragen es die jungen, unverheirateten Mütter von den Antillen nicht, daß ihre von Geburt an weggegebenen kleinen Töchter 'weißer' aus einer Pflegefamilie zurückkommen. In diesem Fall erkennt die Mutter ihre Tochter nicht an, gerade weil sie von Weißen erzogen wurde und die eigene Hautfarbe, die der Mutter, vergessen hat. Deshalb quält eine junge Frau ihre Tochter, die sie nach dreijährigem Aufenthalt bei den weißen französischen Großeltern zu sich zurückholt, damit sie endlich

sagt: "Ich will bei Dir bleiben" und nicht mehr "ich will dort bleiben..." Sie beißt sie, verletzt sie im Gesicht, an der Stirn - und näht die Wunde selbst, da sie Krankenhelferin in einer Klinik ist - schlägt sie mit Gabeln und Gardinenstangen... schließt sie in einen Schrank unter dem Abwaschbecken in der Küche ein... und tötet sie schließlich. Dann schreibt sie ihrem Freund einen Zettel: "Meine Tochter ist tot. Es ist von den Schlägen, die ich ihr gestern gegeben habe... Verzeih mir, ich wollte nur, daß sie zu mir sagt: "Ich will bei Dir bleiben..." Ich habe sie getötet, ohne ihre Antwort zu bekommen, verzeih mir..."
Ein anderes kleines, vierjähriges Mädchen sagt zu seiner Mutter, wenn sie mit ihm redet (das Kind weigert sich, zu sprechen, zu essen und zu spielen), daß sie nicht schön sei: "Sie sagt zu mir: 'Du bist nicht schön'." 8 Monate nach seiner Rückkehr wird das Kind mit Blutergüssen und -blasen ins Krankenhaus gebracht... Oder wie dieses andere zweijährige Kind, das mit schweren Verbrennungen am Hinterteil ins Krankenhaus kam: Seine Mutter sagte: "Sie mag nur Weiße. Sie wurde von einer Weißen erzogen..."
Wenn Antoinette, die wie die Sklaven gebranntmarkt wurde, dieser ihrer Geschichte entkommen kann, von der sie schon gezeichnet ist: der Geschichte mit ihrer Mutter und dem Liebhaber ihrer Mutter, die ihr Schicksal ebenso bestimmt, wie ihre Hautfarbe, der Geschichte mit ihren Pflegeeltern und dem Konflikt Mutter - Pflegemutter, der nie geregelt wird... Wenn Antoinette ihre Pflegeeltern nicht mit 14 oder 15 Jahren verläßt, weil sie dort erstickt... Wenn sie nicht auf der Landstraße oder nachts in den Straßen der Stadt angesprochen wird... Wenn sie nicht in ein Heim gesperrt wird... Dann hat sie den Lauf ihrer Geschichte durch eine Gewalt verändert, die sie nicht gegen sich selbst gerichtet hat.

Die Liste von den Festnahmen und Ausbrüchen, den Versuchen der Wiedereingliederung und den Widerständen bei der Suche nach einer Identität kann lange sein. Sie wird vielleicht auch versuchen, ihre Mutter wiederzufinden, denn die hat ihre Lebensgeschichte nachhaltig beeinflußt. Die Mutter ist der Ursprung...
Aber das ist nur eine Hypothese...

Heranwachsen unter den Augen des Vaters

Es ist der Vater, der seiner Tochter das Recht einräumt, Frau zu sein. Wie in den patriarchalischen und feudalen Gesellschaften wendet der Herr und Meister, der Vater, selbst wenn er nicht bei seinen Frauen lebt, diese Gewalt an. Und wenn in den westlichen Gesellschaften diese Gewalt weiterhin besteht, dann kann sie in der Familie noch am besten gedeihen, da die kaputtesten Familien durch Solidarität, Verschwiegenheit und Mitwisserschaft zusammengehalten werden. Durch dieses Zurückgreifen auf eine archaische, erst seit kurzem stark erschütterte Gewalt, zeigt der Vater seine Macht über seine Frauen: seine Frau und seine Töchter. Er ist so aufmerksam gegenüber seinen Frauen, um sie vor der von außen kommenden Verunreinigung zu schützen, daß er sie einsperrt und überwacht... Er, nur er entscheidet, wann der günstige Augenblick für ein Überwechseln in eine andere Welt gekommen ist: Die Straße, die Arbeit, die Männer, die Liebe... Nach der Mutter und der Kleinkindphase kommt er als der beschützende, belehrende und aufklärende Vater. Wenn das Mädchen 6 oder 7 Jahre alt ist, wird er es nicht mehr wie ein am Rockzipfel der Mutter hängendes Baby betrachten, sondern wie ein kleines Mädchen, das man formen, erziehen und aufklären kann. Dieses Mal

ist er es und nicht die Mutter, der die körperliche Beziehung zur Tochter herstellt, ohne Schläge. Der Körper seiner Tochter gehört ihm, ihre Geschlechtsteile auch. Er sagt, daß er ihre sexuelle Erziehung selbst in die Hand nehmen will. Daß er ihr auch das beibringen will, damit sie Bescheid weiß, wenn sie einmal das väterliche Haus verläßt. Der Stiefvater, der vor dem Gesetz der Vater geworden ist, handelt mit den gleichen Argumenten. Damit das Mädchen keine Besudelung von außen erfährt, schließt es die Familie in ihrem Kreis ein und schützt es gegen seine eigenen Wünsche; und der Vater drückt dem Körper mit seinem eigenen einen Stempel auf, um es besser an einen schwankenden und unsicheren Ort zu binden und um es in einer gespaltenen Welt gefangen zu halten. Es wird für immer dort fixiert und seine körperlichen Wünsche werden von der Familie und dem Vater erstickt, um so mehr als alles rundherum in Scherben zerfällt.
Dieses finden wir in den Geschichten von Malika** und ihrer algerischen Mutter und in der von Atika, einem kleinen, in Frankreich geborenen, marokkanischen Mädchen, wieder. Warum über Araberinnen schreiben? Weil das Exil, in dem sie leben, ihre Ängste als Mütter und Ehefrauen vervielfältigen und sie den "Boden verlieren". Im Exil leben sie in einer Gesellschaft, in der die Traditionen, denen sie hoffnungslos unterworfen sind, unbekannt sind, und wo sie andererseits von dem fasziniert sind, was ihnen eine andere Kultur bietet, in der die Frauen einen anderen Platz einnehmen und auch außerhalb des Hauses etwas zu sagen haben. Sie sind allein mit ihrem Mann, ohne den Kreis der Frauen aus der Familie, in ihren Grundlagen erschüttert, und dem Mann und seinen Gesetzen doppelt ausgeliefert...
Die Französinnen, die in bestimmten sozialen Randgruppen leben, erleben auch diese Situation wie im

Exil. Ohne Herkunft oder Wurzeln und immer auf der Suche danach, irren sie umher und leben gegen jede Vernunft, weil sie vielleicht in einer Scheinwelt leben.

Hier verliere ich den Boden unter den Füßen

Wird Malika von ihrer Mutter geschlagen, damit sie ihrem Vater nicht mehr gefällt, so wie Antoinette geschlagen wurde, um sich vor den Blicken des Mannes im Hause zu verstecken? Vielleicht versucht die Mutter, die vom Gesichtspunkt des Mannes aus eine Frau in ihrer Tochter sieht, jenseits einer traditionellen Rivalität, ihrer Tochter eine Identität zu bewahren, die sie für sich selbst nicht hat bewahren können. Diese Identität - eine Frau zu sein und nicht nur ein sexuelles Objekt in den Augen eines Mannes, sei es nun der Vater oder nicht - sucht die Mutter für sich selbst und mit Gewalt für ihre Tochter. Der Fall von Malika ist exemplarisch, weil die algerische Mutter die gleichen Probleme wie andere Frauen, die nicht so stark entwurzelt sind wie sie und die ihre Töchter ebenfalls mißhandeln, viel intensiver erlebt. Diese Situation gibt Aufschluß über andere, ähnliche Situationen, wo aber die Mutter - Tochter Beziehung weniger auffällig ist. Die Mutter ist eine junge, nach Frankreich verpflanzte, Algerierin. Sie hat einen um 16 Jahre älteren Ehemann (als sie geheiratet hat, war sie 16 und er 32 Jahre alt). Mit 21 Jahren bekommt sie das 4. Kind. Sie lebt im Hinterzimmer eines Cafés, aus dem sie nie herauskommt. Sie ist eingesperrt mit ihren Kindern; Empfängnisverhütung, sowie Spazierengehen, Einkaufen und zum Friseur gehen sind ihr von ihrem Mann verboten worden. Als Mohamedanerin in Algerien hätte diese junge Frau ihren Platz in einem sozialen und kulturellen Gefüge gefunden und die gleichen Verbote ertragen wie die anderen Frauen. In Frankreich, im Exil, isoliert und von ihren Wurzeln, ihrer Mutter und der Tradition abgeschnitten, ist sie allein und als Frau am falschen Platz (ein Hinterzimmer in einem Café ist kein Platz für eine algerische Frau). Sie lebt in einer Stadt, in der sie überall von Darstellungen der Frau an den Wänden, auf der Straße und in den Gängen der U-Bahn beleidigt wird. Wie kann sie sich einordnen, wo ist ihr Platz, welches ist ihre Identität? Sie lebt hier, sie kann nicht mehr eine, in einem Zimmer ohne Sonne eingesperrte Frau bleiben, die jedes Jahr ein Kind bekommt, die von ihrem Mann geschlagen wird, weil sie ihm gehorchen muß und sich weigert. In der traditionellen Rolle der mohamedanischen Frau ist sie dem Manne untergeordnet. Aber sie lebt hier, ohne Haus oder Hof, wo sie ihre häusliche Macht inmitten anderer ihre Sprache sprechender Frauen ausüben könnte, hier will sie so nicht mehr leben. Also schlägt sie Malika, ihre kleine Tochter, ihr zweites Kind. Es ist der Liebling des Vaters, dessen auswählender, männlicher Blick aus ihr eine Frau nach dem Bild seiner Mutter macht – gute Mohamedanerin, gute Ehefrau, gute Mutter – so wie die im Exil lebende Mutter sie von nun an nicht mehr sehen will. Diese Weiblichkeit, die der Mann als einzige Identität bei seiner Frau und seiner Tochter anerkennt, erträgt die Mutter nicht mehr, weder für sich selbst, noch für ihre Tochter, die der Mann gefühlsmäßig (sexuell?) für sich auserwählt hat. Sie schlägt ihre Tochter, damit sie in gewisser Weise dieser beschränkten Weiblichkeit entkommt und paradoxerweise, damit sie nicht wie sie selbst eine mißhandelte Frau wird, weil sie diese vom mohamedanischen Mann verlangte Weiblichkeit nicht akzeptiert. Bevor sie selbst aufmuckt, zeigt sie ihre Auflehnung, indem sie Malika mißhandelt, damit sie hier ihren Platz, ihre Identität als Frau und eine Unabhängigkeit findet, die sie frei macht von der häuslichen, familiären und religiösen Überwachung... So könnte man die Gewalt der Mutter gegen die Tochter verstehen, die parallel zu dem Wunsch verläuft, sich von den ehelichen Zwängen zu befreien. Ganz allmählich verläßt sie das Zimmer hinter dem Café, geht in den Straßen spazieren und kleidet sich so, wie die Frauen hier... Sie bekommt nicht mehr jedes Jahr ein Kind. Und Malika? Der Einsatz für diese Geschichte mit sich selbst? Die Mutter spricht mir ihr, erzählt ihr und sagt ihr, warum sie sie schlägt. Nach und nach verschwindet die Bettnässerei des kleinen Mädchens (die Mutter ist in psychotherapeutischer Behandlung). Aber als Malika 10 Jahre alt ist (sie war 3 Jahre alt, als sich die Mutter zum ersten Mal in stationäre Behandlung begab, und sie hat 18 Monate in einem Heim verbracht) wird ein starker schulischer Rückstand festgestellt. In der Schule ist sie isoliert und wird abgelehnt. Sie ist ängstlich und gehemmt und hält sich bei dem kleinsten Vorwurf der Lehrerin die Hände vors Gesicht. Sie ist mißtrauisch und wird von den Klassenkameraden nur schwer akzeptiert. Ihre Mutter sagt, sie sei das einzige von ihren Kindern, das sie belügt und das schwierig sei. Als Tochter von im Exil lebenden Eltern, geschlagen und mißhandelt von einer Mutter, die genau mit dieser Gewalt gegen die Tochter die eigenen Identitätsprobleme lösen wollte, gefangen in den Widersprüchen, die die Mutter erlebt hat, zerrissen zwischen der Muttersprache und der Sprache ihrer möglichen Emanzipation, erlebt sie schon jetzt die Unmöglichkeit, hier Wurzeln zu fassen, auf der Suche nach einer weiblichen und kulturellen Identität... In den Mütterheimen gibt es genauso viele junge Araberinnen, wie Mädchen von den Antillen. Die kulturellen Probleme sind nicht die gleichen. Die Mädchen von den Antillen weigern sich oft, Verhütungsmittel zu neh-

men, aber die Mutterschaft ohne Trauschein wird nicht als Unglück oder Schande angesehen. V... ist ziemlich repräsentativ für diese jungen Frauen, die von Übersee und besonders von den Antillen nach Frankreich kommen.
V... ist 18 Jahre alt. Sie ist ins Mütterheim gekommen, als sie schon mehrere Monate schwanger war. Sie erzählt:

> Dort in Martinique ist man streng zu den Kindern... Meine Mutter hatte 13 Kinder. Ich ging nicht oft zur Schule. Ich habe bei einer Frau gearbeitet. Ich hütete die Tochter ihrer Tochter - ihre Tochter ging noch zur Schule - und außerdem sollte ich die Tochter wegen der Männer überwachen. Das gefiel mir nicht. Da bin ich weggegangen.
> Mit 15 bin ich nach Frankreich gekommen. Nach Paris zu meiner Schwester. Ich bin zu Hause geblieben, um mich um ihren Sohn zu kümmern. Meine Schwester ließ mich nie allein aus dem Haus gehen. Ich war immer eingeschlossen. Sie war böse zu mir. Sie sagte, ich würde Dummheiten machen... Ich verließ das Viertel nicht. Niemals bin ich in Paris spazieren gegangen. Wir zankten uns die ganze Zeit. Wegen nichts. Ich habe einen Jungen aus Martinique kennengelernt. Ich hatte im Radio und im Fernsehen von der Pille gehört, aber ich wollte sie nicht nehmen. Wir haben uns so durchgewurstelt...
> Er hat mir gesagt, ich solle es wegmachen lassen, weil ich zu jung wäre. Aber ich wollte es nicht töten. Es ist, als ob ich es töten würde... Ich hätte es fast mit meinen Händen getötet... nein, das wollte ich nicht... Ich habe es meiner Schwester nicht erzählt. Ich bin hierher gekommen. Die Fürsorgerin hat es mir gesagt. Er ist mit einer anderen zusammen. Er kann nicht heiraten. Ich gehe in ein Heim mit dem Kind. Ich werde ihn nicht jeden Abend sehen, das ist gut. Ich will nicht mehr

in mein Land zurückkehren. Zu meiner Mutter zurückgehen, nein, das will ich nicht. Ich bleibe hier. Ich gebe ihm meinen Namen. Wenn er es anerkennt, könnte er es mir wegnehmen...
Ich habe meine Schwester mit ihrem Kind gesehen, also habe ich Lust bekommen, das gleiche zu machen. Ich hätte gerne eine Tochter, aber wenn man unverheiratet ist, ist ein Junge besser. Das ist einfacher. Ein Mädchen wird groß, man muß auf es aufpassen, es macht Dummheiten... Dann geht es mit Jungen und wenn es zu jung schwanger wird, wenn es nicht heiraten kann, dann ist es eine unverheiratete Mutter. Also sage ich: ein Junge...
(Sie wird ihr Kind 1978 bekommen.)

Die Araberinnen haben große Schwierigkeiten mit einer außerehelichen Schwangerschaft. Es kommt vor, daß sie sogar im Mütterheim vom Vater oder Bruder Todesdrohungen erhalten und daß sie sich gezwungen sehen, bei der Niederkunft die Identität zu wechseln. Der patriarchalische Druck ist so stark, daß sie manchmal das Kind weggeben. Es kommt selten vor, daß sie allein mit dem Kind leben oder mit ihm in ihre Familie zurückkehren. Wie wird die kleine Malika mit diesen Widersprüchen fertig werden? Die Vorstellung der Jungfernschaft ist so stark, so prägend in den arabischen Familien, daß sie schmerzhafte Erfahrungen mit ihrem Körper machen wird: sie lebt hier, in einer Gesellschaft, in der die sexuelle Freiheit fast zur Pflicht geworden ist. So wird sie in beiden Fällen Schuldgefühle entwickeln: wenn sie heimlich sexuelle Beziehungen hat, die durch eine Schwangerschaft bekannt werden..., wenn sie andererseits noch Jungfrau ist... Oder aber sie wird, wie ihre Mutter, nach der Wahl des Vaters früh verheiratet... Wenn nicht der Vater die Einführung in die Sexualität selbst übernimmt, wie es so oft in diesen geschlossenen Familien geschieht, wo die Überwachung des Vaters ständig präsent ist, weil er der Hüter der Jungfräulichkeit seiner Tochter ist. Dieses weibliche Verhalten von der Verführung des Vaters und das, was in der Geschichte von Malika folgt, findet man weniger krass bei anderen kleinen Mädchen, die von ihrer Mutter geschlagen werden, weil sie mit dem Vater eine Geschichte haben, die die Mutter und auch die Tochter in Gefahr bringt. Ein Beispiel ist dieses kleine Mädchen, das von seiner Mutter mißhandelt wird, weil sie Angst hat, es bei jedem Bad zu ertränken. Sie hatte Angst, es zu berühren, weil sie es immer töten könnte. Also schlug sie es, um es weit weg von sich zu halten, um es durch seinen Körper zu erniedrigen. Als kleines Mädchen war sie weggegeben worden. Die Mutter hatte ein Glasauge, mit dem sie schlecht fertig wurde, und wenn sie von ihrer Tochter sprach, so entwertete sie sie, weil sie sich selbst gering einschätzte ... Sie sagt, so berichtet eine junge Kinderärztin, die sich seit langem mit mißhandelten Kindern beschäftigt: "Sie hat eine Macke... etwas fehlt ihr ..." Den Jungen hatte sie verschont. Das kleine Mädchen wurde 2 Jahre lang beobachtet. Als es wieder in seine Familie zurückkam, wurde es Bettnässerin und fiel auf der Straße hin. Es wurde bei einer Pflegemutter untergebracht und psychologisch behandelt. Es ist eine kleine Psychopathin. Die Mutter machte es für die Verschlechterung ihrer Beziehung zum Vater verantwortlich. Andere Mütter prügeln ihre Töchter, weil der Vater zu ihnen eine wärmere Beziehung hat, als zu seiner Frau. Eine Mutter zerkratzte und biß die Wangen ihrer Tochter. Beide Töchter wurden schwer mißhandelt und auch hier wurde der Sohn verschont.

Ich habe ihr die Schenkel ziemlich stark auseinandergerissen

Diese Geschichte einer jungen marokkanischen Mutter, die ebenfalls mit einem 15 Jahre älteren Mann verheiratet ist und allein mit ihrer kleinen Tochter in Frankreich eingesperrt lebt, ist verwirrend und eigenartig. Sie hat das Kind 1976 bekommen. Das Baby ist 3 Monate alt und weint oft. Die Mutter sagt, daß der Vater das kleine Mädchen sehr gerne mag. Seit der Geburt hat die Mutter Depressionen und würde das Kind am liebsten weggeben. Hinter dem Rücken des sie scheinbar tyrannisierenden Ehemanns verlangt die Mutter Empfängnisverhütungsmittel. Atika wird im Alter von 3 Monaten wegen einer starken Vaginablutung und eines Darmrisses ins Krankenhaus eingeliefert. Zwei Polizeiinspektorinnen begeben sich ins Krankenhaus, Zimmer 22, um den Tatbestand aufzunehmen: "Das Baby liegt in einem kleinen Bett. Es ist allein im Zimmer. Mit Hilfe der Schwester entkleiden wir es. Es hat Windeln um und seine Wäsche ist voller Blut. An seinem Geschlechtsteil ist getrocknetes Blut. Es ist rot, weil es mit Desinfektionsmittel behandelt wurde... Offensichtlich hat es sonst am Körper keine Spuren von Mißhandlungen. Es scheint sich in einem guten Allgemeinzustand zu befinden. Es hat eine matte, etwas dunkle Haut. Seine Haare sind schwarz und seine Augen sind hell." Bei der Hausdurchsuchung haben die beiden Inspektorinnen folgende Gegenstände beschlagnahmt:

- eine vier Mal zusammengefaltete Windel, die dunkelbraune Flecken aufweist,
- ein Baumwolleibchen
- einen mit bräunlichen Flecken beschmutzten wollenen Strampelanzug
- eine verschmutzte Windel

- zwei verschmutzte Binden
- eine dreieckige Windel, die voller Flecken ist
- ein Laken mit einem Flecken
- ein rosa Baumwolltuch mit Flecken

"Aus dem orangen Plastikbehälter für schmutzige Wäsche, der unter dem Eßzimmertisch steht, holen wir einen feuchten blauen Frotteewaschlappen, Marke "Prisu", der ausgewaschene, bräunliche und rote Flecken aufweist..."
Die Mutter hat nichts weggeworfen, gesäubert oder versteckt, sie hat alles dort gelassen, sichtbar ausgebreitet und voller Flecken.
Beim Verhör sagt die Mutter, daß sie die Nacht nicht geschlafen habe und daß sie wegen der Kleinen beunruhigt gewesen sei. Um 21 Uhr habe Atika ihr Fläschchen wieder ausgespuckt. Sie atmete stark, hustete, stöhnte und schrie ein bißchen. Am Morgen um 5 Uhr 45 verlor sie ihr Blut: "Als Sie mir gesagt haben, daß meine Tochter einen Dammriß hätte und daß sie verwundet sei, habe ich Angst bekommen und an sexuelle Sachen bei Frauen gedacht. Ich habe Angst gehabt, daß meine Tochter anschließend nicht mehr als Jungfrau angesehen würde. Das hat mich erschreckt. Für uns Mohamedaner ist das sehr wichtig für die Zukunft eines Mädchens..."
Erst nach der "Vorlage der besudelten Kleidungsstücke hat die Frau erklärt: 'Ich bitte Sie darum, meinem Mann nichts davon zu sagen. Er wird mich verstoßen, wenn er alles weiß. Das wird das Unglück unserer Ehe sein. Besonders, weil er die Tochter anbetet... Es war um 21 Uhr, in dem Augenblick, als ich die Windeln wechseln mußte. Meine Tochter wehrte sich, und ich schrie. Ich habe ihr die Schenkel ziemlich heftig auseinandergerissen und ihr Geschlechtsteil mit einem rauhen Tuch gerieben. Vielleicht bin ich mit meinem Finger in ihre Scheide geraten, ohne mir dessen bewußt zu sein. Ich wußte nicht, was ich tat. Ich war sehr aufgebracht. Sie

hat nicht geblutet. Erst am nächsten Tag. Ich habe meinem Mann nichts erzählt. Ich hatte Angst. Erst am nächsten Morgen habe ich Blut gesehen..." Die Inspektorin betont am Ende des Berichts: "Während des Verhörs hatte die Mutter mehrere Nervenanfälle, sie wälzte sich auf dem Fußboden und rief ihre Tochter... sie sagte, sie wäre von Dämonen besessen. Schließlich hat sie sich beruhigt."
Warum ist es für eine Frau, eine Mutter, bis zu diesem Ausmaß ein Alptraum, ein Angstzustand, daß ein kleines Mädchen ein Geschlechtsteil hat? Die Vulva eines kleinen Mädchens ist sichtbar und die Mutter berührt sie, wenn sie sie wäscht, abtrocknet und pudert... bis zu 10 Mal am Tag. Das Geschlechtsteil eines kleinen Mädchens ist faltig und man muß, so steht es in den Hygienehandbüchern, wie beim Hausputz, in die Ecken fahren und die grossen und kleinen Schamlippen auseinanderklappen und mit einem Lappen dazwischen, außerhalb und rundherum saubermachen... Wenn man diese genaue Reinigung nicht mehrmals täglich und besonders beim Windelwechsel durchführt, dann wird die Haut irritiert, es juckt, das kleine Mädchen weint, schreit, alles wird rot, und es entstehen Pickel, und wenn es keine Windeln umhat, dann legt es seine Hand dorthin, wo es kratzt... Die Mutter mag nicht, daß es sich dort berührt... Da sie es nicht mag, ihre Tochter dort, wo sie Frau sein wird, an der Vulva, zu berühren, wird das Wickeln für Mutter und Tochter zu einer Tortur. Die Tochter weint und schreit, und die Mutter regt sich auf. Und dann, ganz plötzlich, angesichts der Schenkel, die sie auseinanderreißt, und des offenen Geschlechts, dieses kleinen Loches einer Jungfrau, vergißt sie sich und wiederholt an ihrer Tochter die Verletzung, die sie sicher in ihrer Hochzeitsnacht erlitten hat. Sie entjungfert sie mit dem Finger.
Eine narzistische Verletzung.
Dies ist von allen Körperverletzungen, die von Müttern an ihren Töchtern verübt werden, die spektaku-

lärste, skandalöseste und auch die verwirrendste. Daß eine Mutter ihre Tochter entjungfert... Es ist vorgekommen, daß Männer ein Baby, ein kleines Mädchen, mit dem Finger oder dem Penis vergewaltigen, wir kommen später darauf zurück. Aber daß eine Frau auf diese Art ihre Tochter vergewaltigt... so zeigt sich vielleicht im Extrem, durch die Gewalt, die Zweideutigkeit der Mutter-Tochter Beziehung. Die unterdrückte und verwerfliche Erschütterung beim Anblick des Körpers von einem kleinen Mädchen, ihrer Tochter, der aus einem anderen Frauenkörper, dem der Mutter, hervorgegangen ist, mit den gleichen Formen und dem gleichen Geschlecht... und der schon jetzt in den Augen des Vaters und anderer Männer dazu ausersehen ist, genau wie die Mutter, einem Mann als Eigentum zu gehören... Ja, diese Erschütterung gibt es, und man spricht nie darüber. Die Frauen, die Mütter, wollen es vergessen und verdrängen es in ihr tiefstes Unterbewußtsein, in die Vorgeschichte ihrer Erinnerungen, um nie in die Gefahr zu kommen, es wieder hervorzuholen, und sie hüten sich sogar vor den Zärtlichkeiten, vor der Sanftheit eines kleinen Mädchenkörpers. Was macht ihnen Angst? Die Versuchung, ihnen ihre Jungfräulichkeit zu rauben, damit sie niemals, so wie sie selbst, ein Leben lang einem Mann, dem sie vergewaltigenden Ehemann gehören, oder dem Vater, der sie dem meistbietenden für den Preis ihrer Jungfräulichkeit verkauft, wenn er sie nicht selbst entjungfert hat.

D A S   G E H E I M N I S   D E R   S C H L A F -
Z I M M E R

DER INZEST

ER BETRACHTETE MICH ALS SEINE FRAU

Die Mutter ist gestorben. Oder einfach weggelaufen. Oder aber sie ist da, im Haus, aber sie existiert nicht. Man hört sie nicht, man sieht sie nicht, und sie sieht nichts. Und wenn ihre Tochter eines Tages zu ihr spricht, so hört sie kaum zu. Im übrigen haben sie nie viel miteinander gesprochen. Einige Worte über alltägliche Dinge, das ist alles. Das Mädchen wundert sich. Ihre Regel. Die Sexualität, ein Kind machen, das ist das? Ihre Mutter hat ihr nichts gesagt. Sie hat nichts gefragt. Sie hat, wie alle kleinen Mädchen, Dinge sagen hören über... beim Geflüster, unterdrücktem Gelächter, geheimnisvollen Mienen und verständnisvollen Blicken... Sie hat nie sehr gut verstanden. Sie hat keine Fragen gestellt. Das ist da irgendwo in ihrem Kopf geblieben, in ihrem Gedächtnis. Als sie es erfahren hat, hat sie gedacht: "Ach, ich wußte nicht, daß... ich dachte nicht... ich hatte es nicht richtig kapiert..." Wenn sie erzählt, sagt sie: "Als es passiert ist...", so wie die mißhandelnden Eltern von einem Unfall sprechen, wenn sie den Mord an ihrem Kind meinen.
Die Tochter spricht nicht immer mit der Mutter darüber, weil, so sagt sie, sie ihrer Mutter damit weh täte, weil sie ihre Mutter sei, eine Frau, und sie, die Tochter, ihrerseits durch den Vater, den Geliebten oder den Stiefvater im Bett der Mutter Frau und Mutter geworden sei... Sie kann es nicht sagen. Sie kann, wenn sie davon spricht, ihrer Mutter nicht sagen, daß sie im Ehebett und bei der Geburt wie tot ist und daß sie, die Tochter, die kaum

oder noch nicht in der Pubertät ist, ihre Tochter, von ihr geboren und für die Mutter noch ein kleines Mädchen, im Schlafzimmer ihren Platz einnimmt und nach dem Willen des Mannes mit ihm schläft, ihrem Mann, der im gleichen Haus wohnt und im gleichen Bett schläft... Wenn also die Tochter redet, so antwortet die Mutter: Lüge, Verführung, Provozierung, Laster. Schuldgefühle der Tochter: "Sie hat mir gesagt, es sei meine Schuld." Oder aber sie unterwirft sich und ihre Tochter blind und stumm der Autorität des Mannes, Vaters und Ehemannes: "Er ist der Chef, er bestimmt."

Aber der Feudalherr, der Patriarch, hat für sein tägliches Herrschen einen ständigen, getreuen und unerbittlichen Helfer nötig: Die Gewalt. Die gewöhnliche und tägliche Gewalt hinter verschlossenen Türen. Kein Bericht ohne Gewalt, Drohungen und Terror... Er ist der Chef, und dennoch... der Körper seiner Tochter gehört ihm, wie ihm auch von Rechts wegen der Körper seiner Frau, der Mutter seiner Kinder, der Mutter seiner Tochter, gehört. Er hat seine Blicke auf seine Tochter oder die Tochter seiner Frau gerichtet. Dieses kleine, aus einer Zufallsbekanntschaft entstandene Mädchen, daß er legitimiert und anerkannt hat, dem er oft seinen Namen gegeben hat wie ein Recht aufs Dasein... Er hat ihm Leben oder Namen gegeben: es lebt, es existiert auch mit seinem ganzen Körper in erster Linie für ihn. Und wenn der Körper ihm Widerstand leistet, wird er ihm Gewalt antun, um sein Recht durchzusetzen, denn er glaubt, daß ihm dieses Recht, das er fast von Geburt an besitzt, weil er ein Mann ist, zusteht. Selbst wenn er weiß, daß das Gesetz, in dessen Namen er diese, ihm von der Mutter zugestandene Autorität ausübt, ihn zwingt, sich unter Androhung von harter Strafe zu verstecken: wenn der Vater seine Tochter nicht wegläßt und sie für sich selbst behält, dann ist die Gesellschaft in Gefahr, und deshalb schützt sie sich dagegen. Der Vater, der von seiner Tochter absolutes

Stillschweigen verlangt, weiß das. Sie ist sein stummer Besitz. Wie seine Frau: sag nichts, sonst kommst Du ins Gefängnis... "Wenn Du redest, bring ich ihn um... Wenn Du auch nur irgend etwas sagst, kommst Du in eine Erziehungsanstalt und ich ins Gefängnis..." Das Mädchen schweigt, wenn es noch im Hause der Mutter bleiben will. An dem Tag, an dem es anfängt, zu leben, weil es sich außerhalb der Fenster und der Mauern des Schlafzimmers umgesehen hat, reißt es aus, schreit, zeigt den Vater an und beginnt zu reden. Diesmal bei der Polizei, weil es die Mutter nicht anhören wollte, weil ein Mann es geknebelt hat, damit es seine Frau wurde.

Mein Vater hat festgestellt, daß ich eine Frau wurde

Sie ist 12 Jahre alt, als die Mutter von zu Hause weggeht. Sie hinterläßt ihre Tochter, einen kleinen, 9 oder 10-jährigen Jungen und ihren Ehemann, den Vater der Kinder. Sie schlugen sich. Sie ist weggegangen. Das Mädchen ist 18 Jahre alt, als es 1975* schreibt: "Ich mußte mich um das Essenkochen, den Haushalt, die Näharbeiten und die Einkäufe kümmern... All das, was eine Frau machen muß. Außerdem litt mein 2 Jahre jüngerer Bruder sehr darunter, daß seine Mutter weggelaufen war, und ich habe versucht, ihn zu erziehen und ihm die Mutter etwas zu ersetzen, obwohl ich auch sehr gelitten habe. Und dann hat mein Vater festgestellt, daß ich eine Frau wurde und hat mich vergewaltigt, indem er mich so lange geschlagen hat, bis ich keine Kraft mehr hatte, mich zu verteidigen. Ich habe mit niemandem darüber sprechen können, denn er sagte mir, wenn ich spräche, dann würde er meinen Bruder töten, also lebte ich ständig in der Angst, und dann ist es ihm zur Gewohnheit geworden, und jedes Mal, wenn er allein war

und kein Mädchen hatte, kam er wieder zu mir. Er legte mir das Kopfkissen über den Kopf, damit ich nicht schreie, und damit ich mich nicht rühren konnte, band er mich ans Bett fest... Er hat sich auf alle Arten mit mir vergnügt, obwohl ich erst 13 Jahre alt war... Als ich es meiner Mutter erzählt habe (ich war 16), hat sie mir nicht geholfen und gesagt, es wäre meine Schuld: Es scheint so, als ob ich äußerlich einen sehr sinnlichen Eindruck mache und die Männer anziehe, und mehrere Male haben Männer versucht, mich mit Gewalt zu nehmen. Mit 17 Jahren hatte ich eine Depression. Ich konnte die Männer nicht mehr ertragen..."
Sie hat Beziehungen zu Frauen gehabt. Aber die Homosexualität macht ihr Angst: sie hat Spaß daran, aber sie schämt sich. Sie lernt einen Jungen kennen. Er hört sie an. Sie sieht ihn täglich. Sie schlafen zusammen im selben Bett, aber "er berührt ihren Körper nicht", sagt sie.
Eines Abends schlafen sie zusammen.
Dann jeden Abend. "Ich habe gar nichts empfunden. Ich bin eiskalt geblieben, ohne mich zu rühren... Ich fand den Kontakt mit seinem Körper nicht widerlich. Ich fühlte mich gut, aber mehr nicht, und als ich sah, daß er darunter litt, habe ich so getan, als ob es mir Spaß machen würde. Er hat mir geglaubt..."
Sie wollen heiraten. Der Vater verlangt, den Bräutigam zu sehen. Er ist gegen die Eheschließung: "Er hat mir gesagt, daß ich ihm gehöre..."
Sie gehen zusammen zum Vater.
Der Vater versucht, den Verlobten zu töten.
Das Mädchen nimmt das Messer, um ihren Vater zu töten.
Der Verlobte prügelt sich mit dem Vater und tötet ihn.
Er kommt in Fleury-Mérogis ins Gefängnis.
Sie geht ihn dreimal in der Woche besuchen. Sie wartet auf ihn. Sie werden im Gefängnis heiraten. Er hat

versucht, sich das Leben zu nehmen: Während des Poststreiks hat er 3 Tage lang keinen Brief von ihr bekommen.
Sie lebt bei ihrer Großmutter.
Sie hat keine Freundin.
Sie sieht weder ihre Mutter noch ihren Bruder.
Sie wartet auf ihn.

In der Küche, im Haushalt, bei der Haushaltsführung und im Bett hat sie ihre Mutter ersetzt, aber sie hat kein Kind bekommen. Sie hat sich um ihren kleinen Bruder wie eine Mutter gekümmert, wie diese junge Frau von 28 Jahren - sie war die zweite von 12 Geschwistern - die ihre Geschwister nach dem Tod der Mutter aufgezogen hat.* Ihr Vater, der ihr, wie sie 1975 schrieb, vom Alter von 8 Jahren an nachstellte, schläft mit ihr, als sie 13 ist: "Mein Vater machte meiner Mutter jedes Jahr ein Kind, und wenn er keinen Geschlechtsverkehr mehr mit ihr haben konnte, machte er sich an mich heran. Übrigens verabscheue ich meinen Vater, und das Schlimmste ist, daß ich ihn immer noch sehe, weil niemand von dieser Sache etwas erfahren hat und ich es bis zum letzten Monat für mich behalten habe... Er sagte zu mir: "Sag nichts, sonst kommst Du ins Gefängnis." Die Angst lähmte mich. Da ich sexuell nicht aufgeklärt worden bin, wußte ich nicht, warum er das mit mir machte... Mit 16 Jahren habe ich erfahren, wie man Kinder bekommt. Damals arbeitete ich in der Fabrik, und die anderen Mädchen sprachen darüber, und so habe ich es erfahren... Ich bin bei meinem Vater geblieben, um meine Mutter zu ersetzen und um mich um meine Geschwister zu kümmern, von denen das jüngste 5 Jahre alt war... Wenn ich zu einem Tanzvergnügen ging, lernte ich Jungen kennen, aber ich flirtete nie länger als einen Abend mit ihnen, aus Angst, sie könnten verlangen, daß ich ihnen gehöre."
Sie hat geheiratet. Sie hat 4 Kinder bekommen. Sie sagt nichts über die Beziehungen zu ihrem Mann und

ihren Kindern. Aber einen Brief muß man wie einen Brief lesen: es ist ein Schriftstück, das zu einem genauen Zeitpunkt in der Geschichte von der Schreibenden mit einer gewissen Spannung für den geschrieben wurde, der es liest, und hier ist es Menie Grégoire, der die Frauen im Vertrauen ein großes Geheimnis mitteilen, das sie immer für sich behalten haben und nun nicht mehr können. Auf einigen Seiten berichten sie nun von dem Jahren der Verwirrung, des Unwohlseins und der Gewalt. Sie sprechen nicht vom Vergnügen. Sie sagen das, was sie niemals haben sagen können, und das ist eher das Unglück. Und wenn sie Spaß daran gehabt haben? Würden sie nicht wagen, es zuzugeben? Man schreibt nicht so, wie man berichtet, selbst wenn sie Menie Grégoire ins Vertrauen ziehen. Sie müssen sich nicht anklagen, damit sie anschließend nach dem Dogma büßen können. Und doch büßen sie, wenn sie erzählen, und in dem, was sie erzählen, in der Auswahl, den Auslassungen und dem, was sie nicht sagen... Sie sprechen von Scham, von einem monströsen Vater, von Horror und Haß. Wegen des überlieferten Tabus? Den Inzest zu erleben und nicht nur in der Phantasie..., das muß verwirren. Ihn mit Gewalt, Zwang, in der Heimlichkeit der Schande und des Hasses zu erleben... Da bleibt wenig Platz für Zärtlichkeiten und Liebe. Deshalb muß man die Briefe von diesen Frauen, die immer allein mit ihrem Geheimnis sind, und die immer von Gewalt sprechen, so lesen, wie sie in ihrer Naivität, Spontaneität und Ungeschicklichkeit geschrieben wurden, selbst wenn sie nicht alles sagen. Sie schreiben niemals alles, und was wäre alles? Diese Briefe sagen das, was die Akten verschweigen. Eine Akte stellt eine Tatsache dar, und von dem Mädchen erfährt man fast nichts, außer einer Serie von Antworten auf präzise Fragen der Polizei oder des Richters, die dazu dienen, die Wahrheit zu finden. Aber bei dieser besonderen Geschichte, bei der ein Vater oder Stiefvater seine Tochter oder die Tochter seiner

Frau zur Frau nimmt, ist das, was in den Polizeiakten steht, nicht ausreichend. Aber jede Akte spricht von der Brutalität und den Drohungen der angeklagten Männer, von der Gewalt, der Vergewaltigung und der Vornahme unzüchtiger Handlungen...
Von dem cholerischen und gewalttätigen Familientyrannen, der seinen Clan terrorisiert, damit er ihm gehorcht und der seine Tochter oder Töchter nach der üblichen Methode vergewaltigt: eingesperrt in das mütterliche, das eheliche Schlafzimmer. Jahrelang unterhält er zunächst eine sexuelle Beziehung zur ältesten Tochter - uneheliches Kind seiner Frau, das er vielleicht durch Eheschließung oder Anerkennung legitimiert hat - und dann nach und nach zu allen Töchtern des Hauses, und oft gibt es mehrere Töchter in der Familie.
Im Augenblick der Untersuchung, weil die älteste Tochter, die gerade vom Kind ihres Vaters oder Stiefvaters entbunden worden ist, weggelaufen ist und entweder den Vater anzeigt oder beim Verhör aussagt, stellt die Polizei fest, daß die anderen Töchter auch... Manchmal übt der Mann das Recht auf Beischlaf 10 Jahre lang bei der gesammten weiblichen Nachkommenschaft der Familie aus. Die Untersuchungsrichter wissen das und stellen in einer Akte die Permanenz über die Vornahme unzüchtiger Handlungen an anderen, mit oder ohne Gewalt, fest, diesen Mißbrauch der väterlichen Gewalt gegenüber seinen Töchtern; alle Töchter schlafen mit dem Vater. Zuerst die älteste und dann auch die jüngste. Mit der ältesten hat er vollständigen Geschlechtsverkehr und mit den jüngeren von 5 bis 8 Jahren eher Berührungen. Die Richter glauben, daß sich das Mädchen aus Angst unterwirft und daß die Gewalt seitens der legitimen Väter größer ist, als seitens der Liebhaber der Mutter: "Die Gewalt ist gleichzeitig moralischer und physischer Natur." Nach Meinung der Richter toleriert eine Mutter die Beziehung zwischen dem Liebhaber und ihrer Tochter eher, als zwischen Vater und

Tochter. Und das würde erklären, warum in den meisten gehörten und gelesenen Geschichten die Mädchen nicht nur eins, sondern mehrere Kinder vom Stiefvater haben, viel öfter als vom Vater. Denn selbst wenn das Tabu des Inzests ebenso stark ist, wenn es sich um den leiblichen oder den Stiefvater (Adoptivvater oder Liebhaber der Mutter seit mehreren Jahren) handelt, so werden die Kinder des Stiefvaters, trotz des Geheimnisses, das die Mutter und ihr Mann immer zu wahren versuchen, besser von der Mutter und der Tochter toleriert. Die Tochter erlebt die sexuelle Beziehung zum Vater oder Stiefvater schuldbewußt als Inzest und in Angst, Verzweiflung, Heimlichkeit und Schweigen. Die Mithilfe, die sich wegen der Kinder ergeben kann, hindert sie nicht daran, bei einem Ausbrechen aus dem Hause den Vater ihrer Kinder zu denunzieren... Wie das so oft geschieht. Dieser Prozeß, der sich 1977 im Pariser Schwurgericht abspielte, und über den LIBERATION als eine der wenigen Zeitungen berichtete, bezeugt es.

Ich habe einen Jungen gesehen, der ihr die Hand an die Muschi legte, da habe ich sie geohrfeigt

Mai 1977. Im Schwurgericht von Paris. Der Wärter wird gefragt: "Welche Angelegenheit?" Er antwortet: "Vornahme unzüchtiger Handlungen an Minderjährigen durch direkte Verwandte." Er kennt die juristische Formel auswendig. Er hat vergessen: "an Minderjährigen unter 18 Jahren."
Der Richter trägt die Tatsachen vor. Der Mann steht aufrecht in seinem dunklen, sauberen, korrekten, extra fürs Gericht ausgewählten Anzug hinter der Barriere. Sein Teint ist grau, und die Haare sind glatt. Er ist 50 Jahre alt und Tischler.
Er ist ein guter Arbeiter, ehrlich und zuverlässig. Während des Krieges hat er ein bißchen bei der Wi-

derstandsbewegung mitgemacht. Er ist Gewerkschaftler und Briefmarkensammler. Guter Bürger. Guter Ehemann. Guter Vater? In der rechten Ecke, vor dem Anwalt der Nebenanklage, sieht man eine zusammengesunkene Gestalt von hinten, deren Haare mit einer flachen Spange am Hinterkopf zusammengehalten werden. Sie hat die Frisur eines kleinen Mädchens oder die eines braven und artigen jungen Mädchens aus einem Pariser Vorort. Eines von diesen Mädchen, die zum Tanzen gehen (sie ging nicht zum Tanzen oder nur ganz selten: sie wurde zu sehr vom Stiefvater überwacht und festgehalten). Eines Abends wird ihr Leben umgekrempelt und erscheint in den Schlagzeilen der Sensationspresse.
Sie sitzt dort in einem dunkelblauen Jerseymantel. Sie ist 30 Jahre alt. Traurig. Hört sie zu?
Sie heißt Liliane.
Der Richter spricht, er liest den Untersuchungsbericht.
Der Richter legt die Tatsachen dar.
Sie kennt die Tatsachen. Aber sie hat nicht die gleichen Tatsachen angegeben wie ihr Stiefvater. Ihre Wahrheit ist nicht die seine. Der Richter liest die Tatsachen der Untersuchung, dort sucht er die Wahrheit.
Bei den Erklärungen, die sie bei der Polizei abgegeben hat, hat sie vom täglichen Leben erzählt. Von ihrem Leben mit diesem Mann und ihrer Mutter. Ihre Mutter lebt mit diesem Mann zusammen, der sie anerkannt hat, sie, die uneheliche Tochter ihrer Mutter. Er ist ihr offizieller Vater. Er hat ihre Mutter nicht geheiratet. Er wollte es nicht. Er hat dem Richter nicht sagen können, warum. "Warum haben sie Fräulein X... nicht geheiratet...?" - "Also, Herr Richter, daß heißt..." Sie ist nach dem Gesetz seine Tochter. Der Richter sagt: "Ihre Tochter..." Er sagt: "Das ist die normale Reaktion eines Vaters, Herr Richter..."
Er hat sie wie ein Vater aufgezogen.

Für sie hat er ihre Jungfräulichkeit gehütet. Er hat sie Tag und Nacht überwacht, auf sie gewartet, sie verfolgt und sie eingesperrt. Damit sie nicht weglief, damit ihr die Jungen nicht die Hand auf die Muschi legen können, wie er zum Richter gesagt hat: "Entschuldigen Sie den Ausdruck, Herr Richter, ich habe gesehen, wie ein Junge ihr die Hand auf die Muschi legte... man kann es nicht anders ausdrücken... während ein anderer sie auf den Mund küßte und sie gegen eine Mauer drückte, also, da habe ich sie geohrfeigt. Das ist die normale Reaktion, Herr Richter, wenn ein Vater seine Tochter so sieht." Er hölt sie von der Schule und vom Co-op, wo sie arbeitet, ab... Sie kennt niemanden. Sie sieht niemanden. Die Kameradinnen aus der Schule, von der Arbeit... Die Nachbarn haben sie manchmal mit Jungen ihres Alters gesehen. Aber, so sagen sie, sie hätte keinen festen Freund gehabt. Sie ist ein ernsthaftes Mädchen. Sie lebt bei ihren Eltern. Sie geht wenig aus. Er kontrolliert sie regelmäßig. Er weiß, was sie macht. Jeden Abend kommt sie nach Hause, und er ist immer da, immer anwesend und ihre Mutter auch.

Der Richter legt die Tatsachen dar.

Die Aussagen der Tochter, des Vaters und der Zeugen: Familienmitglieder und Nachbarn, Mediziner und Psychiater... Sachverständige für Blut- und Spermaanalysen und Spezialisten der Psychologie, Spezialisten der Wahrheit.

Sie sagen: "Sie ist schwachsinnig und haltlos."

Der Richter liest die vom Vater schriftlich niedergelegten Erklärungen vor. Er liest auch die der Tochter.

Sie sagen: "Schwachsinnig, leichtlebig."

Sie ist ausgerissen. 3 Mal hat sie das familiäre Domizil verlassen. Sie ist geflohen, um wohin zu gehen...?

"Ahnungslos, verantwortungslos", wiederholen sie immer wieder. Wer glaubt ihnen? Der Richter liest

die Akte, Seite für Seite, vor.
Er ist mit auf dem Rücken verschränkten Händen stehen geblieben.
Sie sitzt.
Er antwortet auf die Fragen des Richters. Er sagt das, was schon aufgeschrieben wurde. Der Richter erfährt nichts neues.
Sie spricht nicht. Der Richter wendet sich nicht an sie. Hört sie zu?
Nach ihrem dritten Ausreißen hat die Polizei erfahren... Und die Untersuchung hat mit übertrieben genauen und präzisen Durchsuchungen begonnen. Für die Wahrheit. Alle diejenigen, die sie gesehen, beobachtet, die sich ihr genähert, sie angehört, eingestellt und untersucht haben...
Die, die sie aufgezogen hat, ihre Mutter.
Der, der sie erzogen hat, ihr Vater.
Sie hören den Vortrag der Tatsachen.
Sie kann nichts sagen. Sie hat nicht das Recht dazu.
Er antwortet, wenn der Richter ihn fragt.
Er hat einen leichten toulouser Akzent behalten, der sich mit der Mundart der Pariser Vororte vermischt.
Sie hat man nicht reden gehört. Sie hat niemals gesprochen. Man weiß, was sie der Polizei und den von der Justiz eingesetzten Sachverständigen mitgeteilt hat – nichts ist vergessen worden. Alles wurde notiert und beachtet. Wer hat ihr schon jemals mit solcher Aufmerksamkeit zugehört, mit der Sorge, sich nur ja nichts von dem entgehen zu lassen, was sie gesagt hat. Ganz genau.
Ihre 3 Kinder, wer hat sie gezeugt?
Sie hat 3 Kinder bekommen. Das erste wurde weggegeben. Die beiden anderen hat sie bei ihren Eltern aufgezogen.
Sie war schwanger.
Sie hat ein Kind geboren.
Heimlich. Man sagt: "Das ist eine kleine Cousine..."
Vater und Mutter erzählten Geschichten. Und sie?

Sie wußte, daß es ihre Kinder waren. Ihre eigenen. Und der Vater?
"Wissen Sie, Herr Richter, den Ruf seiner Tochter zu wahren... das ist nicht so einfach... böse Zungen... Klatsch... Kinder ohne Vater. Eine unverheiratete Mutter..."
Er hat sie nach Genf zu einer Abtreibung begleitet. Zwei Mal. Das erste Mal hat es nicht geklappt. Das zweite Mal ist es gegangen.
"Ich weise darauf hin", sagt der Richter, "daß Sie es warem und nicht die Mutter, die sie nach Genf begleitet hat. Sie haben ein Doppelzimmer genommen. Ein Zweibettzimmer. Mit ihrer achtzehnjährigen Tochter?" - "Das stimmt, Herr Richter. Das ist eine Geldfrage, verstehen Sie..."
Sie hätte 4 Kinder gehabt.
Vom gleichen Vater?
Sie sagen, daß sie mit Jungen ging.
Sie hat - in dem geschriebenen Bericht - gesagt, daß sie nur einen Mann, den Vater ihrer Kinder, gekannt hat. Der Vater erzählt - der Richter liest den Text der Akte - daß ihre Mutter und er sie überall gesucht hätten, sie sei nicht nach Hause gekommen und nicht mehr in der Schule gewesen. Sie hätten die Nachbarn, Freunde und Klassenkameraden gefragt, niemand hätte Bescheid gewußt. Sie wären beunruhigt gewesen. Das sei das erste Mal gewesen, daß sie ausgerissen sei. Sie sei noch nie weggegangen, ohne zurückzukommen. Es habe geregnet. Als sie 3, 4 Tage später wieder gekommen sei, seien ihre Sachen nicht durchnäßt gewesen - und mit auf dem Rücken verschränkten Händen und erhobener Stimme fährt der Vater fort: "Ihre Kleider waren trocken, sie hat nicht draußen geschlafen." Sie hatte ein anderes Haus gefunden. Im Badezimmer hat sie sich ausgezogen. "Als ihre Mutter eingetreten ist, hat sie Flecken in ihrer Hose bemerkt. Sie hat sie ausgefragt, und Liliane hat gesagt, sie sei vergewaltigt worden." Das sagt der Vater.

Daraufhin der Richter: "Und Sie haben keine Anzeige erstattet? Ihre Tochter erzählt Ihnen, daß sie vergewaltigt wurde und Sie unternehmen nichts?"
Der Vater: "Wir haben nicht daran gedacht, Herr Richter. Ihre Mutter und ich waren so verstört... das muß man verstehen."
9 Monate später wird ein Kind geboren (sie ist knapp 16 Jahre alt). Dann 2 weitere.
Sie hat gearbeitet.
Co-op hat sie entlassen. Nicht aus beruflichen Gründen. Nicht wegen Verspätung oder Abwesenheit, sondern weil sie Verletzungen am Körper hatte, dort wo die Kunden es sehen konnten. Der Abteilungsleiter hatte diese Spuren mehrere Male gesehen. "Auf die Kunden macht das einen schlechten Eindruck," das hat er als Zeuge ausgesagt. Man mußte sie entlassen.
Ihr Vater schlug sie.
Sie war faul. Sie wollte zu Hause nichts tun. Sie war unausstehlich zu ihrer Mutter. Er schlug sie von Zeit zu Zeit. Er war für ihre Erziehung verantwortlich. Also... es ist der Vater, der die Fragen des Richters beantwortet.
"Einmal", liest der Richter vor, " - ihre Tochter hat es so berichtet - sind Sie in ihr Zimmer eingedrungen, sie lag im Bett und Sie wollten sie zum Geschlechtsverkehr mit Ihnen zwingen. Sie hat sich geweigert, Sie haben sie geschlagen, sie hat sich gewehrt, da haben Sie einen Revolver hervorgeholt, sie hat geschrien, und Sie sind weggegangen... Wie ist das genau abgelaufen, können Sie das erklären?"
"Also, Herr Richter, ich erinnere mich sehr gut daran. Ich bin in ihr Zimmer gekommen, um ihr zu sagen, sie solle aufstehen. Sie wollte ihrer Mutter nicht helfen, und ich bin zornig geworden und habe eine brüske Geste gemacht. Dabei ist die Lampe heruntergekommen, und ich hatte ein Stück Glas in der Hand, die hat geglaubt, es sei ein Revolver, aber

es war ein Stück von der Lampe. Später bin ich weggegangen, weil ich zur Arbeit mußte. So ist das abgelaufen, Herr Richter."
Liliane zeigt ihren Vater im Juli 1969 an. Über die Angelegenheit wird 1977 gerichtlich verhandelt. Er wird zu 2 Jahren Gefängnis, davon 14 Monate mit Bewährung, wegen unsittlicher Handlungen, begangen an einer direkten Verwandten unter 18 Jahren, verurteilt. Er saß von August 1969 bis Juli 1970 im Gefängnis.
Nach dieser Angelegenheit hat sie die Familie verlassen, um woanders mit ihren beiden Kindern zu leben. Eine kleine Wohnung. Eine einfache Arbeit. Ein einsames, beschämendes, schwieriges Leben. Ihre Mutter hat ihr nicht geholfen. Stillschweigende Komplizin des Stiefvaters. Nach wieviel Jahren von Mißhandlungen, schlechter Behandlung und Vergewaltigung... hat sich Liliane an die Justiz wenden müssen, um schon als Erwachsene der väterlichen Autorität zu entkommen? Selbstmordversuche, mehrere Ausbrüche, nichts hat diesen jahrelangen und fruchtbaren (Liliane hat 3 Kinder bekommen) Vergewaltigungen innerhalb der Familie ein Ende setzen können.

Briefe verdeutlichen besser als Akten, wie diese Geschichte weitergeht. Eine 65-jährige Frau schreibt 1976*, daß dieses große Geheimnis ihr Leben, ihr gesamtes Leben vergiftet hat. "Ich bin praktisch niemals glücklich gewesen. Was den Beischlaf anbelangt, so ist das für mich immer eine Tortour gewesen, oder fast immer. Ich war 11 Jahre alt, als mein eigener Vater sich an mir vergangen hat...
Ich lebte allein mit ihm (meine Mutter war gestorben, als ich 2 Jahre alt war)..."
Mit 15 Jahren wird sie schwanger. Abtreibung.
Mit 16 Jahren 2. Schwangerschaft. Abtreibung.
Mit 17 Jahren 3. Schwangerschaft. Ein Kind wird ge-

boren, das 14 Monate lang lebt. Wie ist es gestorben?... "Er betrachtete mich als seine Frau. Ich hatte nicht das Recht, Jungen zu treffen. Ich lehnte mich nicht auf. Warum nicht? Ich weiß es nicht... Das dauerte 10 Jahre.
Dann ist er gestorben. Das war der schönste Tag meines Lebens.
Ich war nie glücklich... die sexuelle Lust, ich tat so als ob, um meinem Mann einen Gefallen zu tun."
Ihr Mann stirbt. Sie hat einen kleinen Laden, um sich und ihre Tochter zu ernähren. Ihre Tochter heiratet einen Trinker, verläßt ihn, läßt sich scheiden und lebt bei ihrer Mutter: "Wir beide fühlen uns wohl (ohne Mann) in unserem Haus..."
Hinter den Mauern eines Geschäftes, das sie vor den Männern schützt, leben Mutter und Tochter zusammen als Komplizen und zu zweit stark gegen die Agression. Die Mutter, die den Brief geschrieben hat, hat gewagt, zu schreiben: "Dann ist er gestorben. Das war der schönste Tag meines Lebens..." Jacqueline, die die lange Geschichte mit ihrem Stiefvater erzählt, hat nicht darauf gewartet, daß der Mann ihrer Mutter stirbt. Sie hat ihn getötet. Nach 8 Jahren gemeinsamen Lebens.

Zwei Worte sind mir plötzlich in den Kopf gekommen: ihn umbringen

Jacqueline ist 32 Jahre alt. Sie trägt einen Blazer und eine lange Hose aus Tergal. Sie ist groß und schlank. Sie redet viel.
13 Monate Gefängnis und 9 Monate psychiatrische Klinik hat sie hinter sich. Sie lebt in einem Dorf mit ihren beiden zuletzt geborenen Söhnen und deren Vater.
Eines Abends reißt sie aus und bringt ihre Kinder in ein Waisenhaus. "Die Kinder schrien, und ich war ganz kalt, so als ob ich tot wäre..."

Als sie zurückkommt, ist sie mit den Nerven am Ende, und die Kinder sind unausstehlich: "Ich habe Angst um meinen Ältesten gehabt. Ich habe geglaubt, er würde verrückt. Er hat unglaubliche Anfälle gehabt, die fast den ganzen Tag dauerten. Wenn er mit dem einen fertig war, begann er mit dem nächsten... Wenn sein Vater nach Hause kam, beruhigte er mich. Er hatte etwas gegen mich." Sie sorgt weder fürs Haus noch für die Kinder. Zu ihrem Mann sagt sie: "Ich bin ein Kinderquäler. Man wird mich verhaften und foltern, so werde ich enden..."
Ihr Mann ist ein ehemaliger Gefängnisinsasse. "Ich wußte, daß sie keine Heilige war. Aber wer war ich denn? Ich habe ihr vertraut. Wir haben versucht, aus unseren beiden verstümmelten Leben eins zu machen. Zu Anfang war es schön... Nach 6 Monaten..."
Die Kinder werden zu den Schwiegereltern gegeben. Diese leben in einem Hotel. Sie ist im 3. Monat schwanger. Ihre Flucht von zu Hause hat anderthalb Monate gedauert. "Ich habe wohl gefühlt, daß irgend etwas nicht stimmte... dieses Leben in mir... es nahm mir alle Kräfte... Als ich mit ihm darüber gesprochen habe, wollte er mir den Bauch aufreißen. Er hatte nicht ganz unrecht. Ich habe für die Flucht bezahlt. Ich wußte, daß ich sterben würde, wenn es geboren würde. Mein Mann würde mich töten, wenn ich dieses Kind hätte. Dieses Leben in mir... ich wollte, daß es tot wäre. Ich aß nichts. Ich nahm ab. Wenn ich ein unnormales und verunstaltetes Kind hätte?..."
Eines Abends, es war Weihnachten, verliert sie Blut. Im Krankenhaus wird ein Eingriff vorgenommen: "Was werden sie aus meinem Bauch herausholen?... Ich bin aufgewacht. Es gab kein kleines Bettchen neben mir. 'Was haben Sie in meinem Bauch gefunden?' – 'Nichts. Teile von der Plazenta. Sie haben nichts bei sich zu Hause verloren?' – 'Nein.'"
Sie sagt , daß sie seit ihrer Geburt zum Skandal bestimmt sei. Mit 18 Jahren wohnt ihre Mutter, die

Tochter von kleinen Kaufleuten, noch bei ihren Eltern. Sie hat eine Tochter, ohne verheiratet zu sein. Diese Tochter ist Jacqueline. "Ich bin für die Fürsorge geboren worden." Ihre Mutter gibt sie nicht weg. "Ich habe das bedauert... Wenn ich zur Fürsorge gekommen wäre, wäre mir das alles nicht passiert... Aber es stand in den Sternen... Als ich klein war, sagte ich mir: niemals werde ich ein erwachsener Mensch wie die anderen sein." Mit ihrem Großvater fährt sie mit dem Pferdewagen herum, um Einkäufe für das Café zu machen. Sie holen Sprudel und Wein für das Café. Im Café ist sie ein bißchen das kleine Mädchen von allen. Ihre Mutter arbeitet dort. Die näht ihr Kleider, Mäntel, Blusen... Bis zur Ankunft des Verlobten der Mutter ist sie glücklich. Sie ist 6 Jahre alt, als ihre Mutter ihren zukünftigen Mann vorstellt: "Er sah gut aus, war höflich und elegant... das mußte jemand sein." Es mußte alles vom Besten sein... Sie sieht diesen Mann, den sie Papa nennen soll. "Meine Mutter hat ihn geliebt. Er liebt den Sport. Er trinkt. Und hat tausend Berufe. Abends kommt er betrunken nach Hause. Es gibt Szenen. Ich schrie: "Ich werde die Polizei holen." Wir schoben den schweren Eichentisch (er hatte Räder) in alle Richtungen durch das Zimmer, um meine Mutter zu beschützen."
Die Großeltern verkaufen das Haus auf Rentenbasis. Die Mutter zieht mit dem Mann in die Stadt. Ein Junge wird geboren, den die Großmutter aufzieht.
Jacqueline ist 12 Jahre alt, als ihr Großvater stirbt.
Sie wird bei ihrer Mutter wohnen, die inzwischen 7 Jungen bekommen hat.
Sie ist 14 Jahre alt und lebt eingesperrt in einem kleinen Appartement, sie, die wie ein Vagabund, wie eine kleine Wilde auf dem Lande gelebt hat, wo sie jeden Bach, jede Wiese, jeden Busch und jeden Weg kannte. Und den Kreuzweg am Ende des Feldweges...
Der Stiefvater ist jähzornig, eifersüchtig, und er

treibt sich herum. Ihr gegenüber hat er eine "schmutzige und ungesunde Freundlichkeit." Er ist tyrannisch. "Das Beste war für ihn gerade gut genug. Er liebte es, elegant zu sein, ganz besonders am Wochenende, wenn er ausging. Er ging zum Tanzen, als ob er unverheiratet wäre. Er kam betrunken nach Hause. Er schlug meine Mutter und warf ihr ihre Vergangenheit vor." Er überwacht sie. Bis hin zur Großmutter, wo sie arbeitet. "Er hatte eine widerliche Art mit mir, eine widerliche Art, mich zu umarmen - nicht so wie ein Stiefvater - so eine Art, mich an sich zu ziehen. Ich wußte nicht mehr, wie ich mich verhalten sollte. Wenn ich ausging, dann war es mit ihm... Wenn ich versuchte, nein zu sagen, ließ er seine Wut an meiner Mutter aus. Ich liebte meine Mutter. Er war ein Despot. Ich kannte niemanden. Ich sprach mit niemandem. Auch nicht mit meiner Mutter. Wenn ich weggehen würde, würde es noch schlimmer für Mama. Er wollte mir weismachen, daß er mein Bestes wollte. Er schnappte mich und warf mich aufs Bett, wenn meine Mutter nicht dabei war." Eines Tages bekommt sie einen Faustschlag ins Gesicht, der sie für eine Woche lang verunstaltet. Er war für ihre Mutter bestimmt gewesen. Sie träumt davon, den Mädchen ihres Alters zu gleichen. Sie wäre mit dem ersten besten durchgebrannt. Sie erstickt. "Ich fühlte, daß ich so oder so durch seine Hände gehen würde." Sie ist 17 Jahre alt. Sie geht immer nur mit ihm aus. Sie muß so tun, als ob sie seine Frau sei und ihm den Arm geben, als ob sie ein Paar wären. Heimlich liest sie INTIMITÄTEN: "Das war mein einziger Trost". Bei ihr benimmt er sich wie ein Verlobter, freundlich, aufmerksam und zuvorkommend. Ihre Mutter hat das bemerkt. Sie verschießt die Augen. "Sie hätte mich warnen können. Das ist der einzige Vorwurf, den ich ihr mache. Sie hat mir nichts gesagt, und ich konnte ihr auch nichts sagen."

Die Mutter kommt ins Krankenhaus. Für 10 Tage.
"Sie ist weggegangen, ohne mir etwas zu sagen. Und

das, was geschehen mußte, ist geschehen - mein Leben war verpfuscht, ich würde niemals eine Frau wie die anderen sein.
"Das war der Anfang vom Ende."
Die Mutter kommt zurück.
Der Stiefvater behandelt Jacqueline wie eine Sache, er zieht sie ins Badezimmer, um sie zu umarmen. Die Mutter überrascht sie. Sie sagt nichts. Sie zieht aus dem gemeinsamen Schlafzimmer aus und geht zu den Kindern in den ersten Stock: "Ich mußte weiterhin im Schlafzimmer meiner Mutter mit meinem Stiefvater zusammenschlafen." Der Stiefvater droht ihr, falls sie ihrer Mutter etwas erzählt. Die Mutter bedrängt sie, damit sie redet. Sie sagt, sie würde weggehen. Er kommt ihr zuvor. Er sagt: "Wir werden weggehen, Deine Tochter und ich." Die Mutter ist wütend. "Eines Morgens hat sie mir meine ganzen Kleider und auch den Koffer meines Stiefvaters vor aller Augen in den Hof geworfen. Ich war gerade mit ihm draussen."
Der Stiefvater richtet die Garage her, holt eine Matratze, und sie leben zusammen. Die Mutter benachrichtigt die Fürsorgerin. Aber das Mädchen ist gerade volljährig. Er behauptet, es sei eine platonische Liebe. Einige Monate lang ziehen die beiden umher. Von möbliertem Zimmer zu möbliertem Zimmer in den verschiedenen Vororten. "Mittags aßen wir in kleinen Gärten..., ich wagte niemanden mehr anzusehen. Ich hätte besser daran getan, mich unter einen Zug zu werfen, wie meine Mutter es mir gesagt hatte..., das war eine Schande..."
Sie hat 6 Jahre mit ihm zusammengelebt. Eifersucht. Gewalt. Er schlägt sie. Das erste Kind hat sie nicht gewollt. "Aber da es sich nun einmal angekündigt hatte, mußte ich es wohl nehmen..." Sie ist trotzdem zufrieden: "Ich hatte jemanden für mich... er sagte, es sei nicht von ihm."
Er schlägt sie regelmäßig.
Zweites Kind.

Selbstmordversuch mit Gas.
Drittes Kind. Ein kleines Mädchen. Es kommt in einen Brutkasten. "Das war wegen einer Blutunverträglichkeit... Sie war eine süße Puppe mit kleinen grünen Augen."
Sie hat ihre Mutter nicht wiedergesehen. Einmal ist sie ihr auf der Straße begegnet, und ihre Mutter hat sie ein widerliches Dreckstück genannt.
Viertes Kind.
Sie hat keine Kraft mehr und vernachlässigt die Kinder. Das Baby verweigert die Nahrungsaufnahme und schreit die ganze Zeit. "Ich hatte Angst um es, um sein Leben. Ich nahm meine Kinder, legte sie neben mich, und dann habe ich den Gashahn aufgedreht. Ich wollte mit ihnen sterben."
Sie liest die Zeitungsberichte. In der Gegend gibt es viele Gewaltverbrechen. Ihr Stiefvater soll zu der Pflegemutter der Kinder gesagt haben, daß er sie eines Tages umbringen würde... "Ich fing an, über dem Boden zu schweben. In mir drehte sich alles um, wenn er mich ansprach. Zwei Worte sind mir plötzlich in den Kopf gekommen: ihn umbringen. Ich wollte nicht, daß er leidet. Ich wollte kein Blut sehen. Ich habe daran gedacht, ihn mit einer von seinen Krawatten zu erwürgen. Der zusammenklappbare Sessel, der für eines der Kinder als Bett diente, hatte eine Stange, um die Höhe der Lehne einzustellen. Eine sehr dicke Holzstange. Die Kinder würden in ein Waisenhaus gehen. Sie würden versorgt sein. Ich ginge ins Gefängnis und wäre erleichtert. Ich bin jeden Abend um das Bett herumgestrichen, wenn er schlief. Und dann am Sonntag... Er ist mitten in der Nacht nach Hause gekommen. Er war betrunken, drohte mir und stellte Ansprüche. Ich habe ihn einschlafen lassen. Ich habe die Stange über ihn gehalten. Ich konnte es nicht. Das Baby hat angefangen zu stöhnen. Die Stange ist heruntergefallen. Mehrere Male.
Er hat sich umgedreht und die Hände an seinen Kopf geführt. Es war vorbei.

Ich habe zur Nachbarin gesagt: "Rufen Sie die Polizei. Ich habe gerade meinen Mann umgebracht." Die Polizei ist gekommen.
Ich habe die Kinder zu ihrer alten Pflegemutter gebracht. Ich bin mit der Polizei wiedergekommen, habe meine Kinder geholt und sie in ein Waisenhaus gebracht. Ich habe sie verlassen. Sie haben nicht geweint. Ich auch nicht."
Verhaftung. Justizpalast. Gefängnis. Schlüsselklappern. Zelle.
Sie arbeitet bei den Fischtüten. Dann für die Wäsche der "männlichen" Gefangenen. Waschen, bügeln, flicken. Sie sind 4 Unzertrennliche: eine jugendliche Ausreißerin, die beim Rauschgifthandel erwischt wurde, eine mißhandelnde Mutter, eine Scheckbetrügerin und sie. Eine liest für sie gegen Fischtüten die Karten: "Sie sieht für mich eine große Liebe im Haus..."
Erster Brief der Mutter. "Ich werde meine Mutter wiedersehen!" Jede Woche kommt sie, um ihre Tochter zu besuchen. Ihre Kinder sind in einer Familie auf dem Land untergebracht. Die Pflegemutter fügt ihren Briefen Blumen aus dem Garten bei.
Im Gefangenenwagen, der die männlichen und weiblichen Gefangenen zur ärztlichen Untersuchung bringt, hat alles angefangen. Ein Gefangener steckt ihr einen Zettel zu, den sie in den Schuh steckt. Auf der Toilette liest sie: "Ich wünsche Dir viel Glück... Ein Freund, der an Dich denkt."
"Jemand dachte an mich!"
In der nächsten Woche bekommt sie einen Brief. Er verbüßt eine Strafe von 28 Monaten. Er muß bald entlassen werden. Sie hat ihn nie gesehen. Nur den Briefboten. Beim nächsten Transport wird er dabei sein.
In dem Wagen bemerkt sie einen großen, eindrucksvollen Mann, der "an John Wayne in jüngerer Ausführung erinnert." Er spricht ungezwungen mit den Polizisten.
Der Bote sagt zu ihr: es ist der Große dort auf der

anderen Seite. "Er war es. Ich war überwältigt." Er setzte sich neben sie. Sie unterhalten sich. Die Briefe versteckt sie in den blauen Anzügen und vernäht sie in die Sachen. "Wir haben uns von unserem Leben erzählt. Ich habe fast ein Tagebuch geschrieben..." Versprechen, Zukunftspläne... Wenn die kleinen besonderen Anzeigen vom Sonnabend bestanden hätten... Man liest in Kürze die gleichen Wünsche... 4, 5 Annoncen aus dem Knast pro Seite in der Tageszeitung LIBERATION. Und jedes Mal schreibt der Knastbruder dazu: Kinder angenehm. Ein Beispiel: "Ich bin 36 Jahre alt. Ich bekomme keine Post, und ich würde gerne ein bißchen Glück und Sonne mit den nächsten Briefen erhalten. Akzeptiere jede Post von jungen Mädchen oder jungen Frauen auch mit Kindern, in der Hoffnung, ein glückliches Heim zu gründen." Er hat auch gesagt, daß ihre Kinder die seinen wären, daß sie bei Null anfangen würden, um ein glückliches Zuhause zu gründen... Daß er auf sie warten würde... Nach 13 Monaten darf sie in eine psychiatrische Klinik überwechseln. Sie wird polizeilich nicht registriert sein. Sie unterschreibt ihre Entlassung. "Ich ging zu den Verrückten..." Ein Krankenwagen fährt sie zum Haus der Kornblumen. Ihre Mutter kommt sie besuchen. Sie ist mit einem jüngeren Mann zusammengezogen. Ihre Tochter erzählt ihr auch von ihrer Liebe.
Eines Sonntags bekommt sie von dem im Gefängnis kennengelernten Mann Besuch. Er ist auf freiem Fuß. Die Mutter bringt seine Briefe zu ihr ins Krankenhaus. Dann kommt keine Post mehr. Sie erfährt schließlich, daß er wegen eines Unfalls im Krankenhaus ist. "Ich habe mir mehr Sorgen um ihn als um meine Kinder gemacht... Wenn ich daran denke, hätte ich besser daran getan, ins Kloster zu gehen." Ihre Kinder hat sie noch nicht wiedergesehen. "Man wollte mir die Kinder zeigen." Sie kommen eines Tages an. "Ich bin wie eine Verrückte gerannt... ich hatte Spielzeug eingekauft. Ich erinnere mich, daß mein

Ältester auf mich zugerannt ist. Ich bin auf die Knie gefallen. Wie um ihn um Verzeihung zu bitten. Er liebt mich immer noch... man hatte mir gesagt, daß er trotzdem schockiert war. Er war 5 Jahre alt. Er schlief, als es passiert ist. Aber wir mußten ihn aufwecken, und da hat er begriffen. Er war da... Er lächelte mich an. Er vergab mir. Aber er hatte einen traurigen Blick. Die drei Jüngsten erkannten mich wieder. Meine Kinder gehörten mir für immer... ich war erleichtert."

Ihr Freund läuft an Krücken. Er kommt sie besuchen. Dann hört sie nichts mehr von ihm. In der psychiatrischen Klinik kommt sie in eine geschlossene Abteilung. Sie ist völlig fertig: "Wenn man meine Nerven berührt, falle ich um. Ich habe nur sie, um mich zu stützen. Ich setze mich in einen Sessel und rühre mich nicht. Ich wurde dick. Ich aß alles, ganz egal, was. Ich mopste das Essen von den anderen. Ich legte mir Reserven an."

Nach 9 Monaten verläßt sie das Krankenhaus, um in einem Heim zur Rehabilitation zu leben: "Ich mußte mir erst wieder eine Identität schaffen."

Sie hört nichts mehr von ihrem Freund.

Sie schreibt sich in einer Strickschule ein.

Zum Muttertag bekommt sie eine Postkarte. Sie erfährt, daß er für vier Monate im Gefängnis ist. Sie hebt Geld von ihrem Sparkassenbuch ab und schickt es ihm.

An einem Samstagnachmittag kommt der entlassene Freund zurück. Er hat sich verändert. Er geht immer noch an Krücken. Das Gesicht ist gezeichnet. Mit Freunden hat er seine Entlassung begossen. Er ist betrunken.

Acht Jahre lebt sie mit ihm zusammen – "sechs Monate Glück und sieben Jahre fast die Hölle."

Sie hat 2 Söhne – "ganz das Ebenbild ihres Vaters."

Er schlägt sie.

Sie verläßt ihn.

1977. Sie ist zu "S.O.S. Femmes/Alternative" gekommen, um sich zu informieren und auch, um Hilfe zu suchen. Ihre Kinder hat sie weggegeben. Sie hat Arbeit gefunden und einen Freund, mit dem sie weiterlebt. In der Hand hatte sie ein Einkaufsnetz: "Ich muß nach Hause, um das Essen zu machen. Wenn es abends nicht fertig ist, ist er nicht zufrieden. Also, ich gehe jetzt..."

Er kaufte Blut und tat es auf meine Binden

Die Kinder, die aus diesen Inzest-Verbindungen hervorgehen, bleiben nicht alle am Leben. Es kommt oft vor, daß sie im Bauch der Mutter sterben. Die Erzieherinnen in einem Mütterheim berichten von einer jungen, zwanzigjährigen Frau, die zu ihnen kam, als sie im 6. Monat schwanger war. Bis zu 13 Jahren hatte sie in einem Heim gelebt. Ihre behinderte Mutter lebte mit ihrem Stiefvater zusammen, und das Mädchen verabscheute diesen Stiefvater. Es riß aus. Wegen der Schwangerschaft war es in ein Mütterheim geflüchtet. Bei der ärztlichen Untersuchung sagt die Frauenärztin zu der jungen Frau, daß das Kind tot sei. Sie antwortet, daß sie unbedingt am Wochenende an einer Hochzeit auf dem Lande teilnehmen müßte. Sie bestand darauf, dorthin zu fahren. Zwei Tage lang trinkt sie, tanzt und amüsiert sich. Nach ihrer Rückkehr geht sie ins Krankenhaus, wo die Geburt eingeleitet wird. Von ihrem toten Kind befreit, kommt sie ins Mütterheim zurück. Sie sagt, daß alles gut abgelaufen sei und es ihr ausgezeichnet ging. Einige Tage bleibt sie mit den schwangeren Frauen zusammen. Sie bringt sie in Panik. Sie sagt immerzu: "Paß gut auf! Horch' gut in Deinen Bauch! Dein Baby ist vielleicht tot. Hör' noch mal hin. Bist Du sicher, daß sein Herz normal schlägt? Man muß es immerzu überwachen, sonst stirbt das Kind und man weiß es nicht. Wenn das passiert, dann

hast Du ein totes Baby in Dir..." Die jungen Frauen haben sie gemieden. Sie machte ihnen Angst. Absichtlich eingeleitete Fehlgeburten, wiederholte Abtreibungen und totgeborene Kinder. Es kommt sehr oft vor, daß das Kind, das vom gesetzlichen Vater abstammt, weggemacht wird oder aus dem Körper der Mutter herausgestoßen wird - ein totes oder zum Sterben verurteiltes Kind. Wie kann ein so junges, mittelloses und einsames Mädchen ein unerwünschtes Kind der Gewalt und des Inzests akzeptieren? Wie kann man mit dem ständigen Zeugen der Gewalt leben, die dem Körper angetan wurde und der gegen seinen Willen einen neuen Körper hervorgebracht hat, der nach Leben, Zärtlichkeit und Liebe verlangt...?
Deshalb leiden diese Kinder, wenn sie bei der Geburt nicht weggegeben oder verlassen wurden, wenn sie auf eine gewisse Art dem Tode widerstanden haben, unter den mütterlichen Ängsten, ihren Depressionen, ihren Krisen und Ausbrüchen, sie werden weggegeben und wieder woanders untergebracht, weil ihre Mutter mit der eigenen Kindheit nicht fertig wird.
Eine junge Frau schrieb 1977*, daß sie täglich mit ihrer Vergangenheit als kleines, von der Mutter mißhandeltes und vom Vater vergewaltigtes Mädchen lebe - die Mutter war die Komplizin des Vaters: er ist der Chef, er bestimmt... Mit 22 läuft sie von zu Hause weg, um den elterlichen Folterqualen zu entgehen. "Meine Kindheit ist täglich gegenwärtig... ich kann meine Kinder nicht erziehen." Sie erträgt sie nicht. Sie will sie einer Institution anvertrauen, kennt sich aber nicht aus. Diese Kinder stammen nicht von ihrem Vater. Sie hat geheiratet. Sie hat 2 Kinder bekommen. "Ich zerstöre langsam meine Kinder... ich habe kranke Nerven, und das kann man nicht heilen..." Sie wird sie weggeben. Wie diese Jugendliche A.M..., deren Freundin an Menie Grégoire schreibt, auch ihre Tochter weggibt.
A.M... ist mit 2 Jahren Halbwaise und wird von der Mutter bis zum 5. Lebensjahr weggegeben. Die Mutter

heiratet wieder und nimmt die Tochter zu sich. Als sie 7 Jahre alt ist, beginnt der Stiefvater, sich ihr sexuell zu nähern. Er läßt sich von ihr masturbieren. Von 7 bis 14 Jahren zwingt er ihr ständig heimlich seine sexuellen Beziehungen auf. Die Mutter weiß nichts. Mit 14 wird sie schwanger.
Der Stiefvater kaufte Blut und tat es auf ihre Binden, damit die Mutter nicht mißtrauisch wurde.
Sie wird wegen Fehlens mit ihrer Mutter ins Gymnasium bestellt und fliegt von der Schule. Die Mutter erfährt, daß sie schwanger ist. Mutter und Stiefvater versuchen vergeblich, sie zur Abtreibung zu bringen. Sie bekommt eine kleine Tochter.
Der Stiefvater schläft weiterhin mit ihr.
Sie zeigt ihn an. Er wird eingesperrt.
Die Mutter wirft ihre Tochter und ihre Enkeltochter aus dem Haus.
Selbstmordversuch. Krankenhaus.
Ihre Freundin trifft sie wieder. Sie schläft mit diesem und jenem. Sie will ihre Tochter weggeben. "Es ist ein kleines linkisches und trauriges Mädchen" bemerkt die Freundin. So wie dieses kleine, aus einem Inzest hervorgegangene Mädchen – der Vater war ins Gefängnis gekommen, und die Tochter lebte mit ihrer Tochter bei der Mutter – von dem die Nachbarin sagte: "Dieses kleine Mädchen hatte etwas unnormales an sich... es lächelte nie, es war traurig, es hatte etwas, das nicht in Ordnung war... so als ob es nicht geliebt würde." So sieht das Porträt eines kleinen, aus einer unseligen Verbindung hervorgegangenen Mädchens in den Augen der anderen aus. Alles, was nicht konform ist: die Kinder, die nicht so sind, wie die anderen, die anders sind, sind zwangsläufig unglücklich... Allgemeine Auffassungen, die aber auch einen Kern Wahrheit enthalten. Ganz einfach die Wahrheit über ein Kind, das seine Mutter nicht gewollt hat. Sie sagt, daß sie es trotz allem liebe, aber ihre Gesten und ihr Körper sagen das Gegenteil. Die Geschichte von Jacqueline und ihren Kindern (den

4 Kindern des Stiefvaters) ist in dieser Hinsicht bezeichnend. Sie möchte sie bei sich haben, glücklich... aber das ist unmöglich. Sie lehnt sie gegen den eigenen Willen ab und mit jeder ihrer Gesten - bis hin zur letzten, endgültigen und mörderischen Geste - stößt sie die Kinder weit von sich weg, immer weiter weg, bis sie getrennt eingesperrt werden, sie ins Gefängnis und die Kinder ins Waisenhaus und dann bei einer Pflegemutter auf dem Land... Für sie, wie für viele von diesen Müttern, ist das einzige Zeichen der Anerkennung, daß die Kinder noch Mama sagen. Dieses Wort hat ein derartiges Gewicht für die Gefühle der Mütter, die ihre Kinder weggegeben haben, daß die Mütter ein Kind verprügelt, mißhandelt und totgeschlagen haben, weil es nicht Mama sagen konnte. "Es nannte mich Madame... das habe ich nicht ertragen...", sagte eine junge Gefangene, die ihr Kind fast getötet hatte, weil es nicht Mama sagte: Es war von 6 Monaten bis zu 3 Jahren in Pflege gegeben worden.
Pierrette erzählt ihre Geschichte. Sie ist wegen Diebstahls im Gefängnis. Sie erzählt, und nach und nach begreift man die Hintergründe für ihre Auflehnung. Sie wurde wegen Diebstahls angeklagt und verurteilt, und dennoch gleicht ihr Weg seltsamerweise dem der anderen Frauen: Als kleines Mädchen wird sie weggegeben. Sie stammt aus einer großen Familie. Der Vater verschwindet. Der Stiefvater ist gewalttätig. Sie reißt aus. Wird schwanger. Treibt ab. Lebt in Heimen. Reißt aus. Die Mutter geht weg. Liaison mit dem Stiefvater. Ein Mädchen wird geboren. Sie geht mit ihrer Tochter weit weg. Kommt zurück. Wird wegen ihrer Brüder wegen Diebstahls eingesperrt ...

Als ich so etwa 13 Jahre alt war, habe ich begriffen, daß er sich an mich ranmachte

Pierrette ist groß und blond. Sie sagt: "Hier wird man dick." Sie schlägt ihren Mantel über ihre Brüste und ihren Bauch. Sie hat eine sehr weiße Haut und schmale, stechende Augen. Sie wird demnächst 20 Jahre alt. (Dezember 1977)
Ich weiß nicht, wo ich anfangen soll. Mein Leben ist ein ganzer Roman. Meine Eltern haben sich getrennt, als der Jüngste – wir waren 6 Geschwister – gestorben ist. Ich weiß nicht, woran er gestorben ist. Mein Vater war immer hier und da. Er verkaufte Kisten, Kasten und Kästen auf den Märkten. Meine Mutter hatte ihn wegen meinem Bruder Bescheid gesagt. Es ist nicht gekommen. Wir haben ihn nie wieder im Haus gesehen. Meine Mutter hat uns in eine Pension gesteckt. Sie hat einen Lastwagen gekauft, um die gleiche Arbeit wie mein Vater zu machen, aber allein. Meine Mutter war sehr tüchtig und fleißig.
Sie hat sich mit einem Typen zusammengetan, der einen Zirkus hatte. Er hatte Frau und Tochter. Er ist bei meiner Mutter geblieben. Meine Mutter wollte uns bei sich haben. Sie hat uns aus der Pension herausgeholt. Ich bin länger als die anderen dort geblieben, ich weiß nicht, warum. Wir haben Zirkusnummern gelernt. Ich bin nicht zur Schule gegangen. Das heißt, nicht viel. Mit 9 Jahren habe ich lesen gelernt. Ich habe mit dem Pferd gearbeitet, als Reiterin. Ich drehte Runden. Ich fand das gut. Mein Stiefvater hatte die Löwen – meine Mutter ist jetzt Dompteuse. Einmal war ich allein mit meiner Großmutter. Ich mußte auf die Löwen aufpassen. Aber ich hatte ihre Käfige sauber gemacht und all das und hatte die Nase voll. Die Löwen zankten sich. Man

mußte sie mit einer Forke auseinanderbringen. Mir war das egal. Sollten sie sich doch gegenseitig auffressen. Ich hatte schon genug getan. Dann bin ich nachschauen gegangen. Der eine Löwe hatte den Schwanz des anderen abgebissen. Das war eine Katastrophe für den Zirkus. Mit ihm konnte man nichts mehr anfangen. Wir haben ihn geschlachtet und den anderen auch. Ich weiß nicht, was der hatte. Als mein Stiefvater das gesehen hat, hat er mich mehrere Tage in einer Art Zimmer oben im Lager eingeschlossen, um mich zu bestrafen. Meine Mutter war damit einverstanden. Meine Mutter war auch streng. Wir mußten gehorchen. Sie war oft nicht da. Sie haute mit diesem oder jenem ab, einfach so. Sie schrien sich die ganze Zeit an. Ich riß öfters aus. In Paris hatte ich einen netten Jungen kennengelernt - ich war damals ungefähr 14 oder 15 Jahre alt. Wir trafen uns oft, aber ich konnte nie lange bei ihm bleiben. Ich lief auch weg. Wie meine Mutter. Ich hatte eine Freundin. Sie war von der Fürsorge. Mit ihr bin ich überall hingegangen. Wir gingen alle beide auf die Landstraßen ohne irgend etwas. Wir amüsierten uns. Wir haben niemals Probleme mit den Typen gehabt, die uns per Anhalter mitnahmen. Wir sind nie vergewaltigt worden oder so. Manchmal trafen wir Kameraden. Wir blieben nicht lange mit ihnen zusammen. Wenn ich zurückkam, ging ich meinen Freund besuchen. Er sagte zu mir: "Du bist wieder mit Deiner Freundin abgehauen?" Wir waren beide nur Kameradinnen, sie und ich. Wenn wir im gleichen Bett schliefen, dann machten wir nichts. Bei ihm nahm ich nicht die Pille. Als ich schwanger war, habe ich es meiner Mutter erzählt. Sie wollte es wegmachen lassen, ich wollte das nicht, und er wollte es auch nicht. Ich habe vergessen, wie es gekommen ist, daß ich mich nach einer Fehlgeburt in der Klinik wiederfand. 2 Mal bin ich aus einem Heim ausgebrochen, wo ich eingesperrt war. In einer Art Zimmer hat man mich isoliert. Ich konnte dort nicht bleiben. Ich habe mir gesagt: Du wirst schon sehen... meine Alte. Ich habe den Kitt von den Fenstern abgemacht. Ich bin abgehauen und zur Autobahn marschiert. Die Bullen haben mich angehalten. Ich habe gesagt, ich würde meinen Vater besuchen. Ich habe seine Adresse angegeben. Ich habe die Stimme eines kleinen, verlaufenen Mädchens nachgemacht. Sie haben mir geglaubt. Ich habe meinen Freund wieder aufgesucht. Ich habe ihm das wegen dem Kleinen gesagt. Ich bin wieder mit meiner Freundin weggegangen... Die Bullen haben uns erwischt, ich weiß nicht, wieso. Auf der Polizeistelle hat sie alles, aber auch alles, kurz und klein geschlagen. Sie ist in eine psychiatrische Anstalt gekommen. Ich wollte sie nicht verlassen. Man hat mich mit kleinen bekloppten Kindern zusammengesteckt, das war fürchterlich. Sie war volljährig. Da bin ich abgehauen. Von Zeit zu Zeit ging ich zu meinem Vater, um ihm Geld zu mopsen. Meine Mutter und mein Stiefvater, das war ein Zirkus, das war unmöglich. Ich wollte sterben.

Einmal, als ich allein war, hatte ich die Schnauze voll, ich mochte niemanden und wollte nichts tun. Ich wollte mich umbringen. Ich habe an die Löwen gedacht. Sie hätten mich in wenigen Minuten zerfleischen können. Ich habe mich neben den Käfig gelegt. Aber ich habe mir gesagt, daß sie mich überall zerkratzen würden, besonders im Gesicht. Ich habe Angst gehabt, daß sie mich entstellen würden. Selbst wenn ich tot wäre. Eine Art von Eitelkeit also. Ich wußte, daß mein Stiefvater ein Gewehr hatte. Ich habe mir eine Kugel in den Bauch geschossen. Meine Großmutter hat mich gefunden. Ich bin nicht gestorben.

Mein Freund war immer noch da. Er wollte mit mir zusammenleben. Aber ich konnte nicht verhindern, immer wieder abzuhauen. Das letzte Mal hat er zu mir gesagt: "Wenn Du weggehst, ist es aus." Ich bin mit meiner Freundin abgehauen, immer mit ihr. – Wenn ich bedenke, was sie mir seitdem angetan hat, für meine Tochter und all das... Wenn ich hier rauskomme, weiß ich, wo ich sie finden kann... Ich weiß nicht, was

ich tun werde, aber auf die eine oder andere Art... schließlich... Als ich zurückgekommen bin, war mein Freund verlobt. Er wollte heiraten, das Mädchen war schwanger.
Bei meiner Mutter war es... also gut. Ich bin dageblieben, ich war mutlos, ich erwartete nichts mehr. Sie haben sich gezankt, und meine Mutter ist abgehauen. Ich bin mit meinem Stiefvater und den Geschwistern allein geblieben. Ich konnte sie nicht allein lassen. Ich habe ein bißchen meine Mutter ersetzt. Eines Abends... Ich erinnere mich daran, daß ich einmal meiner Mutter gesagt habe – aber sie hat es mir nicht geglaubt, sie sagte immer, ich würde lügen – daß mein Stiefvater mich immer so komisch anfaßte, um zu spielen. Ein bißchen überall. Das ging schon lange Zeit so. Ich verstand nicht gut, was er machte und ließ es geschehen. So mit 13 habe ich festgestellt, daß er sich an mich ranmachte, und da hat es auch angefangen, mich anzuwidern. Da habe ich es meiner Mutter erzählt, aber sie glaubte mir nicht. Sie hat mich in schwierigen Augenblicken immer allein gelassen. Andererseits stimmt es, daß sie alles für uns getan hat... Also, eines Abends kommt mein Stiefvater zu mir – ich war mit meinen Brüdern im Wohnwagen – schickt meine Brüder hinaus und sagt, daß er mich sprechen wolle. Wir haben uns lange unterhalten. Er hat mir gesagt, daß er schon immer in mich verliebt gewesen sei, daß er meine Mutter nie geliebt hätte und daß er mich, wenn ich wollte – ich war damals so 16/17 – mit nach Spanien oder woanders hin mitnehmen würde und daß wir das Zirkuszelt und die -wagen mitnehmen würden... Wir würden beide weit weg gehen. Er würde mich heiraten: Wir würden glücklich sein. Ich habe nichts gesagt. Er hat mir das öfter gesagt. Er sagte, er liebe mich. Die ganz große Leidenschaft. Die große Liebe. Ich sagte ihm nicht, daß ich ihn liebe. Ich liebe ihn nicht. Schließlich habe ich mit ihm geschlafen. Ich habe ihn machen lassen. Wir taten das heim-

lich. Meine Mutter ist wiedergekommen. Er wollte sie rausschmeißen, er wollte sie nicht mehr sehen. Ich habe ihm gesagt, daß ich weggehen würde, wenn er nicht mit meiner Mutter zusammenbliebe. Meine Mutter hat es erfahren. Sie tat so, als wäre es nicht wahr. Wegen meines Bauches, der Kugel, der Operation und all dem konnte ich die Pille nicht nehmen. Das hatte alles kaputtgemacht. Ich machte das... Ich weiß nicht... Ich mochte das nicht besonders, ich habe kein Interesse am Geschlechtsverkehr - ich war immer ein ernsthaftes Mädchen und wenn ich ausgerissen bin, dann war das nicht, um mit jemandem zu schlafen - ich dachte nicht, daß ich ein Kind kriegen könnte. Jedenfalls habe ich eins bekommen. Dieses wollte ich wegmachen lassen. Ich habe alles versucht. Meine Mutter wollte es nicht. Ich habe es behalten.

Das ist meine Tochter.

Als ich sie bekommen habe, habe ich alles aufgegeben. Wir waren allein, wir beide. 2 Jahre lang habe ich wie eine Verrückte für sie gearbeitet. Ich stahl nicht mehr. Ich hatte sie zu einer Pflegemutter gebracht. Ich arbeitete als Serviererin. Die Pflegemutter kannte ich. Ich wußte, daß meine Tochter gut bei ihr aufgehoben war und war zufrieden. Ich lebte allein. Es gelang mir nicht, einen Typen zu finden. Ich traf mich mit ihnen, ich sah sogar viele, aber ich führte sie an der Nase herum, ich versprach ihnen dies und jenes, und sie sagten mir, daß sie mich heiraten wollten, daß sie meine Tochter nehmen würden, sie brachten Geschenke für sie mit... Ich habe sie damit nach Hause geschickt, ich wollte das nicht. Weder ihre Geschenke, noch ihr Geld, noch ihre Versprechen. Das ging 2 Jahre lang so. Bis zu dem Tag, an dem meine Mutter mich holen gekommen ist, damit ich zurückkomme. Ich bin zurückgegangen. Mein Stiefvater war da. Meine Mutter ist fast sofort verschwunden. Und ich war allein mit meiner Tochter und der ganzen Familie - mit Brüdern und Schwestern

- um die ich mich kümmern mußte. Meine Brüder machten Dummheiten. Meine Freundin ging mit meinem Bruder, dem, der nebenan in Fleury im Gefängnis sitzt. Sie sagte, sie wollte ihn heiraten. Sie klauten irgend etwas, irgendwie. Sie sind erwischt worden. Und ich bin hier wegen ihnen. Ich habe alles auf mich genommen. Meine Freundin hat gesagt, daß sie sich um meine Tochter kümmern wolle. Meine Mutter wollte sie nicht nehmen. Ich habe erfahren, daß meine Freundin sich der Sache entzogen hat. Sie hat die Kleine bei Bekannten gelassen. Es ist ein Ehepaar. Sie haben mir geschrieben. Ich glaube, sie ist gut bei ihnen aufgehoben. Wenn ich hier rauskomme, weiß ich nicht, was ich tun werde. Ich bin in Opposition gegen alles, gegen alle. Ich muß explodieren.
Meine Tochter, ich weiß nicht.

Er hat mir einen Faustschlag versetzt, da habe ich nie wieder angefangen

Christine trennt sich auch vom Körper ihrer Kinder, die sie von dem Geliebten ihrer Mutter bekommen hat. Eine brutale und radikale Trennung, da sie einerseits im Gefängnis sitzt und andererseits einen kleinen dreijährigen Jungen sterben ließ, den sie heimlich mit ihrem Mann begraben hat. Als sie 10 Jahre alt ist, zwingt ihre Mutter sie, im Haus zu bleiben und sich um den Haushalt und die Küche zu kümmern... In die Schule geht sie nicht oft. Mit 13 lernt sie den Geliebten der Mutter kennen, der anschließend der Geliebte der Schwester sein wird. Er ist freundlich zu ihr, wie ein Beschützer. Sie hört ihn an. Sie glaubt ihm. Sie muß jemandem glauben können, daß er sie liebt. Als sie mit 14 zur Arbeit geschickt wird, reißt sie mit dem Geliebten der Mutter und ihrer Schwester aus. Sie ist schwanger. Zurück bei der Mutter wird sie in ein Heim "Bon Pasteur" gesteckt. Von dort aus in ein Mütterheim, wo sie ihren ersten Sohn, Christophe, bekommt. Sie macht eine Prüfung als Verkäuferin, dann geht sie zur Mutter zurück und heiratet ihren Liebhaber, der seinen Sohn anerkennt. Aus einem Heim, in dem sie wohnen, werden sie hinausgeworfen. Das Kind wird Ihnen auf richterlichen Beschluß entzogen. Ein zweiter Junge wird bei der Fürsorge geboren. Die Mutter behauptet, daß er behindert sei. Sie hat ihn niemals sehen wollen, erzählt sie der Erzieherin im Gefängnis. Im Alter von 3 Jahren wird Christophe auf Anordnung des Vaters von der Mutter bei der Pflegemutter entführt. "Wir flüchteten, wir gingen überall hin, wir lebten im Wohnwagen und von den ungedeckten Schecks meines Mannes..." Er sperrt Christine ein. Sie ist gefangen. Schon als sie geheiratet haben (sie war 17) hatte der Geliebte für sie ein Haus mit Vorhängeschloß und Riegel vorbereitet, um sie einzusperren. Er ist Wiederholungstäter. Er macht ihr Versprechungen, wie die Gefangenen ihren Mitinsassen, lange Versprechen, die sich alle gleichen. Man kann es noch in diesem Brief von einem Gefangenen aus Coutances an eine im allgemeinen Dienst kennengelernte Gefangene nachlesen: "Ich möchte gerne, daß Du eins weißt, Doudoune, mein Liebling, die Kinder werden bei uns sein. Ich möchte, daß sie in ihrem Haus, in ihrem Zimmer bei ihrer Mutter sind. Ich möchte, daß sie glücklich sind. Und ich weiß, daß Du, meine liebe Doudoune, glücklich mit den Deinen um Dich herum sein wirst. Es kommt nicht in Frage, daß Du wie eine Verrückte arbeitest. Du wirst genug damit zu tun haben, Dich um Haus, Mann und Kinder zu kümmern. Ich will so viel wie möglich von Dir haben, mein Schatz. Also, die Frau gehört ins Haus..." Sie sprechen alle von einer neuen Zukunft, von Sonnenschein, vom Familienglück mit dem oder den ihnen unbekannten Kindern der Frau, die sie aber schon von der Haftzelle aus anerkennen und lieben...

Kaum aus dem Gefängnis heraus, sperrt er Christine von neuem in das Haus ein, wo sie noch nicht einmal

die Fenster aufmachen kann. Er schlägt sie und bedroht sie mit dem Tode. Im Wohnwagen fährt er fort, sie zu schlagen. Er weigert sich, für Christophe, dem es sehr schlecht geht, einen Arzt zu holen: "Auf diese Art und Weise konnte er mich treffen. Einmal habe ich mich dagegen aufgelehnt, da hat er mir mit aller Kraft einen Schlag in den Magen versetzt, der mich für eine halbe Stunde auf den Boden geworfen hat. Ich habe verstanden. Ich habe nie wieder angefangen... Das Kind ist wegen mangelnder Pflege gestorben. Wir haben es selbst auf einem Friedhof beerdigt."
Sie sitzt im Gefängnis.
Von neuem schwanger, bekommt sie 1972 ihren dritten Sohn. Sie behält ihn bei sich im Gefängnis bis er 18 Monate alt ist. Sie ist zu 15 Jahren Gefängnis verurteilt. Noch einmal eine Trennung über mehrere Jahre von diesem Kind, das von einem brutalen und gewalttätigen Vater gezeugt wurde, der sich, weil er ein Mann ist, der Körper der Frauen - Mütter, Töchter, Schwestern - bemächtigt. Christine hat ihn nicht getötet, so wie Jacqueline ihren Stiefvater umgebracht hat. Sie hat eines ihrer Kinder wirklich und zwei symbolisch getötet. Sie ist tot für diese Kinder der Gewalt, die aus einer Inzest-Verbindung hervorgegangen sind. Die Schwester von Christine hatte eine Beziehung zu diesem Mann. Dann heiratet sie, kriegt Kinder und verläßt sie, um mit einem Mann, der aus dem Gefängnis kommt, zusammenzuleben. Die Karte, die sie ihrer Schwester schreibt, ist von solcher Neutralität - wie die Karten, die von offiziellen Stellen an die Gefangenen geschickt werden - daß man von der Banalität betroffen ist. Es ist eine kleine miauende Katze. "Meine liebe Schwester. Ich schicke Dir diese Karte, um Dir gute Nachrichten von mir zu schicken. Ich hoffe, Dir geht es gut und daß nichts schlimmes passiert ist, denn Mama hat gestern Deinen Brief bekommen, und sie hat Dir die Überweisung, die Du haben wolltest, geschickt... Heute ist Sonntag, und das Wetter ist grau. Es regnet, es ist immer das gleiche. Deine Dich liebende und an Dich

denkende Schwester."
Noch 10 Jahre Haft.
Ihre Kinder in 10 Jahren?
Im Gefängnis hat sie eine Beziehung zu einer Frau. Sie sagen, daß sie auf sich warten werden, wenn es sein muß ein ganzes Leben lang.

Wenn man diese Geschichte liest, so wird der Blick auf andere Geschichten gelenkt, die im Augenblick des Dramas erzählt werden. Der medizinische Bericht von der kleinen Fabienne würde nicht mehr aussagen, als ein Krankenhausbericht sagen kann, wenn man oberflächlich lesen würde und die Mediziner einfältig wären. In der Tat beschränkt sich der Bericht nicht nur auf die einfache Darstellung medizinischer Tatsachen, sondern gibt auch Auskunft über die Geschichte von Fabiennes Mutter, deren Mutter und über ihr Leben mit den Männern**... Die kleine Fabienne, deren Lebensweg von 1969 - 1973 verfolgt wird, wird mit 10 Monaten wegen starker Unterernährung ins Krankenhaus gebracht. Sie hat Blutergüsse und Kratzwunden im Gesicht und Verbrennungen am Bauch. Ihre Mutter lebt mit einem jüngeren Mann zusammen, der nicht der Vater von der aus einer Zufallsbekanntschaft hervorgegangenen Fabienne ist. Die Mutter ist ungefähr 18 Jahre alt. Sie selbst ist ein uneheliches Kind. Ihr Vater hat sie nicht anerkannt. Sie hat ihn nie kennengelernt. Ihre Mutter heiratet. Sie ist 5 Jahre alt und bei einer Pflegemutter untergebracht. Sie reißt aus. Sie kommt in eine Art Erziehungsheim und von 7 bis 12 Jahren in ein Internat. Als sie zu ihrer Mutter zurückkommt, hat diese wieder geheiratet. Im Bericht steht eine kurze Andeutung über einen Vergewaltigungsversuch des Stiefvaters an der Tochter seiner Frau. Das Mädchen arbeitet mit 15 in der Fabrik. Dann wird sie Hausangestellte und Kindermädchen und verläßt als Schwangere die Stelle. Der Freund soll sie sitzengelassen haben, als er von der Schwangerschaft erfuhr. Sie traut sich nicht, es ihrer Mutter zu sagen, die es von einer Nachbarin erfährt. Die

Mutter soll erfolglos versucht haben, sie abtreiben zu lassen. Im Mütterheim wird sie von Fabienne entbunden. Sie sagt, sie hätte lieber einen Sohn gehabt. Das kleine Mädchen wird mit Kaiserschnitt geboren. Es hat also von der Geburt an den mütterlichen Bauch gezeichnet, es ist ein Mädchen, das sie herausfordert. Die Mutter verbietet ihrer Tochter, das Kind zu stillen. Sie gehorcht. Sie gehorcht auch, als ihre Mutter ihr eine Einzimmerwohnung besorgt, die sie für sie gefunden hat, damit sie sie besser kontrollieren kann und als die Mutter von ihr verlangt, das Kind in Pflege zu geben.
Sie arbeitet von neuem in der Fabrik.
Sie lernt einen Jungen kennen, der nicht arbeitet. Sie lebt mit ihm zusammen. Es kommt zu heftigen Auseinandersetzungen zwischen Mutter und Tochter: "Ich hasse Dich, ich habe Dich nie geliebt," sagt die Tochter zu ihrer Mutter... Die Tochter wird die eigene Tochter, die kleine Fabienne, mißhandeln und wird selbst von ihrem Freund verprügelt werden. Es ist die Großmutter mütterlicherseits, die ihre Tochter bei der Polizei anzeigt. Sie will, daß ihre Tochter ins Gefängnis kommt und das Sorgerecht für Fabienne verliert, damit sie selbst die Kleine aufziehen kann.
Nach dem Krankenhausaufenthalt kommt Fabienne in eine Kinderkrippe, dann zu Pflegeeltern. Ihre Mutter, die in dieser Zeit mehrere Selbstmordversuche unternommen hat, besucht sie regelmäßig. Sie hat ihren Freund verlassen. Sie arbeitet. Sie hat geheiratet und der Ehemann hat das kleine uneheliche Mädchen anerkannt. Die Beziehung zwischen Mutter und Tochter ist schwierig - "Du wirst schon sehen, wenn Du nicht artig bist, bringen wir Dich in ein Heim... ich bestimme hier" - besonders dann, wenn der Aufenthalt bei der Mutter länger als üblich dauert. Im Gegensatz dazu scheint es so, als ob die Mutter mit der zweiten, der ehelichen Tochter, ein ganz entspanntes und glückliches Verhältnis hat.

Viel zärtlicher als zu Fabienne.
Bei einer so langen Geschichte, die in so viel Einzelheiten erzählt wird, kann man, ohne sich groß zu täuschen, annehmen, daß einerseits die Mutter von Fabienne ihre Tochter eher vom Stiefvater als von einer vorübergehenden Bekanntschaft bekommen hat, selbst wenn darüber mit dem Einverständnis der Tochter und trotz der Angst vor Zerstörung der Großmutter nichts gesagt wird. Und daß andererseits viele eigene Elemente bei dieser Geschichte vorhanden sind, und daß wir aus anderen Berichten herauslesen können, daß, wenn Fabienne zu ihrer Mutter zurückkommt, sie vielleicht durch Verführung, Verbündung und Provozierung der Mutter eine Inzest-Beziehung zu ihrem Stiefvater haben wird. (Wir erinnern hier an die Geschichte von Antoinette und anderen.) Es handelt sich hier um einen tragischen und faszinierenden Wiederholungseffekt. Eine Geschichte, in der sich alles in der auffälligen Mutter – Tochter Beziehung zeigt, und wo sich alles in unveränderter und mörderischer Form wiederholt.
Die kleinen Mädchen haben ihren Körper für immer verloren, Sexualität und Mutterschaft lassen sie völlig kalt, weil ein Mann, ihr Vater oder Stiefvater, der so lange im gleichen Haus gelebt hat, aus den Phantasmen seiner Tochter ein Kind von ihm zu haben – das sagen die Psychologen – Wirklichkeit hat werden lassen... Und die Phantasmen des Vaters? Der Körper des kleinen Mädchens wächst unter den aufmerksamen Blicken des Mannes auf, der Lust auf ein kleines Mädchen, auf gerade sprießende Schamhaare und knospende Brüste hat. Und sie wird Frau und Mutter, ohne ihre eigenen Wünsche zu kennen, weil sie die männliche, die väterliche Gewalt kennengelernt hat und weil er der erste sein will, der den jungfräulichen Bauch durchstößt. Die Mutter war mit diesem Mann oder einem anderen am Anfang ihres Lebens zusammen, weil sie von ihr geboren wurde; der Mann wird am Anfang als Liebhaber und Vater stehen. Der erste Vater der Kinder seiner Tochter. Und sie,

wollte sie diese Wirklichkeit erleben? Durch die Gewalt? Und wenn andere es in ihren Phantasien oder Gedanken erleben, so hat sie es in ihrem Bauch durch das Eindringen, die Schwangerschaft, die Abtreibung und die Geburt erlebt. Ist nicht jedes kleine Mädchen irgendwo das Ziel dieses väterlichen Wunsches - seine eigenen Wünsche sind nicht gefragt - seinen Körper zu berühren und ihn fast immer mit Gewalt, denn das Begehren und die Gewalt gehören zusammen, zu besitzen, einen Körper, der ihn wegen seiner Jugend und Zartheit rührt und der das jüngere Ebenbild der Mutter, seiner Frau, die er vielleicht einmal geliebt hat, ist.

ER NANNTE MICH SCHLUPPCHEN

Der Mann im Haus schwängert nicht immer die Frauen und Töchter seines Clans. Wenn die Tochter ihre Mutter, die Frau dieses Mannes nicht ersetzt, um fast seine Frau und ihrerseits Mutter zu werden, so ist sie dafür da, seine Blicke auf sich zu lenken, seinen Körper anzustacheln und ihn scharf zu machen; und mit seinen Händen und seinem Penis streicht er um sie herum und berührt sie in der Verschwiegenheit des Schlafzimmers und der Nacht. Er kommt nachts dorthin, wo sie schläft, in ihr Zimmer und ihr Bett. Das Bett der Mutter verläßt er, und er hinterläßt dort vielleicht seine schlafende Frau, und wenn sie aufwacht, wird sie nicht merken, daß er seinen Platz neben ihr verlassen hat und daß die Laken kaum verknüllt sind? Weiß sie nicht, daß er leise, ohne Licht zu machen, aufgestanden ist und im Dunkeln ganz leise, damit sie nicht aufwacht und keine Fragen stellt, davongeschlichen ist? Vielleicht tut sie auch nur so, weil sie Bescheid weiß, und im Grunde genommen kann er ihre Tochter ja haben, wenn er ihr kein Kind macht. Sie gehört ihm. Und wenn er nicht der Vater ist, so hat er ihr schon gesagt: "Außerdem bin ich nicht ihr Vater", selbst wenn er anschließend beim Untersuchungsrichter erklärt, was er alles für sie getan habe – obwohl sie nicht seine Tochter sei – für ihre Ausbildung und Erziehung, und er betont: "Sie nannte mich sogar Papa..." Das stillschweigende Einverständnis und die stumme Mitwisserschaft der Mutter lassen ihn glauben, daß es sich fast um ein Geschenk handelt. Wenn die Mutter sich so oft ins Schweigen flüchtet – außer in dem angenommenen Fall, daß sie diesen Mann nicht mehr in ihrem Haus haben möchte, und dann wird sie alles tun, um ihn hinauszuwerfen, weil sie seine Gegenwart nicht mehr ertragen kann und nicht, weil er mit ihrer Tochter geschlafen hat – dann liegt das daran, daß sie fühlt, wie sie älter wird und daß ihr abgenutzter und verbrauchter Körper nicht mehr weiblich genug für den Mann ist. In ihrer Tochter – ihre Tochter ähnelt ihr, sie ist nur jünger, fester, biegsamer – erlebt sie das Begehren des Mannes, der sie nachts verläßt, um in das Zimmer und das Bett nebenan zu gehen, und sie weiß sehr gut, wohin er geht und was er dort tut, selbst wenn ihre Tochter sich nicht traut, ihr etwas zu sagen, weil sie ihr nicht zuhört und weil sie ihre Weigerung, ihre Angst und Hoffnungslosigkeit nicht sehen will. Wenn sie nachts allein im Bett bleibt, dann muß sich ihre Tochter dafür erkenntlich zeigen. Es ist nicht immer aus Angst vor dem Skandal und den rechtlichen Folgen, daß sie nichts sagt. Vielleicht, wenn sie nicht dabei ist, um zuzusehen, um an dem Spiel zwischen Mann und Tochter teilzunehmen oder um selbst bei diesen Szenen mitzuspielen (was öfter geschieht, als man glaubt), so bleibt sie wach, um zu überraschen und durch die Wand zuzuhören, was auf der anderen Seite geschieht und ob dort das gleiche erotische Spiel abläuft, wie mit ihr, als sie noch einen begehrenswerten und begehrenden Körper hatte. Das Schweigen ist der Mutter kostbar, damit sie Mann und Tochter im Haus behält. Das Haus der Mutter verlassen... Denn selbst wenn der Mann für die Bezahlung der Miete arbeitet, so ist die Mutter doch für die Haushaltsführung und die Aufzucht der Kinder verantwortlich, es ist das Haus der Mutter. Um davon loszukommen, braucht man eine so lange Zeit, daß selbst die Ausreißerinnen zurückkehren. Das Haus der Mutter verlassen, das entwurzelt. Und die Mutter benutzt das Bett der Tochter, um zu verhindern, daß Mann und Tochter sie verlassen. Sie sind da, bei ihr, sie werden nicht weggehen, oder ihr Weggang wird eine so einschneidende Trennung sein, daß das Mädchen sich – wirklich oder nur in Gedanken – umbringen möchte, und der brutal von seinen Frauen getrennte Vater sich vor dem Richter verantworten müßte und ins Gefängnis käme oder fliehen müßte.

... alle Mädchen würden das mit ihrem Vater machen

"Nach dem Bericht der jungen Raymonde kam ihr Vater von 1975 an regelmäßig, wenn ihre Mutter eingeschlafen war, in ihr Bett, masturbierte sich vor ihren Augen und zwang sie unter Drohungen, seinen Penis zu streicheln. Manchmal mußte sie auch an seinem Penis lutschen (...) Der Angeklagte hat die ihm vorgeworfenen Taten gestanden. (...) Er behauptete, niemals Drohungen ausgesprochen zu haben oder versucht zu haben, vollständigen Geschlechtsverkehr mit dem Kind zu haben. (...) Es ist zu bemerken, daß er sich gleicher Vergehen bei 3 seiner inzwischen volljährigen Nichten schuldig gemacht hat." Wenn die Angelegenheit nicht "herausgekommen wäre", so wäre der Zusammenhalt des Clans so stark gewesen, daß die Nichten nichts gesagt hätten. Hier richtet der Vater-Onkel seinen Blick nicht nur auf die engsten Verwandten: die Tochter seiner Frau und dann auf die eigenen Töchter bis hin zur jüngsten, sondern während der Ferien auch auf die Cousinen seiner Töchter. Sie flüstern es sich zu, erzählen es als großes Geheimnis, sie sagen es der ältesten, ohne zu wissen, daß diese auch über diese Dinge schweigt, bis zu dem Tag, an dem alles bekannt wird aufgrund einer Anzeige der Mutter oder der Tochter oder eines Verwandten.
In der endgültigen Anklageschrift, die nur eine Zu-

sammenfassung der Tatsachen gibt, steht nicht die vollständige Aussage des Mädchens. Vom Alter von 10 Jahren an - sie ist 16 bei der Untersuchung - zwingt sie ihr Vater nachts zu sexuellen Handlungen, die sie anekeln: "Ich konnte seine Beziehung nicht mehr ertragen... ich konnte meinen Vater nicht mehr sehen, er ekelt mich an und macht mir Angst. Er kam abends in mein Zimmer, wenn meine Mutter schlief. Er streichelte seinen Penis vor mir bis ein weißer Saft herauskam (...) er verlangte von mir, daß ich seinen Penis anfaßte... Er faßte meine Brüste an und zwischen meine Beine. Er sagte mir, daß das normal sei und daß alle Mädchen das mit ihren Vätern machten. Er schob auch seinen Finger in meine Scheide. Er masturbierte sich weiter vor mir und verlangte, daß ich ihn auch masturbieren sollte. Ich habe mich bis auf 2 oder 3 Mal, wo er mich bedroht hat, geweigert. Als ich so etwa mit 13 Jahren gesagt habe, daß ich das nicht mehr wollte, hat er zu mir gesagt: 'Wenn Du das Deiner Mutter erzählst, kannst Du was erleben!' Ich habe immer Angst vor ihm gehabt." Sie sagt, offenbar als Antwort auf eine Frage der Polizeiinspektorin, daß sie noch Jungfrau sei und daß sie noch nie sexuelle Beziehungen zu Jungen gehabt habe. Denn, damit der Untersuchungsbericht vollständig und genau ist, hat sie eine vom Amtsarzt vorgenommene gynäkologische Untersuchung über sich ergehen lassen müssen (und manchmal mehrere, je nach den Bedürfnissen der polizeilichen Untersuchung). Was kann man schon bei der Untersuchung des Jungfernhäutchens des Mädchens feststellen? Will man wissen, ob der Vater der erste war? Ob vollständiger Geschlechtsverkehr stattgefunden hat oder nicht oder nur das Eindringen eines Fingers? Für das Mädchen ist das eine zusätzliche Vergewaltigung. Für den Vater eine Rechtfertigung - sie war nicht mehr Jungfrau - seine Tochter wurde von einem anderen durchstoßen als von ihm,oder sie ist unschuldig. Für den Richter ist sie, wenn sie noch Jungfrau ist, ein anständiges Mädchen, sonst ist es eine, die mit jedem schläft. Man hört dann: "Sie lief den Jungen nach. Sie ging mit diesem und jenem, sie war leichtsinnig, ein leichtes Mädchen..." Das passiert eher nach dem Weglaufen von zu Hause, daß eine Jugendliche dies mit Jungen macht, die sie hier und da trifft. Raymonde setzt der medizinischen Untersuchung Widerstand entgegen. Sie verschließt sich, ihre Vagina verhindert, daß der wissenschaftliche und juristische Finger bis zu diesem mystischen Häutchen vordringen kann. Dennoch bringt ihre Mutter eine Bescheinigung vom Hausarzt mit, in der folgendes steht:

- Die Jungfernhaut ist wahrscheinlich nicht vorhanden aber es gibt keine Anzeichen von einem Zerreißen derselben;
- das Eindringen mit dem Finger zeigt eine Durchlässigkeit der vaginalen Öffnung;
- es gibt keine Anzeichen von Gewalteinwirkung in der Dammgegend.

Ein Amtsarzt berichtet von hunderten von kleinen Mädchen, die er untersucht hat: "Sie waren von ihrem Vater mißbraucht worden, und man konnte die Zerstörung der Scheidenwand feststellen. Bei einem kleinen Mädchen ist die Jungfernhaut ein sehr dünnes Häutchen, das nicht dehnbar ist. Es zerreißt und die Scheidenwand ebenfalls. Das ist sehr schmerzhaft, aber es verheilt problemlos." Dieser Arzt erzählt auch, daß er bei 3 Schwestern die gleiche Jungfernhaut festgestellt habe: "Durch die Einführung eines Fingers hatte der Vater die Jungfernhäute nach der gleichen Methode erweitert..."

Ich bin mit seinem Penis in der Hand aufgewacht

Die medizinische Untersuchung von Raymonde ist unmöglich. Der Amtsarzt kann also nur gewisse Dinge annehmen. Die dreizehnjährige Dominique erzählt von ihrer Angst bei gynäkologischen Untersuchungen: "Vor einem Frauenarzt ganz nackt zu sein, das geniert mich nicht. Aber ich habe Angst, daß er mich anfaßt und dort anguckt, daß er mich berührt und all das... das erinnert mich an meinen Vater..." Und M... sagt: "Man schiebt Dir so'n Ding in die Scheide, um zu gucken..., um Analysen zu machen. Das mag ich nicht sonderlich. Das tut weh. Ich habe eine Freundin, die hat verlangt, daß sie von einer Frauenärztin untersucht würde, weil sie Angst vor den Männern hätte." Die Phantasien der Mädchen über die Frauenärzte, Ihre Widerstände und Ängste... all das haben Raymonde und Dominique in der Wirklichkeit erlebt, weil der Blick des Vaters an ihnen haften geblieben ist, sie ausgewählt und bevorzugt hat. Diese Dinge, die sie sexuell privilegiert haben, haben ihnen vielleicht irgendwie und bis zu einem gewissen Moment geschmeichelt... bis zu dem Augenblick, in dem sie als Jugendliche begriffen haben, daß diese sexuelle Auswahl ihnen Unglück und Hoffnungslosigkeit gebracht hat, wo sie plötzlich festgestellt haben, daß sie unter Zwang leben, wenn auch die Gewalt nicht ständig präsent ist. Im übrigen, wenn sie geschrien hätte, wären ihre Schreie erstickt worden. Und das kleine Mädchen, das zuerst überrascht ist und dann resigniert, denkt es überhaupt daran, zu schreien? Das Verhör der Cousinen, der 3 Schwestern, die vom Onkel im Alter von 10, 11 Jahren angefaßt wurden, sagt viel über das vielleicht ängstliche Schweigen – sie erklären es nicht näher – das manchmal eine ganze Nacht lang der Verbündete des Onkels

war. Die Älteste: "Während der Ferien bei meiner Großmutter mütterlicherseits schlief ich bei meinem Onkel, weil kein Platz mehr bei meiner Großmutter war. Er zwang mich, im gleichen Bett zu schlafen und ihn jede Nacht zu masturbieren. Er streichelte mich, aber ich hatte keine sexuellen Beziehungen zu ihm. Ich habe es meiner Mutter und meiner Großmutter erzählt und bin nicht mehr zu meinem Onkel gegangen. Die Mittlere: "Eines Abends, als ich mit meinem Cousin und meiner kleinen Cousine in einem Zimmer schlief, ist mein Onkel ins Zimmer gekommen und hat mir seinen Penis in die Hand gelegt. Ich mußte ihn masturbieren, und er hielt meine Hand dabei fest..." Die Jüngste: "Es war beim Zelten. In der Nacht bin ich aufgewacht und hatte seinen Penis in der Hand. Er masturbierte sich, indem er meine Hand an sein Glied hielt..." Phantasien von kleinen Mädchen? Vielleicht, wenn das Gericht nur dem Vater-Onkel glauben würde. Es kommt oft vor, daß die Väter es abstreiten oder leugnen. Es kommt auch vor, daß das Mädchen unter verschiedenem Druck eine andere Aussage macht oder die Tatsachen anders darstellt. Ein Untersuchungsrichter sagt dazu: "Das Mädchen ist im doppelten Sinne Opfer: einmal vom Vater oder Stiefvater und dann von der Mutter, die darauf drängt, daß das Mädchen alles abstreitet oder die Klage zurückzieht..."
Der Vater von Raymonde gibt die Taten zu. Er gibt zu, daß er seine Töchter und Nichten dazu gebracht hat, ihn zu masturbieren. Doch er fügt hinzu: "Es ist nicht so, daß nur immer ich zu meiner Tochter gegangen bin. Manchmal kam sie zu mir und dann nutzte ich diese Augenblicke. Ich streichelte ihre Brüste, ihre Schenkel, ihre Scham. (...) Ich kann ihnen nicht sagen, warum ich mich so bei meinen Töchtern und Nichten verhalten habe. Ich kann Ihnen nur sagen, daß ich dabei Lust empfunden habe."
Und die Lust der Mädchen? Sie sprechen nie davon. Vielleicht auf der Couch? Aber auch da wird das Ge-

heimnis gehütet. Schweigen. Schweigen. Berufsgeheimnis... Vielleicht die Lust am Geheimnis... Man weiß, daß die kleinen Mädchen Geheimnisse lieben, Geflüster im Dunkel mit Freundinnen oder kleinen Verwandten, in versteckten Winkeln, von den anderen unsichtbar, eine abenteuerliche Heimlichtuerei... Raub, nächtliche Entführung, Diebstahl: Träume kleiner Mädchen, die in ihren Vorstellungen ganz kühn sind und die von Übertretungen - die vielleicht mehr in der Phantasie als in der Wirklichkeit bestehen - niemandem etwas erzählen, außer vielleicht der Freundin oder der vertrauten Schwester. Aber das kleine Mädchen, das allein mit einem Mann ist, und wenn dieser Mann sein eigener Vater oder wie sein Vater ist - auch wenn er es beschenkt - kann es überhaupt das Gewicht seines Körpers und seines Sexes ertragen? Es geht hier nicht mehr darum, im Dunkeln so zu tun, als ob, sondern es ist wirklich Nacht, damit die Mutter und die Schwestern nichts merken; keine Tuscheleien mehr, sondern absolutes Schweigen unter Androhung von Strafe; keine Erregung mehr bei der Vorstellung sondern lautes Herzklopfen aus Angst, von der Mutter entdeckt zu werden (wenn die Tochter von der Mutter erwischt wird, dann ist sie die Schuldige und nicht der Vater); ein Alptraum - wann wird damit Schluß sein - wegen der Drohung: "Wenn Du was sagst, bringe ich Dich um" und manchmal Schläge, wenn sie sich weigert, Schläge, wenn sie mit Jungen ihres Alters weggeht und den Vater nicht mehr in ihrem Bett haben will, weil sie weiß, daß es auch andere Männer gibt und sie sich vielleicht ohne die ständige Überwachung des Vaters trauen würde, einen Jungen zu küssen. So, wie es 1977 eine sechzehnjährige heimlich in einen anonymen Brief* schreibt, wo sie von dem Geheimnis spricht, das sie so gut bewahren mußte, daß sie sich nicht mehr einem Jungen nähern kann. Sie spricht auch von sich als kleinem Mädchen, das verloren im Bett des Vaters liegt - die Mutter ist nicht da und guckt Fernsehen bei ihrer

Mutter: "Eines Tages hat mir mein Vater gezeigt, wie er mit meiner Mutter zusammen schlief. Er hat versucht, in mich einzudringen, aber es tat mir weh, und da hat er es aufgegeben. Ich mußte sein Glied (seinen Piepmatz, wie er sagte) in die Hand nehmen und von oben nach unten streicheln. Ich habe eine warme Flüssigkeit auf mich zukommen sehen. (Heute weiß ich, was das ist). Nachdem ich schwören mußte, daß ich das für mich behalten würde, weil das ein Geheimnis zwischen uns wäre, hat er mich mit Eau de Cologne abgerieben... Vielleicht findet ein kleines Mädchen dieses Geheimnis interessant, bis zu dem Tag, an dem es begreift, was dieses Geheimnis bedeutet, nämlich, daß es dem Vater mit seinem Körper - Händen, Mund, Brüsten, Bauch und Scham - gehört und daß dieser Körper, wenn er sich selbständig macht wie der des kleinen Mädchens, der der Mutter Widerstand entgegensetzt, indem er überall hinpisst und kackt, wenn er die Schranken des väterlichen Körpers und die Wände des mütterlichen Hauses überwinden will, daß der dann eingesperrt wird. Das junge Mädchen erzählt in dem gleichen Brief, daß ihr Vater sie und auch den Jungen, mit dem sie auf einer kleinen Mauer in der Nähe eines Rummelplatzes gesessen habe, geohrfeigt hätte. Sie wurde in ihr Zimmer eingesperrt und dann zur Großmutter geschickt, die den Auftrag bekam, sie zu überwachen. Der Vater behauptete, er hätte gesehen, wie seine Tochter "von einem zum anderen Jungen weitergereicht worden wäre" und daß sie mit dem "erstbesten losgezogen sei"... Das ist Blaubart, der seine zu Tode gefolterten Frauen in ein schwarzes Kabinett einsperrt...

Der Vater von Dominique überwacht sie auch. Wenn sie von ihrem Vater spricht - sie spricht über ihn in einer Gruppe von Klassenkameradinnen außerhalb des Gymnasiums - dann verhärtet sich ihre Stimme, sie stottert und manchmal scheint es so, als ob ihr die Stimme versagt, eine tonlose und trockene Stimme.

Schläge auf den nackten Hintern

Juni 1977. 5 Gymnasiastinnen zwischen 12 und 14 Jahren sprechen über sich und ihren Körper... über ihr Leben zu Hause, über die Nacktheit und Schamgefühle...

Dominique. - Ich schließe mich immer im Bad ein, damit mein Vater mich nicht sieht.
Mein Onkel hat das bei meinen Brüdern gemacht. Als mein Bruder klein war, ging er zu meinem Onkel schlafen, und der machte mit ihm das gleiche. Mein Bruder hat mir das erzählt. Meine Großmutter hat mir erzählt, daß mein Vater das nicht nur bei mir gemacht hat, sondern auch bei meiner Cousine. Einmal, als es ein Familientreffen gab, hatten wir keinen Platz mehr und mein Vater mußte bei meiner Cousine schlafen... er hat es auch bei ihr gemacht. Ob meine Mutter es weiß? Wir haben es ihr gesagt, aber sie mag nicht darüber sprechen... Das macht ihr was aus. Als wir es ihr sagen wollten und davon angefangen haben, da hat meine Mutter ganz schnell das Thema gewechselt. Das stört mich. Ich habe Angst, ihr weh zu tun. Selbst wenn es zwischen ihnen nicht stimmt...
Wir konnten nichts machen. Die Türen konnte man nicht abschließen. Ich schlief mit meiner kleinen Schwester zusammen... Wir konnten nicht mehr schlafen. Wir hatten Angst. Wir waren wie gelähmt. Wir deckten uns zu. Ich mich mit meinen Büchern, damit er mich nicht anfaßt. Ich kann nicht mehr alleine schlafen. Ich schlafe in einem kleinen Bett, und es ist mir egal, daß es darin eng ist, ich liege fast auf dem Fußboden, ich kann da nichts machen, ich kann nicht ganz allein schlafen. Ich werde vielleicht allein mit meinem Vater in die Ferien

fahren. Meine Mutter wird mich vielleicht dazu zwingen, selbst wenn sie weiß, warum ich keine Lust habe.
Bei meiner kleinen Schwester hat er das auch gemacht. Ich habe meiner großen Schwester erzählt, was er mit uns macht..., sie hat zu mir gesagt: "Das ist ein widerlicher Kerl, ein Perverser, ein ekelhafter Mensch. Das nächste Mal schreist Du und rufst Mama." Er muß ganz gut wissen, was er tut. Er macht das schon sehr lange. Als er das bei meiner Cousine gemacht hat, war ich, glaube ich, noch nicht geboren. Bei mir... ich war so 5 oder 6 Jahre alt... Als ich ganz klein war, weinte ich. Ich weinte nur. Ich sah einen Riesen vor mir. Ich konnte nichts machen. Ich weinte und das war alles. Ich sagte meiner Mutter nichts. Ich wußte nicht, was ich ihr sagen sollte... Als ich 11 war... habe ich Widerstand geleistet... Ich wehrte mich und weckte meine kleine Schwester, und danach konnten wir nicht wieder einschlafen. Als mein Vater das bei meiner kleinen Schwester gemacht hat, hat sie ins Bett gepinkelt... sie hatte Angst. Wenn wir uns im Fernsehen einen Film angucken und ein bißchen Liebe darin vorkommt, dann gucke ich den Film nicht an... ich weiß nicht... das stößt mich ab... das ist mir unangenehm. Wenn mein Vater da ist..., habe ich Angst..., vielleicht habe ich Angst, daß er das gleiche mit mir macht... Ich kann das nicht. Ich kann nicht... ich gehe lieber in mein Zimmer und mache die Tür zu.
Ich werde irgend etwas tun. Ich fahre nicht mit meinem Vater in die Ferien... ich fahre nicht... ich haue ab... Das ist jedenfalls der Grund, warum ich so prüde bei meinem Vater bin... Ich finde, daß es eine Schande ist, wenn ein Vater sich so an seine Töchter ranmacht... Er hat das nicht nur bei uns gemacht. Er hat das auch bei einer Freundin von meiner kleinen Schwester gemacht. Wir haben ihr gesagt, sie solle nichts sagen...

M... - Ich habe eine Freundin, der so was mit ihrem Vater am Wochenende passiert ist. Als sie 6 oder 7 Jahre alt war, hat ihr Vater das mit ihr versucht, sie hat sehr große Angst gehabt und nach ihrer grossen Schwester gerufen, da hat ihr Vater aufgehört. Was hinterher war, weiß ich nicht. Sie hat nie wieder darüber gesprochen.

A... - Die Kinder haben nicht die Kraft des Vaters, sie können bei so was nichts machen. Man kann gegen seinen Vater nichts machen, weil er eben auch der Vater ist. Wenn mein Vater das bei mir machen würde... ich würde mich wehren oder aus dem Haus gehen.

Dominique. - Ich kann meinen Vater nicht einordnen. Ich bin schon mit Schwarzen weggegangen. Wenn ich das meinem Vater erzählen würde, würde er mir rechts und links in die Fresse schlagen...

September 1977

Dominique. - Schließlich bin ich mit meinem Vater in die Ferien gefahren. Aber ich sah ihn nicht oft. Also da... ich hatte für mich ein Tagebuch geschrieben... Ich redete darin von der ganzen Familie. Das war nicht so doll, was ich über meinen Vater geschrieben hatte, angesichts dessen, was er gemacht hatte als ich klein war... Ich hatte das erzählt... das tat mir gut... Niemand wußte, daß es dieses Tagebuch gab. Vor 1, 2 Jahren mochte ich niemanden. Ich war sehr schüchtern und glaubte, daß niemand mich lieben würde, daß ich von der Familie abgelehnt würde... Das hatte ich in mein Tagebuch geschrieben... und alles, was ich über meinen Vater dachte, daß er ein Rassist wäre und pervers sei und all so was, und über meine Mutter hatte ich geschrieben, daß sie die anderen vorziehen würde und so... Schließlich hatte ich so ein paar dut-

zend Seiten geschrieben... ich habe gesagt: "Ich bin älter geworden und ich glaube, ich habe mich verändert, ich habe mich bei einigen Familienmitgliedern getäuscht, außer bei meinem Vater."
In den Ferien hatte ich mein Tagebuch auf einem Ding aus Leder unter der Matratze gelassen. Ich hatte es nicht wirklich versteckt. Selbst wenn ich meinen Vater nicht mochte, so nahm ich doch nicht an, daß er in meinem Zimmer herumschnüffeln würde. Meine Mutter war angekommen. Sie hat zu mir gesagt: "Dein Vater hat Dein Tagebuch gefunden." Als sie mir das gesagt hat, oh je, da sind die Tränen von ganz allein geflossen. Ich habe gesagt: "Was? Bist Du sicher.." Meine Mutter hat mir erzählt, was mein Vater zu ihr gesagt hat: "Ich habe Dir etwas zu zeigen. Deine Tochter schreibt ein Buch." Sie war sehr zufrieden. Dann fing er an, daraus vorzulesen. Meine Mutter wußte nicht, was sie sagen sollte. Ich habe zu meiner Mutter gesagt: "Ich habe Angst, ich habe Angst... er wird mich verprügeln..." Er hat mich nie geschlagen, d.h... er haute mich auf den nackten Hintern. Das hat er immer gemacht... so wie er einen Hintern sehen kann... Ich komme nach Hause. Mein Vater sagt: "Also, meine kleine heilige Rührmichnichtan... sag die Sachen direkt, anstatt sie in ein Buch zu schreiben." Ich habe nicht geantwortet. Ich hatte Angst. Dann hat er zu mir gesagt: "Komm hier her, ich werde Dir den nackten Hintern versohlen."
In meinem Alter den nackten Hintern versohlen! Ich war 14! Da hat meine Mutter gesagt: "Du spinnst wohl! Das kannst Du mit ihr nicht machen. Die Nachbarn sind genau nebenan. Sie werden alles mithören. Diese Dinge gehen nur uns etwas an." Mein Vater hat zu ihr gesagt: "Also Du stellst Dich auf ihre Seite?" und meine Mutter hat ja gesagt. "Und Du glaubst das, was sie in ihr Buch geschrieben hat?" – "Ja, das glaube ich." Da hat er die Türen geschmissen und ist abgehauen. In Paris haben sie

getrennte Schlafzimmer eingerichtet, sie wollen sich scheiden lassen... Ich muß mit meiner Schwester in einem Bett schlafen... Das Leben ist unerträglich. Er hat meine Mutter geschlagen. Als mein Vater gesagt hat, daß er das Buch seinen Brüdern zeigen würde, hat sie es genommen und zerrissen. Da hat er sie geohrfeigt. Am Abend haben wir gegessen. Ich habe beim Abwaschen gesungen. Ich weiß nicht mehr was. Da hat mein Vater gesagt, ich wäre eine kleine Schlange. "Das amüsiert Dich wohl, diese Geschichte, was?..." Ich habe nicht geantwortet. Meine Mutter, meine kleine Schwester und ich sind zum Schlafen zu meiner großen Schwester gegangen.
In Paris hat es eine neue Geschichte gegeben. Meine Mutter hat gesagt: "Das nächste Mal, wenn er Dir so was sagt, lasse ich mich scheiden." Aber das ist teuer. Mein Vater hat meine Mutter angeschrien und gesagt, er erwarte Entschuldigungen. Da kann er lange darauf warten. Ich habe mir nichts vorzuwerfen. Meinen Vater stört es jetzt, beim Essen neben mir zu sitzen. Er setzt sich woanders hin. Ich würde es gerne sehen, wenn er wegginge. Er läßt sich an mir aus, nicht an meinen Schwestern. Ihnen tut er nichts. Ein Schlag ist schnell ausgeteilt. Mein Vater hat gesagt: "Die Kinder, die Schule und all das, das geht mich nichts mehr an." Meine Mutter hat gesagt, daß er das nicht machen könne. Er muß sich um uns kümmern, solange wir noch nicht volljährig sind. Aber wenn er nicht will, dann gehe ich mich beschweren. Nicht zur Polizei, oh nein, um Gottes Willen, die Polizei bei uns, welche Schande!
Er hat gesagt: "Sobald Deine Tochter 18 ist, schmeiße ich sie raus." Meine Mutter hat geantwortet, daß sie dann mit den Kindern wegginge.

Das Verhauen des nackten Hinterns scheint bei Vätern, die zu ihren Töchtern Inzest-Beziehungen

unterhalten, eine beliebte Sitte zu sein. Sie sehen gerne den nackten Hintern ihrer Töchter und hauen gerne drauf. Wenn diese Geste sich auf das Auspeitschen des Hintern beschränken würde... solange die kleinen Mädchen Schläge auf den Hintern bekommen... Man könnte fast meinen, daß das den Mädchen Lust bereiten würde. Viele haben es schon gesagt und man liest es besonders in den Spalten der pornographischen Zeitschriften unter dem Titel: "Leder und Riemen". Eine Fünfzehnjährige zeigt ihren Vater im März 1977 an. "Sie berichtet noch am selben Tag, daß sie mit einem Freund bei sich zu Hause gewesen sei und ihr Vater dazu gekommen sei und den Freund nach Hause geschickt habe. Anschließend habe er sie in sein Zimmer geführt und abgeschlossen. Er habe angefangen, sie mit den Fäusten ins Kreuz zu schlagen und habe ihr die lange Hose und den Slip ausgezogen und seinen Finger in ihre Scheide geschoben (...) Der Beschuldigte hat die ihm von seiner Tochter vorgeworfenen Vergehen abgestritten. Er gibt andererseits zu, daß er seine Tochter wohl in sein Zimmer geholt habe, um ihr wegen Schulschwänzens den nackten Hintern zu verhauen; er gab zu, daß er ihr die lange Hose und den Slip ausgezogen habe, bevor er ihr den Hintern versohlt hätte..."
Dominique wird ihren Vater nicht anzeigen.
Vielleicht wird sie ihn eines Tages umbringen.

Die Öffnung des Afters ist dehnbar...

Außerdem wird das Geheimnis durch die Gewalt garantiert. Denn selbst wenn die Mutter Bescheid weiß, so muß sie schweigen, weil sie sonst vielleicht umgebracht würde. "Die Ehefrau von M... erklärt, daß sie zwei Mal Zeuge des Verhaltens ihres Mannes gewesen sei, ganz besonders am 11.1.75, wo er mit ihrer Tochter Analverkehr in der Küche gehabt habe.

Wie das Opfer, so gibt auch sie an, daß sie es nicht gewagt habe, ihn anzuzeigen aus Angst vor Schlägen, mit denen er die ganze Familie tyrannisierte (...) Er zwang seine Tochter (vom Alter von 11 Jahren an) mit ihm Vaginal- und Analverkehr zu haben und verlangte von ihr, sein Glied in den Mund zu nehmen."
Ein anderes Verhör bringt ähnliche Tatsachen ans Licht: Ein Vater zwingt zwei seiner Töchter, die elfjährige Patricia und ihre zehnjährige Schwester, fünf Jahre lang zu Anal-, Mund- und Vaginalverkehr. "Er verlangte, daß seine Frau bei seinem Sohn schlief und teilte das Bett zwei Mal wöchentlich mit seinen beiden Töchtern. Das erste Mal sei seine Frau nach einer gewissen Zeit in das Zimmer der Tochter gekommen. Diese habe mit ihrem Mann im Bett gelegen. Sie habe ihn angefleht, daß er auf keinen Fall Patricia vergewaltige, worauf er geantwortet habe, daß er eine Zigarette rauche... Eine viertel Stunde später sei Patricia zu ihrer Mutter gegangen und habe ihr gestanden, daß ihr Vater mit ihr Analverkehr gehabt habe (...) Er habe ihr mit dem Tode gedroht, falls sie ihrer Mutter etwas mitteilen würde (...) Die kleinere Schwester fügte hinzu, daß ihr Vater von ihr das gleiche verlangt habe und daß er gewalttätig geworden sei, wenn sie versucht habe, ihn wegzuschieben, einmal habe er ihr den Fuß verdreht und ein anderes Mal den Schlafanzug zerrissen. Er hätte ihr mit dem Tode gedroht, wenn sie ihrer Mutter etwas sagen würde..."
Die Mutter zeigt ihn an.
Der Vater bekennt sich zu den Taten, weigert sich jedoch, zuzugeben, daß er mit den Mädchen Analverkehr gehabt habe und daß er die jüngste gezwungen habe, an seinem Penis zu lutschen. Er gibt vor, daß sie nicht mehr Jungfrau gewesen sei, als er das erste Mal mit ihr geschlafen habe..."
Ein Amtsarzt stellt fest, daß der Analverkehr von Vätern mit ihren Töchtern sehr häufig vorkommt (er verhindert so, daß sie ein Kind bekommt). Das Ein-

dringen sei zu Anfang schmerzhaft aber "die Öffnung des Afters ist dehnbar und kann um 2 – 3 cm erweitert werden. Einrisse der Haut oder der Schleimhaut kommen nicht immer vor und verheilen problemlos. Bei sehr kleinen Kindern kann es zu Rissen der Wand zwischen Scheide und After kommen, aber das geschieht selten." Es ist klar, daß die nötige Vorbereitung für diese Form des Geschlechtsaktes nicht oft vorgenommen wird, da der Akt meistens wegen der Heimlichkeit, im Dunkel der Nacht wenn die Mutter schläft, in aller Eile ausgeführt wird. Der Vater kann sich allerdings auch in Abwesenheit der Mutter mit seiner Tochter einschließen und so eine Stunde für seine sexuellen Praktiken haben. Die siebzehnjährige Sophie, die mit 16 geheiratet hat, weil sie schwanger war, bringt ein medizinisches Gutachten mit zur polizeilichen Untersuchung, die gegen ihren Vater angestrengt wurde, weil sie ihn angezeigt hat. In dem Gutachten steht: "Es besteht eine Annäherung der Vaginal- und der Afteröffnung durch eine Ausdehnung des Afters; eine gewisse Erweiterung des Afters, die von einem vernarbten Riss herrührt, kann das zeitweilige Versagen der Schließmuskeln erklären (...). Die befragten Fachärzte bestätigen die Feststellungen und schlossen daraus, daß der Riß am After und die Annäherung der beiden Körperöffnungen von wiederholtem Analverkehr herrührten und daß das von der Anklagenden angegebene Datum wegen der Schwere der Verletzungen nicht angezweifelt zu werden brauchte (...) Der Vater gab zu, mit seiner damals fünfzehnjährigen Tochter sexuelle Beziehungen gehabt zu haben und fügte hinzu, daß seine Frau ihn dazu gezwungen hätte und die Tochter Geld dafür genommen hätte." Von 8 – 17 Jahren habe sie der Vater zu Geschlechtsverkehr gezwungen, sagt Sophie. Ihre Frühehe hindert den Vater im übrigen nicht daran, jeden Sonntagmorgen, wenn der Ehemann nicht da ist, vorbeizukommen und sie unter Drohungen zum Geschlechtsverkehr zu zwingen: "Ich bringe Dich, Deinen Mann und auch Deinen Sohn um." Der Vater schlägt seine Frau und hantiert mit einem Gewehr, mit dem er seine Tochter bedroht, falls sie spricht. "Das erste Mal ist es passiert, als meine Mutter nicht zu Hause war." Sie war ganz nackt, und ihr Vater ließ sich sein Glied von ihr streicheln, während er sie auch streichelte, und dann hat er sein Glied in ihren After eingeführt. Er machte das von nun an jede Woche, bis sie 12 Jahre alt war (...) Mit 12 Jahren wechselte er die Technik und entjungferte sie (...) Manchmal streichelte er sie auch zwischen den Beinen und verlangte, daß sie an seinem Glied lutschte (...) Einmal, als sie etwas Blut am After hatte, hat ihre Mutter es bemerkt und der Vater hat gesagt, sie wäre vom Fahrrad gefallen und hätte sich an der Pedale verletzt. (...) Als die Mutter verhört wird, gibt sie zu, bemerkt zu haben, daß ihr Mann seine Hand auf die Schenkel von Sophie legte. Sie darf nichts sagen. Sie ahnt, daß ihr Mann sexuelle Beziehungen zu seiner Tochter hat. Einmal hat sie sie überrascht; ihr Mann hatte seine Hose heruntergelassen, sein Penis war erigiert und seine Tochter setzte sich auf ihn. Aber sie hat ihm nie etwas gesagt. Sophies Schwester ist 7 Jahre alt. Als sie 1974 bei dem Verhör gefragt wird, sagt sie, daß der Vater ihr den Finger ins Hinterteil gesteckt habe. Er habe das mehrere Male gemacht. Das habe ihr wehgetan und sie habe gesagt, sie müsse Aa und sei aufs Klo gelaufen (...) Nach der Verhaftung hat die kleine Schwester gesagt, daß er sie gezwungen habe, an seinem "Schwänzchen" zu lutschen und daß er sich vor ihr masturbiert habe. Erst später habe er ihr den Finger in den After gesteckt." Sophie erzählt, daß ihr Vater ihr leicht Geschenke machte, aber daß sie Angst vor ihm gehabt habe, weil er sie so wie ihre Mutter verprügelt hätte, wenn sie nicht gehorcht hätte.

"Ich gebe Ihnen meine Adresse postlagernd, denn mein Mann macht meine Post auf." Das schreibt eine Frau 1970*. Sie ist eine terrorisierte und resignierte

Mutter, die Bescheid weiß, ohne es zu wollen und ohne es zu wissen... Eine Frau, die das Glück bei einem Mann sucht und in ihr Unglück läuft: Gefühlskälte, Gewalt... Verletzt, weil er sie nicht mehr als Frau ansieht. - "Ich war nicht genug Frau für ihn." - weil er nicht mit ihr spricht und sie nicht streichelt... Er liebt sie nicht. Er liebt sie nicht mehr. Sie ist allein. Sie hat Töchter und sie will diesen Mann nicht verlieren, selbst wenn sie weiß... Sie weiß es, aber trotzdem. Und auch wenn sie nicht bedroht wird, so kommt es vor, daß sie nichts sagt. Diese Frau ist 52 Jahre alt. Von ihrem Mann mit 3 kleinen Töchtern sitzengelassen, heiratet sie einen 3 Jahre jüngeren Mann: "Er hat mich trotz meiner 3 Kinder geheiratet... Zu Anfang war alles wunderbar, er war zu mir und den Kindern (meine Töchter waren damals 8, 6 und 4) freundlich und zärtlich. Nach einer gewissen Zeit..." Sie hat von ihm 3 Kinder bekommen. Er hat Freundinnen. Sie ist unglücklich. Eines Tages passiert das Drama. Der Ehemann wird von einem Verwandten angezeigt, bei dem sich eines der kleinen Mädchen beklagt hat. Wegen unsittlicher Handlungen an Minderjährigen unter 15 Jahren kommt er für 5 Jahre ins Gefängnis. Sie erfährt - wußte sie Bescheid? - daß er nacheinander erst die Älteste und dann die Zweite vergewaltigt hat. Sie gibt ihn nicht auf. Gegen den Rat der Familie und trotz der Vergewaltigungen ihrer Töchter kommt er nach dem Gefängnis zu seiner Frau zurück, bittet sie um Verzeihung und verspricht das große Glück:" Alles ist vorbei... und er hat mir versprochen, daß wir glücklich sein würden..." Ihre beiden Töchter sind woanders untergebracht und die älteste hat geheiratet. Er ist wütend. Er lernt eine junge verheiratete Frau kennen, die 2 Kinder hat (2 kleine Mädchen?). Er verläßt das Haus seiner Frau,(wo es keine kleinen Mädchen mehr zu verführen oder zu vergewaltigen gibt) und er macht ihr fürchterliche Szenen. Sie hat Depressionen. Sie kommt in eine Nervenheilanstalt. Nach 4 Monaten kommt sie nach Hause zurück. Es ist die Hölle. Wie soll sie ihn verlassen? Sie arbeitet nicht. Sie ist 52 Jahre alt. Ihre Kinder sind verheiratet... Sie ist unglücklich. Sie wird unglücklich sterben.

Die Zeit für die Liebe, die Zärtlichkeit, die Sinnlichkeit? Wenn das Mädchen nichts sagt, so ist man versucht zu glauben, daß die väterlichen Zärtlichkeiten sie in all diesen Jahren in die sexuelle Lust eingeweiht haben. Aber selbst wenn es hier um Lust ginge, so ist es eine Lust, die unter Drohungen und manchmal mit körperlicher Gewalt erzwungen wird, eine Lust, die nach Zwang und Verletzungen entsteht, in einer begrenzten Zeit und in der Angst, überrascht zu werden; im Dunkeln in aller Eile und am Tage voller Angst in einem verriegelten Zimmer. Man muß sich beeilen und ohne Umschweife zur Sache kommen, zu den vom Vater bevorzugten Körperteilen: ein bißchen die Brüste, wenn es die Zeit erlaubt (die Mutter nicht da ist und das Zimmer abgeschlossen ist), dann kurze Masturbation und dann nach Möglichkeit Analverkehr, weil das das Zurückziehen überflüssig macht und überall Sperma, oder man muß es sofort wegwischen ... Wie in einem Stundenhotel. Wie mit einer Nutte: die gleiche Hast, die gleiche Armseligkeit des Dekors, Mangel an Zeit, Scham und Verachtung miteinander vermischt... Schweigen und Einsamkeit. Aber dort in dem Zimmer ist der Gegenstand des Begehrens weder eine erwachsene Frau, noch eine Fremde. Sie hat einen Namen, den Namen des Vaters. Sie hat einen Körper, der dem der Frau ihres Vaters, ihrer Mutter, ähnelt. Sie wohnt in dem Haus ihrer Mutter, aber weder ihr Zimmer, noch ihr Bett, noch ihr Körper in diesem Bett gehören ihr, wenn der Vater sie besitzen will.

Sein Taschentuch in meiner Unterhose

1976. Sie ist 23 Jahre alt und verheiratet*. Sie hat gerade einen kleinen Jungen bekommen. Wenn sie mit ihrem Mann schläft, tut ihr das weh und sonst empfindet sie nichts. Sie ist kalt und unfähig, ihm durch Gesten oder Worte ihre Liebe zu zeigen. Sie sagt, sie liebe ihn. Er ist sanft und freundlich. Als sie ihm abends im Bett, im Dunkeln,von ihrem Vater erzählt, (der Vater kam abends, im Dunkeln in ihr Bett), hat er geweint. Sie sind gemeinsam zu einem Psychiater gegangen. Dann ist sie allein wieder dorthin gegangen: "Wir haben darüber gesprochen, ohne daß sich bei mir etwas geändert hätte. Ich glaube nicht, daß es helfen könnte, wenn ich mit ihm reden würde und deshalb habe ich es gelassen. Ich habe jetzt Lust, mit meinem Mann sexuell glücklich zu sein, und ich würde gerne mit ihm die Lust kennenlernen (ich kenne ein bißchen Vergnügen, wenn er meine Klitoris mit seinem Penis reibt.)" Als ihr Vater sie das erste Mal zwischen den Beinen gestreichelt hat, war sie 12 Jahre alt. Sie wehrte sich nicht – "vielleicht gefiel es mir sogar." Erst als sie sich über die väterlichen Gesten wundert, versucht sie, vor seinen Händen zu fliehen, die sie überall berühren, wenn sie einen kleinen Augenblick allein sind. Ihre Mutter arbeitet zusätzlich in einem bürgerlichen Haus. Sie kommt abends spät nach Hause. "Ich schlief im Eßzimmer auf einer Couch und meine beiden Brüder in einem Bett gegenüber. Mein Vater kam des nachts und machte weiter... Ich dachte an alle Möglichkeiten, sogar an Selbstmord, nur um ihm nicht mehr ausgeliefert zu sein... draußen bleiben... irgend etwas im Garten tun, damit ich nicht in seine Hände käme... Eines Tages hat er mich in meinem Bett hinknien lassen, die Hände vorne aufgestützt. Ich erinnere mich an diesen Schmerz und an das Blut, das geflossen ist, Er hat mir sein Taschentuch in die Unterhose getan, damit sie keine Flecken bekam und meine Mutter nichts merkte. Am anderen Morgen, bevor er zur Arbeit ging, ist er mich wecken gekommen, um mir das blutige Taschentuch wieder wegzunehmen. Einige Zeit später habe ich meine Tage bekommen (meine Mutter hat mir nichts davon gesagt). Als ich das viele Blut gesehen habe, habe ich meine Hose gewaschen und getrocknet als meine Mutter bei der Arbeit war, denn für mich war das unnormal und ich dachte, das käme von dem, was mein Vater mit mir gemacht hatte (...) Später habe ich einen fürchterlichen Haß auf ihn behalten. So sehr, daß ich seinen Tod gewünscht habe (...). 1972 habe ich angefangen zu arbeiten und bin zum Tanzen gegangen. Aber ich habe die Jungen nie recht gemocht... Ich war sehr schüchtern, und die Jungen beachteten mich nicht. Ich war ganz entmutigt und sagte zu meiner Mutter, daß ich wohl niemals einen zum Heiraten finden würde. Im Oktober des gleichen Jahres lernt sie ihren zukünftigen Mann kennen. Andere Frauen haben über diese Hoffnungslosigkeit als kleine Mädchen und spätere Frauen geschrieben: "Ich kann nicht begreifen, wie eine Mutter ihre Kinder einem solchen Wolf überlassen kann." Ihre Mutter ist allein mit ihren 3 Töchtern, davon ein Zwillingspärchen. Der Stiefvater zieht zur Mutter. Sie sind ungefähr 12 Jahre alt. Anfassen und Knutschereien mit den Mädchen, die sich früh in die Ehe stürzen, um ihm zu entkommen. "Zu Anfang schloß sich meine Scheide automatisch, wenn mein Mann in mich eindrang. ... Ich empfinde immer eine leichte Abneigung dabei..." Eine andere Frau spricht von "diesen Dingen, die sie zu Anfang in Panik versetzt und später angeekelt hätten: "Er hat sich nie an mir vergangen, aber das, was er gemacht hat, war schlimmer... Er zerstörte in mir jede Möglichkeit, eine wirkliche Frau zu werden, denn seitdem ekle ich mich vor dem männlichen

Geschlechtsteil." Ihr Vater erlaubt ihr nur, zum Tanzen zu gehen, wenn sie "ihn machen läßt". Er gibt ihr Geld, damit sie einverstanden ist. Sie lernt einen Jungen kennen und heiratet mit 18 Jahren. Als sie 1976 schreibt*, ist sie 25 Jahre alt und hat 2 Söhne: "Meine Ehe ist ein totaler Reinfall. Es gibt nichts zwischen uns..." Von ihrem Mann über ihre Ablehnung befragt, erzählt sie es ihm. Das ist eine Katastrophe. Er entfernt sich von ihr. "Ich habe alles versucht, um ihn mir näher zu bringen... es ist nichts zu machen... Ich habe an Scheidung gedacht, aber wegen dieser Sache zögere ich. Wenn meine Mutter das wüßte... Ich bin verzweifelt."

Ich wollte mich nicht mehr anfassen lassen

Die Liste dieser Frauen, die nach ihren Aussagen - und warum sollte man ihnen nicht glauben, warum sollte man etwas anderes lesen, als das, was sie schreiben - ihre Frigidität als Alptraum erleben, ist sehr lang. Sie können auf ihrem Körper nicht mehr die Hand eines Mannes ertragen: "Ich wollte nicht mehr, daß man mich anfaßt... Wenn er mich anfaßt, so schreibt* sie über ihren Vater, wäre ich in der Lage, ihn umzubringen... Er wird mich nicht mehr anfassen. Ich würde lieber sterben..." Ihr Vater bietet ihr alles, was sie will. Er will sie nur anfassen: "Er würde mir meine 'Unschuld' - er bestand auf diesem Wort - nicht rauben." Er verschließt die Türen. Er überwacht sie. Es gelingt ihr dennoch, mit einem Jungen zu flirten. Als sie 18 ist, schläft sie mit ihm (sie hat ihn mit 14 kennengelernt): "Aber ich mochte das überhaupt nicht, im Gegenteil... Ich bereitete ihm trotzdem Vergnügen, weil ich mir sagte, das würde sich ändern, aber es war noch widerlicher als beim ersten Mal." Sie wird krank. Depressionen. Blutungen... Gynäkologische Untersuchungen - die den Erfolg hatten, daß ich mich vor meinem eigenen Körper ekele." Sie sieht ihren Freund wieder. Sie schlafen zusammen: "Nach diesem letzten Mal habe ich begriffen, daß es ganz unmöglich war. Ich mußte sofort zur Toilette gehen und mich übergeben, so ekelhaft war das für mich... Er glaubte, mir wäre kalt, weil ich eine Gänsehaut hatte... Anschließend habe ich festgestellt, daß ich so ungefähr ein Jahr lang, wenn ein Mann meine Hand nahm, genau das gleiche Gefühl hatte..." Sie trennt sich von ihm. Sie ist schwanger. Er heiratet eine andere. Sie verheimlicht ihre Schwangerschaft bis zum 6. Monat. Die Geburt ist schwierig. Der Vater versucht, mit ihr zu schlafen, weil sie ja nun keine Jungfrau mehr ist. Sie geht mit ihrem Sohn weg. 2 Jahre lang arbeitet sie, um ihren Sohn zu versorgen. "Ich liebe meinen Sohn, aber ich bedauere, daß es ein Junge ist, denn er ist sehr anschmiegsam. Er kam oft zu mir ins Bett, aber ich legte ihn wieder in seins, denn ich hatte zuviel Angst, daß er auf dumme Gedanken kommen könnte..." Sie hat sogar Angst vor ihrem kleinen Sohn. Wenn sie eines Tages anfangen würde, ihn zu mißhandeln, weil er männlichen Geschlechts ist... Wieviele Mütter mißhandeln ihre Töchter schwer, gerade weil es Mädchen sind? Sie erträgt es nicht mehr, daß ein Mann sich ihr nähert. Sie hat versucht, wieder zu flirten: das ekelt sie an. Sie denkt an Mikroben, sie kann es nicht. Am Ende ihres Briefes fragt sie sich, ob ihre Schwestern, sie hat mehrere, vielleicht auch... Man kann mit ja antworten... - Wie so oft resigniert sie, bleibt unverheiratet, zwingt sich zur Keuschheit - mit einem Körper, der unfähig ist, Lust zu empfinden - und büßt so für diese schändliche Beziehung, die sie mit ihrem Vater gehabt hat und straft ihren Körper, weil der den Wünschen des Vaters - und ihren eigenen? - nachgegeben hat und verbietet ihm das Vergnügen mit irgend einem Mann. Die Frigidität einer Frau wird vom Mann als Ehevergehen betrachtet. Ein Ehemann rief Menie Grégoire an, um ihr von der ständigen Weigerung seiner Frau zu be-

richten. Sie war mit 15 Jahren vergewaltigt worden: "Wir leben seit 1968 zusammen (der Anruf kam im Juni 1977). Wir haben nie allzuoft... Ich bin 28 und sie 31 Jahre alt. Gestern hat es geknallt. Ich wollte sie zwingen... Ich habe sie geschlagen... Sie sagt, ich wäre nicht zärtlich zu ihr. Einmal bin ich mit einer anderen Frau weggegangen. Das hat prima geklappt. Sie hat es erfahren. Eines Tages hat sie sich umbringen wollen, da bin ich zurückgekommen... Im Augenblick nimmt sie die Pille nicht, das macht sie, um zu verhindern, daß ich mich ihr nähere."
Diese Frauen erleben ihre Frigidität – das was sie nach den Radiogesprächen der Sexologen als Frigidität ansehen – als eine schwere Schuld. Übrigens unterstützen sie die Sexologen dabei, da sie nur von der Lust durch Orgasmus sprechen. Diese Überbewertung des Orgasmus verstärkt allenfalls die Ängste dieser Frauen, die sich bestürzt und ängstlich auf die Suche nach diesem wunderbaren Orgasmus – dem Scheidenorgasmus – begeben, den sie nicht kennen. Sie wagen kaum vom Vergnügen der Klitoris zu sprechen oder aber als von einem minderwertigen Vergnügen. "Eine wirkliche Frau zu sein," das bedeutet für sie, wie eine von ihnen schrieb, einen vaginalen Orgasmus zu kennen. Sonst... wird daran herumgedoktert und herumpsychologisiert. Das muß man heilen... Wenn man tot ist, kann man dann wieder lebendig werden? Wenn wenigstens die Schuldgefühle auf diesem Gebiet verschwinden würden. Aber die Sexologen denken gar nicht daran. Sie verschlimmern nur alles. Sie ist tot für ihren Körper und tot für die Lust. Wenn man die Lust in eine Norm presst, dann läßt man sie ein zweites Mal sterben. Es ist ein mühsamer Weg für eine Frau, die als kleines Mädchen und noch dazu vom Vater vergewaltigt worden ist... ihren Körper und ihr Geschlecht anzuerkennen und sich darüber klar zu werden, daß er nicht aus zwei Teilen, den Geschlechtsteilen und dem Rest besteht, so wie er vom Vater, ihrem ersten Mann, für seine Bedürfnisse

geteilt wurde. Ein zerstückelter Körper. Und die Scheide, den After oder die Klitoris beim Geschlechtsverkehr zu privilegieren... das bedeutet, zu vergessen, daß diese Stellen, die für das Vergnügen und je nach Vergnügen vom Körper getrennt werden, auch zum Körper gehören. Zum ganzen Körper. Um seine Frau und seine Töchter besser direkt erreichen zu können, verlangt ein Vater von ihnen, daß sie keine Unterhosen trügen, und er hatte eigenhändig die Zwickel aus ihren Strumpfhosen herausgerissen, "um sie besser anfassen zu können." Er hatte sie außerdem an verschiedenen Stellen tätowiert: an den Brüsten, Geschlechtsteilen und den Schenkeln hatte er sie mit Nadeln und Tusche gezeichnet. Es ist überflüssig, näher auszuführen, daß er Frau und Kinder (er hatte 6) regelmäßig schlug, und daß seine Frau wegen Depressionen im Krankenhaus war und eine Tochter mit Schlafmitteln einen Selbstmordversuch unternommen hat. Wenn sich das Mädchen nicht selbst verstümmelt (Selbstmord, Frigidität, Keuschheit, Abtreibung, Depressionen), wenn es am Leben bleibt, und wenn es seine Drohungen nicht nur ausspricht, sondern wie Yvette und Jacqueline (und Mireille-Barbara, die ihren Haß in LA PARTAGEE erzählt) ernst meint, dann sucht es seinen Vater später wieder auf, um ihn zu töten. Die Geschichte von Yvette ist leidenschaftlich, lebendig und grausam. Sie erzählt sie mit Klarheit und Zynismus...

Er hat zu mir 'Töchterchen' gesagt...

Januar 1978. Yvette ist 20 Jahre alt. Sie hat krause Haare und helle Augen in einem runden, weißen Gesicht. Sie ist auf der Insel Réunion geboren.

Ich habe meinem lieben kleinen Papa 4 Messerstiche versetzt und er ist noch nicht einmal daran gestorben. Die Schweinehunde kommen immer davon. Ich muß lernen, schlampig und widerlich zu werden, sonst werde ich erdrückt. Das habe ich hier kapiert, nur so kommt man im Leben zurecht. Ich würde nicht im Gefängnis sitzen... Wenn meine Mutter mich um Hilfe rief, bin ich immer gekommen. Während sie... Wir werden uns nie verstehen. 10 Jahre lang war ich von der Fürsorge untergebracht. 5 Jahre lang lebte ich bei einer Bauernfamilie in Mittelfrankreich. Ich kam von der Insel Réunion. Ich war 10 Jahre alt. Sie haben mich erzogen. Meine Mutter hat mir nichts beigebracht. Auf der Réunion hatten wir ein großes Haus mit Dienern. Meine Mutter kümmerte sich nicht um uns.

Meine Mutter war eine richtige Negerin - man nannte sie die Negerin - sie war auch die Negerin meines Vaters. Sie war schön und deshalb hatte er sie geheiratet. Ihre Vorfahren waren Afrikaner. Mein Vater war der Bouana, der Weiße. Man machte Bücklinge vor ihm. Er hatte alle Rechte über jeden. Er schlug meine Mutter und uns Kinder: die schwarzen, d.h. die, die nicht so weiß wie er waren, und die man"die Kinder meiner Mutter" nannte. Mich schlug er weniger als die anderen, ich war die "Tochter meines Vaters", weil ich so weiß wie er auf die Welt gekommen bin. Oft schickte er meine Mutter und die schwarzen Kinder - das waren auch seine - nach draußen zum Schlafen, einfach so, weil er mit irgendwas unzufrieden war. Meine älteste Schwester - die Tochter meiner Mutter - war das Kind von einem Einheimischen. Mein Vater war nicht ihr Vater. Sie war so ein bißchen das Hausmädchen bei uns. Meine Mutter schlug sie mit dem Besenstiel. Als wir uns später bei Pflegeeltern wiedergetroffen haben, hat sie mir erzählt, daß mein Vater sie mehrere Jahre lang vergewaltigt hat, als sie klein war. Sie hatte es meiner Mutter gesagt, aber die hat sie angeschrien und gesagt, sie wolle sich bloß interessant machen. Eines Tages hat meine Mutter meinen Vater in der Küche überrascht, als er gerade dabei war, meine Schwester auszuziehen. Sie hat einen kleinen Skandal vom Zaume gebrochen. Da hat es aufgehört und bald wieder angefangen. Heute geht meine Schwester anschaffen. Sie sagt, daß sie so oder so hin ist. Also ist es ihr gleichgültig. Ich hatte es niemandem erzählt. Als ich so 8, 9 Jahre alt war, zwang mich mein Vater, ihn zuerst mit der Hand zu masturbieren - ich war im Halbschlaf - und anschliessend das Zeug runterzuschlucken, d.h. er steckte mir seinen Penis in den Mund. Mein Vater mußte alle Frauen haben, selbst seine eigenen Töchter. Die Weißen waren so. Er war Bretone.

Als wir mit meinen Eltern nach Frankreich gekommen sind, hat meine Mutter uns alle 5 weggegeben. Mein Vater wollte nichts von uns wissen. Meine Mutter konnte allein keine 5 Kinder aufziehen. Sie hat ihre Krankenschwesternausbildung wieder aufgenommen und ich kam mit den anderen zu dieser Bauernfamilie. Ich habe gelernt, mit Schuhen zu gehen und mich bei Tisch zu benehmen. Ich bin regelmäßig zur Schule gegangen. Sie haben mich katholisch erzogen. Das war eine Art Umschulung.

Als ich meine Mutter wiedergesehen habe... meine Mutter ist heute Krankenschwester in einer psychiatrischen Klinik. Ich glaube, sie spinnt trotzdem ein bißchen. Das was sie mir so erzählt, ist unglaublich... ich finde das... Sie erzählt mir so ganz selbstverständlich, daß sie manchmal ein Taxi bestellt und anschließend den Fahrer mit nach oben nimmt, um mit ihm zu schlafen. Sie bezahlt die Fahrt und nimmt ihn mit zu sich. Nach den Taxifahrern waren es die Algerier. Ich habe eine kleine dreijährige Schwester, die Halb-Algerierin ist. Sie wurde weggegeben, und es ist besser, wenn meine Mutter sie nicht sieht. Sie würde sie kaputt machen. Ich meine, sie sollte bei ihrer Pflegemutter bleiben, so als ob es ihre richtige Mutter wäre, und meine Mutter sollte sie in Frieden lassen. Ich kann das nicht verstehen - wie meine Mutter so lebt.

Mit Jungen ist es sehr schwierig, das klappt nicht.

Ich verkrampfe und verschließe mich, ich schreie und heule, oder aber ich fühle gar nichts und könnte ebensogut währenddessen Zeitung lesen. Nicht so wie meine Mutter. Jedes Mal, wenn ich sie besucht habe, habe ich sie in einem möblierten Hotel mit einem Algerier angetroffen. Das erste Mal hatte ich sie überall gesucht. Als ich in dem Hotel in der Nähe vom Place d'Italie angekommen bin, habe ich nicht geglaubt, daß ich sie in diesem erbärmlichen Zimmer sehen würde mit einem Algerier, der sich gerade die Hose wieder zuknöpfte. Meine Mutter sagte nur, ich solle zu meiner Pflegefamilie zurückgehen, das wäre besser für mich. Ich bin weinend weggelaufen. Drei Mal bin ich in den falschen Zug gestiegen. Dort unten konnte ich nicht mehr bleiben. Ich bin weggegangen.
Wenn meine Mutter mir schrieb, sagte sie immer, daß ich nicht anhänglich wäre, weil ich sie nicht vermißte und sie im Grunde nicht brauchte. Und doch... in Paris habe ich mich um sie gekümmert, als sie krank im Krankenhaus lag. Ich war eine Art Schwester der Armen, so als Bäuerin vom Land, die nach Paris gekommen war... Ich wollte, daß meine Mutter gesund würde, daß mein Vater zurückkäme, daß meine Schwester die Prostitution aufgeben würde, daß mein Bruder nicht mehr Hakik – wie er sagte – rauchte und daß die anderen zu uns zurückkämen. Ich wollte, daß die ganze Familie wieder versammelt wäre. Wie blöd ich war! Ich habe mich für eine unmögliche Sache aufgerieben und kaputtgemacht... Mein Vater arbeitete nicht. Er lebte mit einer fürchterlich dicken, fast impotenten Frau zusammen. Er trank. Meine Mutter lebte ihr Leben und ich existierte nicht mehr für sie. Meine Schwester... Einmal bin ich mit ihr nach oben gegangen, sie lebte mit ihrem Zuhälter, einem von der Réunion, der sie verprügelte, zusammen. An diesem Tag habe ich gesehen, wie er ihr ein heißes Eisen in den Rücken gestoßen hat, weil sie ihn verlassen wollte. Das war eine Art Fol-

ter... Sie hatte einen Beruf erlernt - Telexistin - aber während der Ausbildung ging sie nicht mehr auf den Strich. Er hat ihr die Finger gebrochen. Ich habe sie an einem Morgen mit verbundenen Händen gesehen, da wußte ich Bescheid. Sie hat zwei Kinder bekommen und meine Mutter hat sie gezwungen, sie wegzugeben. Ich habe zu meiner Schwester gesagt: "Wir werden beide arbeiten. Du arbeitest für Dich, Du gehst nicht mehr auf den Strich und wir teilen uns ein Appartement und ziehen die Kinder auf..." Sie hat nie ja und nie nein gesagt. Und so ist es halt. Sie macht weiter. Manchmal sage ich, bei der ersten Gelegenheit, wenn ich aus dem Gefängnis komme, hebe ich meinen Rock hoch, ziehe die Hose runter und dann kann es los gehen... Meine Schwester hat mir oft gesagt, ich solle es wie sie machen. So kann man leicht Geld verdienen. Ich habe sie in Barbès gesehen... Ich mag keine Neger... ich könnte das nicht. Sie hatte mir eine Stelle als Rezeptionistin in einem Hotel angeboten. Als ich das Hotel gesehen habe, wußte ich Bescheid. Ich sollte mit der Puffmutter die Kasse machen! Da habe ich mich verzogen... Ich habe Tschüss gesagt...
Ich hatte das Abitur gemacht und mich an der Uni eingeschrieben. In Philosophie. Und dann ist es passiert... Ich habe noch einmal meine Mutter gesucht. Warum ich sie gesucht habe? Weil es Mama ist - ja, weil es Mama ist. Sie hat zu mir gesagt: "Laß mich in Ruhe". Als ich sie mit dem gleichen Algerier in dem gleichen möblierten Zimmer gesehen habe... Ich weiß nicht, was da in mich gefahren ist. Ich war endgültig entschlossen. Ich bin in ein Eisenwarengeschäft gegangen und habe ein großes Messer verlangt. Man hat mich gefragt: "Wofür?" - "Na, zum Schneiden." Der Verkäufer hat mir mehrere Modelle gezeigt. Ich habe ein ganz großes Opinel genommen, das allergrößte. Bei meinem Vater habe ich zu der Frau gesagt, sie solle uns allein lassen, weil ich mit ihm eine Rechnung zu begleichen hätte. Zu der Zeit ar-

beitete ich und zog mich fürs Büro gut an, schminkte mich ein bißchen und sah nicht schlecht aus. Als meine Mutter mich gesehen hatte, hatte sie zu mir gesagt, daß ich wie eine Bäuerin aussehen würde – ich sehe immer noch ein bißchen so aus – und daß ich weiblicher aussehen müßte, daß ich mehr auf mein Äußeres achten müßte, wenn ich gefallen wolle. Seit ich im Gefängnis bin, achte ich mehr auf mich. Das ist komisch...
Ich habe meinen Vater gesehen. Er hat gesagt: "Du hast Dich verändert. Arbeitest Du? Verdienst Du Geld?" Ich habe gesagt: "Ja, ich verdiene Geld." Er hatte, glaube ich, etwas getrunken. Er lallte. Er sagte: "Ich weiß nicht, ob ich Lust hätte oder nicht..." Ich konnte das nicht hören. Ich habe mein Messer hervorgeholt und zugestoßen. 4 Mal. Ich wollte ihn ins Herz treffen. Ich habe das nicht geschafft. Er lebt immer noch. Er hat zu mir "Töchterchen" gesagt. So nannte er mich immer, als ich klein war. Ich bin weggegangen. Ich war sicher, ihn getötet zu haben. Er war blutüberströmt. Ich habe die Frau in ein Taxi geschubst. Ich habe zu ihr gesagt: "Wir fahren zur Polizei." Vorher hatte ich einen Brief getippt, in dem in wenigen Zeilen drinstand, was ich gemacht hatte. Sie hat angefangen zu lachen. Und dann hat sie mich gefragt: "Warum zur Polente?" "Weil ich gerade Papa umgebracht habe..." Die arme Frau... Sie wußte nicht, ob ich Spaß machte. Ich habe wiederholt: "Ja, ich habe meinen Vater mit 4 Messerstichen getötet." Der Taxifahrer wurde unruhig und hat uns bei der ersten Polizeistation abgesetzt. Dort habe ich dem Inspektor gesagt, weshalb ich käme. Er wollte es mir nicht glauben. Erst als man ihm den Mordversuch an der besagten Adresse gemeldet hat...
hat er mir geglaubt. Ich sollte eine Aussage machen. Ich sagte, daß mein Brief ausreichen würde. Ich weigerte mich, zu sprechen. Bis zu dem Augenblick, wo der Polizist sagte: "Das wird wieder so'ne Vergewaltigungsgeschichte sein..." Da habe ich einen

Aschenbecher genommen und nach ihm geworfen... und dann habe ich angefangen, zu erzählen. Ich habe alles gesagt.
Meine Mutter ist gekommen und als sie mich gesehen hat, hat sie geweint und gesagt: "Mein armes, kleines Mädchen, nun wirst Du nie mehr bei der Verwaltung arbeiten können." Das hat sie zu mir gesagt. Das war schlimmer, als alles andere. Sie hatte mir nichts anderes zu sagen. Nein. Also wirklich...
Jetzt bin ich hier.
Ich warte. Ich weiß nicht, wie viele Jahre ich kriege.
Ich bin im Gefängnis.
Ich spreche hier mit den Mädchen. Ich erfahre eine Menge Dinge. Viele sind von der Fürsorge. Ich spreche mit ihnen. Ich habe auch festgestellt, daß die meisten, besonders so zwischen 19, 20 und 30, 35 Jahren sich mehr oder weniger prostituieren. Sie erzählen es mir. Oft von vorübergehender Prostitution. Und oft waren sie minderjährig. Meine Schwester hat früh angefangen... aber bei ihr ist es nicht vorübergehend.

SIE TREIBT SICH RUM, SIE IST SCHWER ZU HALTEN

Selbstverstümmelung. Selbstmord, oder der Versuch, den Vater, Stiefvater oder Geliebten der Mutter umzubringen... Die Mädchen reißen auch aus. Das Ausreißen ist eine Art der Gehorsamsverweigerung. Die Ausreißerin ordnet sich nicht mehr unter. Sie läuft ohne die Genehmigung der Mutter oder des Vaters weg. Sie verläßt das Haus einfach so – aus einer Laune heraus – ohne jemandem Bescheid zu sagen, ohne zu sagen, warum, als ob sie keine Rechenschaft mehr abzulegen brauchte, als ob sie nicht minderjährig wäre und unter der elterlichen Vormundschaft stünde. Sie wartet nicht darauf, daß sie rausgeschmissen wird. Sie geht weg. Sie entführt sich selbst, entweicht aus dem Haus, wo sie eingeschlossen und unter Aufsicht bei geschlossenen Fenstern und Türen wie in einem Bordell lebt. Im übrigen ist das Zimmer, in das ihr Vater ihr folgt und das er abschließt, um sich ihres passiven, unbeweglichen und unter Drohungen gehorchenden Körpers für seine sexuellen Praktiken, an denen sie keinen Anteil hat – sie macht das, was man von ihr verlangt, so wie sie ihrer Mutter bei der Hausarbeit gehorcht – zu bedienen, tatsächlich ein Bordellzimmer. Alles (Zeit, Raum und Gesten) läuft hier nach den Regeln der Prostitution ab. Sie macht, was er will. Sie ist dort auf dem Bett für sein Vergnügen. Er kennt den Ablauf der Handlung... Er führt sie in die Riten der Sexualität ein: Riten der Prostitution, wo die Grundregel für die Frau heißt, daß sie ihren Körper vergißt. Die

Prostitution ist auch eine Art Selbstverstümmelung. Mit dieser Verstümmelung - des wohlfeilen Körpers der Nutte - beginnt der Vater, wenn er heimlich im dunklen Zimmer die sexuelle Disziplin des Inzests von seiner Tochter verlangt. Als Gegenleistung für einen Körper, der sich ihm kalt, unbeweglich und versteinert, wie tot, hingibt - Puppenkörper, Sexpuppe - bekommt die Tochter vom Vater als Anerkennung Geld oder Geschenke. Sie verkauft sich ihrem Vater für ein geringes Entgelt, für ein bißchen Taschengeld. Der Vater bringt ihr früh und erfolgreich bei - er ist ein guter Pädagoge - wie sie aus ihrem Körper ein Geschäft machen kann. Deshalb geben sich die Ausreißerinnen, wie wir es schon angedeutet haben, ganz natürlich und ohne sich darüber im Klaren zu sein, der "Gelegenheitsprostitution" hin, die oft vorübergehend ist und die sie manchmal zur "Gewohnheitsprostitution" treibt. Aber das Ausreissen ist nicht so einfach. Die Flucht endet fast immer mit einer Rückkehr ins Elternhaus, bis zum letzten Ausreißen, das ein radikaler und endgültiger Bruch ist: Eine viel leidenschaftlichere Befreiung und ein Zeichen der Revolte. Die rebellischen und sich herumtreibenden Ausreißerinnen haben eine lange Liste von aufeinanderfolgenden Fluchten, bewegten Umherstreichens, Eingesperrtseins (zu Hause oder in Heimen) und Fluchtversuchen hinter sich... Unbezähmbare Ausreißerinnen.
Das erste Ausreißen. Das Mädchen hat lange eine Inzest-Beziehung ertragen. Die Toleranzschwelle ist erreicht. Es will weggehen. Andere Jungen als die eigenen Brüder sehen. Es darf sich nicht mit Freunden treffen. Es hat keine Freunde. Es lebt ständig in einem streng überwachten Viertel.

Auf der anderen Seite der Straße fangen die Felder an

Eines Abends geht sie weg, so, als ob sie im Supermarkt einkaufen wollte. Ohne Reisetasche und ohne Koffer. Ohne Geld. Sie weiß nicht genau, was sie tun will. Das wird sich ergeben. An einem Nachmittag im Dezember 1976 lernt die sechzehnjährige Josiane einen Freund im Café kennen. Sie unterhalten sich. Er ist gerade arbeitslos geworden. Seine Eltern haben ihn rausgeschmissen. Sie bleibt bei ihm. Sie verbringen zusammen die Nacht. Bei Freunden haben sie ferngesehen. Sie sind ins Bett gegangen. Sie umarmen und streicheln sich: "Ich habe Josiane zwischen den Beinen gestreichelt und gemerkt, daß sie "feucht" war, da dachte ich, daß die Sache gut anfinge, bis sie mir sagte, daß sie ihre Tage hätte. Da habe ich nicht weiter gemacht, weil ich davon unscharf wurde... Wir sind eingeschlafen." Als Josiane gefragt wird, bestätigt sie diese Version. Der Freund auch. Am nächsten Tag kommt sie nach Hause. Sie war ausgerissen. Sie ist schuldig. Um sich zu entschuldigen, erzählt sie ihrem Vater und dessen Frau, daß sie einer Gruppenvergewaltigung zum Opfer gefallen sei. Ihre Eltern sollen sie gezwungen haben, Anzeige zu erstatten. Sie erstattet Anzeige. Von der Vergewaltigung gibt sie eine zusammenhängende und genaue Darstellung. "Auf der anderen Seite der Straße fangen die Felder an..." Sie spricht über den Ort, ein Zimmer im sozialen Wohnungsbau und über das Folterbett, ein großes Doppelbett. Sie sind zu dritt. Sie haben sie im Auto entführt. Sie sperren sie in ein Zimmer und ziehen sie mit Gewalt aus. Sie wird von zweien festgehalten, während der dritte versucht, in sie einzudringen. An der linken Hand wird sie zwei Mal mit einer Zigarette verbrannt. Mit einem scharfen Gegenstand bringt man ihr Schnittwunden am Arm bei. Sie wird mit Fäusten geschlagen. Zwei Jungen führen ihre Finger in ihre Scheide ein. Sie hat ihre Tage und blutet. Das ganze dauert 3 Stunden. "Als sie gesehen haben, daß nichts zu machen ist, haben sie zu mir gesagt: "Zieh Dich wieder an." Sie sind in das andere Zimmer gegangen. Einer hat zu mir gesagt: "Es lohnt sich nicht, ein riesiges Blutbad zu veranstalten." Ich habe sie lachen hören. Sie haben mich ins Auto gesetzt und gesagt, daß ich zu nichts zu gebrauchen wäre. Sie haben mich am Ufer der Marne abgesetzt. Ich bin zu Fuß zu mir nach Hause gegangen." Sie gibt sogar eine sehr genaue Beschreibung der Jungen: "Die 3 Jungen sahen aus wie Nordafrikaner oder Portugiesen mit dunklem Teint und braunen, halblangen, mehr oder weniger lockigen Haaren. Alle waren größer als 1,7o m und so zwischen 25 und 40 Jahre alt. Nach ihrer Sprache zu urteilen, glaube ich, daß es Araber waren. Einer hatte einen Rollkragenpullover, der andere ein buntes Hemd und der dritte ein schwarzes Hemd an." Sie fügt hinzu: "Ich bin nicht sicher, meine Angreifer wiedererkennen zu können. Alles spielte sich im Halbdunkel ab, und ich habe sie nie genau gesehen."

Die Szene ist perfekt. Sie erzählt, als ob sie vergewaltigt worden wäre und ihre Beschreibung enthält die rassischen Vorurteile, die immer angeführt werden, wenn Nordafrikaner verdächtigt werden, eine Vergewaltigung begangen zu haben. Wir erinnern an den Prozeß über das Sittlichkeitsverbrechen, wo der Stiefvater von Liliane behauptete, seine Tochter wäre bei ihrem Ausreißen von einem Nordafrikaner vergewaltigt worden und als sie zurückgekommen sei, habe ihre Mutter Blut in ihrer Hose entdeckt. Er, der Stiefvater, schlief seit 10 Jahren mit dem Mädchen.

Der Vater von Josiane hat seine Tochter untersuchen lassen und ein medizinisches Gutachten vorgelegt, in

dem folgendes steht:
- zwei von Zigaretten stammende Verbrennungen an der linken Hand;
- mehrere Kratzer an den Unterarmen;
- zahlreiche blaue Flecke am Körper und an beiden Brüsten;
- blaue Flecken und Kratzer an der Vulva und den großen und kleinen Schamlippen, jedoch keine Wunden oder Risse.

Der Vater bringt auch einen Slip und einen Büstenhalter zur Polizei, die seit dem Vorfall gewaschen wurden. Der Vater spricht auch von einer zerrissenen Bluse, die nicht mehr auffindbar wäre.
Drei Tage nach der ersten Aussage kommt Josiane mit ihrem Freund zur Polizei zurück. Sie behauptet, daß das, was sie über die Vergewaltigung gesagt hat, nicht stimmt und daß sie die Individuen, von denen sie gesprochen hat, gar nicht kennen würde. Sie fügt hinzu, daß sie keine Anzeige erstatten wollte und es nur auf Druck ihrer Eltern gemacht habe, die sie im übrigen sobald sie volljährig wäre, verlassen würde. Dann macht sie die neue Aussage über den Abend, den sie mit dem Freund verbracht hat und unterschreibt sie. Der Vater leistet den Aufforderungen der Polizei, dort zu erscheinen, erst nach mehreren Malen im Februar 1977 folge: Das sind 2 Monate nach der Tat.
Die Polizei glaubt an ein Ausreißen, daß als Vergewaltigung getarnt ist: "Die Anklagende hatte Anzeige erstattet, weil sie von ihrem Vater dazu gezwungen worden war und eine falsche Aussage gemacht, um ihr nächtliches Ausbleiben von zu Hause zu erklären." Das wäre eine Möglichkeit. Aber wenn man das Verhör des Vaters genauer liest, so erfährt man Einzelheiten, die bis dahin fehlten und die die Geschichte von Josiane ganz besonders erhellen. Der Vater begibt sich also schließlich zur Polizei. Er sagt: "Das Verhalten meiner Tochter wundert mich nicht, da sie sehr verschlossen und verlogen ist...

Sie lebt in einer anderen Welt und erzählt nichts." Man erfährt, daß Josiane von ihrer Mutter zur Fürsorge gegeben wurde, weil der Vater von Josiane sie verlassen hatte. Durch einen Brief der Mutter erfährt der Vater davon. Er hat wieder geheiratet und seine Frau habe Josiane aufnehmen wollen. Er akzeptiert das. Sie ist 8 Jahre alt, als sie zu ihrem Vater kommt. "Wir haben sie immer ordentlich und ohne besondere Strenge erzogen, aber was mich anbelangt, so habe ich immer darauf geachtet, daß sie nicht bummelt und gut arbeitet." Man hört von weitem und fast gleichzeitig (1977) die Zeugenaussage einer Mutter, die für ihren Freund gegen ihre Tochter Irene aussagt, die ihren Stiefvater angezeigt hat. Seit sie 11 Jahre alt ist, zwingt er ihr sexuelle Beziehungen auf und das, was das Mädchen, das nicht mehr nach Hause zurückkehren will, dazu sagt, läßt gar keinen Zweifel an den sexuellen Annäherungsversuchen ihres Stiefvaters. Die Mutter sagt also: "Meine Tochter hat alles, was sie braucht. Sie hat ihr eigenes Zimmer und überhaupt keine Probleme materieller Art. Mein Freund tut alles, um sie korrekt zu erziehen. Er betrachtet sie als seine Tochter und sie ihn als ihren Vater, übrigens nennt sie ihn Papa..." Ihre Tochter ist eigenwillig. Sie mag sich nicht kommandieren lassen. Sie erzählt Lügen und sie hilft nicht bei der Hausarbeit. Der Freund: "Wir tun alles, damit sie zu Hause glücklich ist. Übrigens nennt sie mich Papa... Sie geht praktisch nicht aus dem Haus, außer zum Einkaufen... Angesichts ihres Alters kommt es gar nicht in Frage, daß sie abends allein ausgeht... Ich habe alles für sie getan... Ich habe sie immer als meine Tochter angesehen..." Der Vater von Josiane hebt in seiner Aussage noch hervor: "Zweimal hat sie schon versucht, Selbstmord zu begehen: das erste Mal mit 14 Jahren, als sie sich die Pulsadern aufgeschnitten hat und das zweite Mal mit 16, als sie Tabletten geschluckt hat..." Er glaubt, so seine Tochter belasten zu

können, indem er sie als Pathologin hinstellt. Aber diese Reaktionen in einem Familienklima, das alle Anzeichen von Inzest aufweist, gleichen denen, die immer wieder in den Berichten von Richtern, Erzieherinnen, Sozialfürsorgerinnen usw. über Inzest angeführt werden. Der Vater fügt noch hinzu: "Es ist möglich, daß sie sich die Verbrennungen selbst beigebracht hat." Es gibt tatsächlich die Selbstverstümmelung, aber die Kratzwunden und blauen Flecken an der Vulva und die blauen Flecken auf den Brüsten ... Sie soll ihre Brüste eigenhändig mit Faustschlägen traktiert haben, wie Tarzan im Dschungel, wenn er seine Schreie ausstößt?
Alle die Argumente, die der Vater von Josiane gegen seine Tochter vorbringt, können gegen ihn verwendet werden. Er belastet sie zu sehr und zu eifrig, er psychologisiert sie so gut... Ein Jugendrichter berichtete von einer Mutter, die die Komplizin eines Mannes war, der mit ihren drei Töchtern geschlafen hatte. Die zweitälteste war ausgerissen, die älteste hatte ihn angezeigt und die jüngste schlief für Geld mit ihm. Die Mutter behauptete, daß ihre Töchter, die ihn beschuldigt hatten, verlogen, verrückt und noch dazu leichte Mädchen wären. Der Vater schlug sie, weil "sie zu sehr den Jungen nachliefen." Die zweitälteste wollte nicht mehr nach Hause zurückkehren. Die älteste war zu Hause ausgezogen. Das war diejenige, von der die Mutter behauptete, sie sei verrückt: "Man darf ihr nicht glauben, sie erzählt Lügen..."
Seit der Angelegenheit hat Josiane das Elternhaus nicht verlassen. Sie will nicht mehr zur Schule gehen. Sie geht nur aus dem Haus, um zur Arbeit zu gehen: sie lernt Sekretärin bei einem Anwalt. Sie möchte ein Examen als Untersuchungskommissarin bei der Polizei machen. Auf diese Weise sucht sie eine Möglichkeit, um die Wahrheit bei Sittlichkeitsdelikten mit Minderjährigen unter 15 Jahren zu erfahren. Sie möchte eines Tages sagen können, was damals

bei dieser Geschichte wirklich passiert ist. Die Wahrheit sagen. Die Wahl ist symbolisch. Vielleicht erfahren wir, daß der Vater seine Tochter beeinflußt hat, damit sie eine Geschichte erzählt, um einen Inzest zu vertuschen. "Ein Sittenstrolch mit Gewalt..." Denn den Urheber der Mißhandlungen kennen wir am Ende der Untersuchung immer noch nicht. Wenn wir die Akte richtig auslegen, dann ist der Vater für diese Mißhandlungen verantwortlich. Die in ihren Familien geschlagenen, mißhandelten und vergewaltigten Mädchen denunzieren nicht so ohne weiteres ihren Vater.

Um ihm einen Gefallen zu tun, schläft sie noch mit denen, die da sind

"Mama und J... schlagen mich nur. Ich habe langsam die Nase voll davon... Mama sagt immer nur: 'Hoffentlich haust Du bald ab...'", schreibt Thérèse. Ihre Mutter schlägt sie mit der Hundeleine, ihr Stiefvater auch. Im Haus ist sie das Hausmädchen. Sie reißt aus, um ihre Eltern anzuzeigen. Das kommt selten vor. Der Polizei und den Richtern gegenüberzutreten, Verhöre und aufeinanderfolgende Untersuchungen über sich ergehen zu lassen und dem Druck der Eltern ausgesetzt zu sein wird von den Mädchen wie eine Schande empfunden: sie hat mit dem Vater oder dem Stiefvater geschlafen. Eine Schande, die nach der öffentlichen Meinung auf das Mädchen zurückfällt, selbst wenn es nicht schuldig ist. Schuldbewußtsein: sie hat den Vater, die Mutter, den Clan... verraten. All das muß die vierzehnjährige, zarte, zerbrechliche Thérèse mit der Kraft und Energie eines Erwachsenen durchstehen. Daß ihr Lebensweg gestört und voller Dornen ist... Daß sie ausreißen wird, in Heime kommt, wieder ausreißt und

auf der Straße steht, wo die unermüdlich um die Heime herumstreichenden Zuhälter nur auf sie lauern...
Die Erzieherinnen berichten - wir haben das schon erwähnt - daß die Männer, oft Nord-Afrikaner, um die Mütterheime herumstreichen, um den Frauen, die sie dort treffen und deren Einsamkeit und Hilflosigkeit sie kennen, eine Adresse, ein Zimmer und Vergnügungen anbieten. Im Sommer setzen sich die jungen Frauen auf die Bänke in der Straße. Sie warten. Die Männer bleiben stehen und setzen sich zu ihnen, um sich mit ihnen zu unterhalten. Sie machen Versprechungen. Ob die Frau schwanger oder minderjährig ist, ist ihnen gleichgültig. Sie reden weder von der Schwangerschaft, noch von dem Kind, was geboren werden soll. Die Frau interessiert sie. Ihr Körper, ob gefüllt oder nicht. Das ist ein Körper um Geld einzubringen und zum Ficken. Sie sind allein. Sie hören zu. Sie finden ihn nett. Sie gehen mit ihm und wie es dann so weiter geht... Sie verlassen das Heim und man sieht sie nie wieder. Das Kind geben sie weg: Die meisten Kinder, die vorübergehend bei der Fürsorge untergebracht sind, sind Kinder von Frauen, die selbst noch Jugendliche sind und aus den verschiedenen Heimen stammen. Diejenigen, die am Wochenende ausgehen, um sich mit einem zufällig kennengelernten Freund zu treffen, kommen mißhandelt und sexuell mißbraucht ins Heim zurück. "Die Hebammen, die die jungen Frauen nach der Geburt medizinisch überwachen, haben oft festgestellt, daß diese Frauen nach jedem Wochenende mit entzündeten und verletzten Geschlechtsorganen zurückkamen. Übrigens haben viele einen nordafrikanischen Freund, der mit Freunden, Cousins und Brüdern zusammenlebt... Die junge Frau schläft mit ihrem Freund, und um ihm eine Freude zu machen, schläft sie auch noch mit denen, die noch da sind. Sie erlebt das nicht als eine Vergewaltigung. Sie befriedigt lediglich eine Nachfrage, ein Bedürfnis ihres Freundes und der an-

wesenden Männer. Sie fühlt sich nützlich. Sie stellt sich keine Fragen über ihr eigenes Vergnügen, ihren Körper und seine sexuelle Funktion... Sie sieht in diesen Beziehungen - die vielleicht herzlich sind - Beweise der Anhänglichkeit, des Vorzugs, der Liebe..." Auch wenn der Freund sie in den meisten der Fälle sitzen läßt, sobald ein materielles Problem auftaucht, wenn die Frau nicht mehr im Heim untergebracht wird und ohne Arbeit und Wohnung mit einem Neugeborenen dasteht... Die Prostitution erscheint dann oft als eine zunächst provisorische Hilfe, die dann ganz allmählich zur Gewohnheit wird.

Er spritzt einen weißen Saft in sein Taschentuch

Sie spricht nicht, sie rührt sich nicht. Er bewegt sich auf ihr. Sie ist wie ein kleines Kind, das Angst hat. Wie eine stumme und passive Nutte, die nach des Kunden Wunsch - immer dem gleichen und nach dem gleichen Ritual - arbeitet. Der Stiefvater gibt Thérèse Geschenke.
"Mein Stiefvater kauft widerliche Bücher wie S.O.S. oder S.A.S. mit einer nackten Frau auf dem Titelbild, die ein Messer in der Hand hält. Aber innen gibt es keine Bilder. In den Büchern steht was über Ficken und Gewalt. Sie liegen unten im Regal. Vor 2 Monaten habe ich auf dem Nachttisch eine Zeitschrift gesehen, die "Lust" hieß. Auf dem Umschlag war die Rede von "Muschi", und es waren 2 nackte Mädchen darauf." Er ist ein moderner und liberaler Stiefvater: er versteckt seine pornographischen Zeitschriften nicht. Komischerweise - und wir kommen später noch darauf zurück - liegen die pornographischen Zeitschriften gerade da offen herum, wo es zum Inzest kommt. Experimentiert der Vater oder Stiefvater mit seiner Tochter? Bringt er ihr die Stellungen und Gesten bei, die aus ihr eine ge-

schickte Geliebte, eine Prostituierte, eine Expertin und Spezialistin auf dem einen oder anderen Gebiet der Perversion machen, die die Pornographie zu bieten hat?
Während des Verhörs benutzt Thérèse mit großer Natürlichkeit das Wort "Muschi", das sie in den Büchern des Stiefvaters gelesen hat. Das kommt so selten vor, daß ein kleines Mädchen in aller Öffentlichkeit dieses Wort ausspricht, daß es im Polizeibericht festgehalten wird: "Bevor meine Mutter von der Arbeit nach Hause kommt, führt mich mein Stiefvater in sein Schlafzimmer. Er schickt meinen Bruder und meine Schwester in ihr Zimmer zum Spielen. Er schließt das Zimmer ab. Er sagt mir, ich solle mich aufs Bett legen und zieht mich ganz aus; dann zieht er seine Hose aus, holt seinen Piller hervor und steckt ihn in meine Muschi (...) Das ist hart und tut mir weh. Er bewegt sich in meiner Muschi und hinterher spritzt er einen weißen Saft in sein Taschentuch. Das ist alles, was er mit mir macht. Er hat noch nie was anderes mit mir gemacht. Er macht das mehrmals in der Woche mit mir... Seit 2 Monaten lehne ich mich dagegen auf, also schlägt er mich, um mich zu zwingen, das mit ihm zu machen (...). Er sagt nichts zu mir, wenn er mit mir verkehrt. Aber jedes Mal nimmt er sein Taschentuch entweder aus seiner Tasche oder von den Sachen, die im Schrank liegen, und nachdem er sich in mir bewegt hat, zieht er sich plötzlich zurück und wischt sich sein Glied mit dem Taschentuch ab (...). Er nimmt nie was anderes. Danach tut er das Taschentuch direkt in die Waschmaschine, wie es meine Mutter für die Wäsche tut."
Sie hat die Pflicht, sich für ihn allein zu prostituieren: aber sie darf nicht ausgehen: "Meine Mutter und mein Stiefvater lassen mich nie ausgehen und passen genau auf, wie lange ich brauche, um Einkäufe zu machen."
Sie reißt aus.

C... reißt aus. N... reißt aus.
C... will nicht mehr zu ihrem Vater zurückkehren. Sie reißt zwei Mal aus. Beim zweiten Mal wird sie ausgefragt, und sie beschuldigt ihren Vater, sie unsittlich angefaßt zu haben. "Die Richtigkeit der Anschuldigungen der Minderjährigen konnte nicht festgestellt werden." Aber es steht in der Akte: "Die junge C... wird als schwieriger Charakter, als Diebin, Ausreißerin, Lügnerin und sexuell sehr interessiert dargestellt..."
N... kommt zur Polizei. Sie fragt, welche Schritte notwendig sind, um das Elternhaus zu verlassen. Während der Unterhaltung beschuldigt sie ihren Vater, sie mißhandelt zu haben und sie unsittlich berührt zu haben. Der Beschuldigte gibt das ihm vorgeworfene Delikt zu. Der Bericht betont: "Die junge N... scheint ganz besonders von Jungen angezogen zu werden. Sie ist seitdem aus dem Elternhaus ausgerissen."
Die Liste ist lang.

Die Sommersaison verlebe ich in Cannes

Die Eltern unterrichten die Polizei vom Ausreißen ihrer Töchter. Sie haben das Haus seit mehreren Tagen verlassen. Die Eltern sagen, daß "sie sie nicht mehr halten können." Sie wollen ausgehen, die Eltern sagen nein. Besonders die Väter, die ihre Töchter zum Inzest zwingen. Das haben wir schon gesehen. Sie gehen zu einem Freund, der sie unterbringt oder sie irren durch die Straßen der Städte. Die Männer sprechen sie an und manchmal nehmen sie sie mit. Die Polizei liest sie auf und bringt sie zum Jugendamt. Sie sprechen nicht sofort. "Zwei- bis dreitausend minderjährige Mädchen kommen so an", sagt ein Untersuchungsrichter vom Jugendamt. "90 % von ihnen sind nicht mehr Jungfrauen, und oft sind

sie jünger als 15." Wie viele wurden vom Vater oder Stiefvater entjungfert? Es ist nicht möglich, eine Zahl zu nennen. Sie sagen es nicht alle. "Oft lassen sie sich auf der Straße ansprechen und für Parties mitnehmen, für Männer, die sehr junge Mädchen, zwölf-, dreizehnjährige, lieben. Meistens sind sie einverstanden. "Diese Affären kommen selten 'raus'. Sie kommen fast nie vor den Richter. Diese Affäre ist bekannt, wo ein Industrieller junge Ausreißerinnen suchte: Er brachte sie in seiner Wohnung oder in kleinen Einzimmerwohnungen unter. Er hielt sie aus. Dafür mußten sie sich zu allen möglichen sexuellen Szenen hergeben. Er selbst berührte sie nicht. Er bevorzugte lesbische Szenen. Eine von ihnen mußte sich z.B. mit einem Kruzifix masturbieren... Viele treiben "Gelegenheitsprostitution". Ein Jugendrichter erzählt von einer Siebzehnjährigen, die ständig ausriß. Sie verstand sich nicht mit ihrem Stiefvater und, wie so viele Jungendliche, weigerte sie sich mit 15 Jahren, weiterhin solche Praktiken zu erdulden. Das Mädchen trieb sich nachts in Bars rum. Seine Mutter war Serviererin in einer Bar, "Serviererin, die die Kunden mit nach oben nahm." Das Jugendamt unterrichtet den Richter von der Ausreißerin. Die Mutter erzählt, daß ihre Tochter Drogen nimmt und mit Schwarzen und Farbigen zusammenlebt... "Auf Drängen ihres Zuhälters, dessen Komplize sie war, beantragte die Mutter die Mündigsprechung ihrer Tochter". Das Mädchen macht 2 Selbstmordversuche.
Es kommt 3 Mal ins Krankenhaus.
Sie reißt von neuem aus. Sie wird von der Polizei im Wald von Fontainebleau festgenommen. Sie wollte mit einem Freund nach Marseille. Im Juni 1977 wird sie in einem schäbigen Hotel in Issy-les-Moulineaux aufgefunden. Sie geht zu ihrer Mutter zurück. Im September 1977 weiß die Mutter nicht, wo sie sich aufhält. Sie wird vielleicht wie diese andere fünfzehnjährige, die sich in ihrer Wohnung der Prosti-

tution hingab, nachdem sie vorher Straßenprostituierte in Marseille war, sagen: "Die Sommersaison verlebe ich in Cannes." Mit 17 war sie Callgirl. Sie war nach Paris gekommen, um als "Edelnutte" zu leben. Sie wurde in ein Heim nach Lyon geschickt. Die erzieherischen Maßnahmen haben sich als erfolglos erwiesen...

A... verläßt mit 16 das elterliche Heim. In Paris lebt sie bei Bekannten und dann wird sie von einem Algerier untergebracht, bei dem sie mehrere Tage lebt. Sie arbeitet in verschiedenen Cafés. Sie wird gesucht. Sie ist minderjährig. Er beschützt sie. Er teilt mit ihr sein Zimmer und sein Bett. Sie beschuldigt ihn, sie geschlagen zu haben, "damit sie jede Nacht vollständigen Geschlechtsverkehr mit ihm habe. Er habe ihr auch vorgeschlagen, für ihn auf den Strich zu gehen und ihr mehrere Male ihre Einnahmen abgenommen." Er wird im Januar 1977 wegen "Gewalt, Diebstahl und Versuchs der Zuhälterei" angeklagt.
Man könnte die Lebensläufe von einigen jungen Frauen zitieren, die Prostituierte sind und die in ihrer Kindheit die Opfer von Gewalt waren und die, nachdem sie mehrere Male ausgerissen seien, registriert wurden (zwischen 1970 und 1977):

F..., 20 Jahre alt.
Einzige Tochter eines Arbeiters und einer Stenotypistin.
Mit 15 reißt sie aus. Ihr Vater schlägt sie.
In 2 Jahren reißt sie 21 Mal aus.
Selbstmordversuch mit Schlaftabletten.
Auf gerichtliche Anordnung kommt sie von zu Hause weg.
Ausgerissen.
Sie lebt mit einem Nord-Afrikaner zusammen.
Sie geht für einen Algerier auf den Strich.
Sie bekommt ein Kind, das von ihren Eltern aufgezogen wird.

J..., 30 Jahre alt.
Kommt aus einer Verbindung Vater: Arbeiter - Mutter: ohne Beruf.
Einzige Tochter.
Sie ist das Opfer von Sittlichkeitsdelikten seitens ihres Vaters.
Mit 17 geht sie auf den Strich.
Sie hat 5 Kinder, von denen 3 von der Fürsorge untergebracht sind.

C..., 29 Jahre alt.
Die älteste von 4 Geschwistern.
Die Mutter empfängt ihre Liebhaber bei sich.
Ihr Vater versucht, sie zu mißhandeln, als sie 12 Jahre alt ist.
Sie wird von der Fürsorge untergebracht.
Kommt dann in das Heim 'Bon Pasteur'.
Sie lebt in Jugendbanden.
Prostitution mit 17 Jahren.
Sie hat ein Kind.
Der Zuhälter kommt ins Gefängnis. Er hat 2 Frauen, die für ihn arbeiten. Die Kinder werden von der Familie aufgezogen.

J..., 35 Jahre alt.
Von der Mutter und dem Stiefvater aufgezogen.
Unglückliche Kindheit.Sie lebt mit einem Mann zusammen, der nach der Eheschließung ihr Zuhäter wird.
3 Kinder sind in Pflege gegeben.
Eine zehnjährige Tochter wird 1971 das Opfer eines Sittlichkeitsdeliktes des Geliebten der Mutter.

Die Mädchen, die aus dem Elternhaus flüchten, um aus einer Inzest-Beziehung herauszukommen, landen nicht alle auf dem Straßenstrich oder in einem Hotel in der Nähe des Ostbahnhofs... Es kommt vor, daß sie einen Jungen kennenlernen, der weder Zuhäl-

ter noch ein Schweinehund ist, und der mit ihnen zusammenlebt, ohne ein Geschäft daraus zu machen.
Es kommt auch vor, daß sie auf die ganz große, leidenschaftliche, wunderbare und ewig währende Liebe warten und schwanger werden, weil sie gegen "das Stückchen Draht im Bauch" sind oder gegen "die Liebe unter Zellophan"... Der Junge hat nichts gegen die Abtreibung, das Mädchen weigert sich, es will das Kind... Der Fortgang der Geschichte ist bekannt. Frühehe. Zurückgewiesene, weggegebene oder mißhandelte Kinder. Sitzengelassene Mädchen, unverheiratete Mutter, von der Familie getrennt... allein... Die Zuhälter wissen das, erkennen diese verzweifelten Frauen und lauern auf sie. Zunächst beschützen sie sie und dann lassen sie sich ihre Hilfe teuer bezahlen. Mütter können auch Zuhälterinnen sein.

Das Zimmer Nr. 5

Die Tochter von Frau B.R..., Salima, die von der Fürsorge in einem Heim untergebracht ist, reißt mehrere Male aus. Die Erzieherin betont in ihrem Bericht den sexuellen Charakter dieser Ausbrüche. Salima trifft mehrere Jungen auf einmal. Sie hat mit ihnen Geschlechtsverkehr. Als sie schwanger ist, muß sie heiraten. Sie heiratet einen viel älteren Mann. Sie bekommt eine Tochter.
Frau B.R... war ein kleines, mißhandeltes Mädchen. Ihr Vater war gewalttätig: "Ich habe meinen Vater so oft meine Mutter schlagen sehen, daß ich mir gesagt habe, die Franzosen taugen nichts, und ich nehme mir einen Algerier." Sie kommt zur Fürsorge. Dann arbeitet sie als Aushilfe im Krankenhaus. Sie heiratet einen Algerier. Sie bekommt 3 Kinder. Ihr Mann ist gewalttätig. Er schlägt sie. Sie brennt mit ihrem Liebhaber durch. Ihre Kinder sind weggegeben. Sie soll

als Prostituierte gearbeitet haben, steht in der Gerichtsakte. Sie kommt 1973 wegen Beihilfe zur "Unzucht mit Abhängigen unter 15 Jahren" ins Gefängnis. Die dreizehnjährige Salima beschuldigt ihren Vater, sie mit dem aktiven Einverständnis der Mutter vergewaltigt zu haben. Die Mutter gibt die Tat zu. "Sie erzählte, daß ihre Eltern sie eines Nachts zu sich ins Bett gezogen hätten und ihr Vater mit ihr im Beisein der Mutter vollständigen Geschlechtsverkehr gehabt hätte. Die Mutter hätte ihr die Arme festgehalten. Die Szene habe sich mehrere Male an verschiedenen Tagen wiederholt."
Ihr Bruder hat auch mehrere Male vollständigen Geschlechtsverkehr mit ihr gehabt. Ihr Cousin "habe keinen vollständigen Geschlechtsverkehr mit ihr gehabt, er habe nur einige Bewegungen gemacht und sei unfähig gewesen, in sie einzudringen." Alle Männer des Clans haben sich berechtigt gefühlt, ihr Gewalt anzutun. Und ihre Mutter hat diese Vergewaltigungen durch Familienmitglieder gefördert...
Eine andere Mutter hatte auf diese Art und Weise ihre elfjährige Tochter Odile ihrem algerischen Liebhaber und dessen Bruder ausgeliefert. Die Mutter arbeitet bei einem algerischen Hotelier. Sie ist in Geldschwierigkeiten. Seit ihrem 14. Lebensjahr arbeitet sie, sie hat in einer Puppenfabrik angefangen. Sie verläßt ihre Familie, ihre 10 Geschwister, um eine Frühehe einzugehen. Ihr Mann trinkt. Er ist gewalttätig. Sie trennen sich häufig. Sie hat Liebhaber. Im Gefängnis sagt sie, daß sie in ihrem Leben niemals glücklich war. Sie ist also in diesem Hotel ihres algerischen Liebhabers angestellt und untergebracht. Sie kocht und putzt für den Hotelier. Sie schläft mit ihm und gibt ihm ihre Tochter: Sie kann damit den Zeitpunkt, wann sie die Miete zahlen muß, hinausschieben. Eines Abends schläft ihre Tochter Odile in dem unbelegten Zimmer Nr. 5 in der 2. Etage. Es scheint eine

besondere Gunst zu sein, die der Hotelier der Mutter gewährt. "An dem Abend begab sich das Mädchen also ins Zimmer Nr. 5 und schloß sich ein. Der Hotelier kam und klopfte an die Tür, doch Odile weigerte sich, ihm aufzumachen. Er ging wieder hinunter, um Frau B... zu suchen, und beide erschienen wieder vor der Tür von Zimmer Nr. 5. Frau B... klopfte an die Tür und sagte: "Mach auf, ich bin's. Mama." Nachdem das Mädchen die Tür geöffnet hatte, kam der Hotelier ins Zimmer und Frau B... ging wieder nach unten." Odile zieht ihr Nachthemd aus. Er legt sich nackt auf sie. Sie schlafen zusammen, aber vorsichtshalber ejakuliert er zwischen ihre Beine. Sie schlafen ein.

"Frau B... gibt zu, daß sie ihre Tochter angehalten habe, mit dem Hotelier zu schlafen (...). Odile behauptet, daß sie sie dazu gezwungen habe, indem sie ihr mit einem Erziehungsheim gedroht hätte."

Odile und ihre Brüder kommen zur Fürsorge.

Ihre Mutter geht für 5 Jahre ins Gefängnis.

Wie die Mutter von Salima.

Diese Mütter verkaufen ihre Töchter an ihren Mann oder ihren Freund. In diesem Punkt ist diese Geschichte ganz klar, wenn es bei anderen auch weniger offensichtlich ist. Vater oder Liebhaber benutzen das Mädchen wie eine Nutte und bezahlen mit Geld oder Geschenken, und die Mutter führt sich auf wie eine Puffmutter. Es gibt auch Väter als Zuhälter. Sie entjungfern das Mädchen für sich und benutzen es später als Geldquelle. Wenn der Vater es nicht für sich allein behalten will, dann muß es ihm noch etwas einbringen, und der Körper gehört ihm, ihm dem Vater, dem ersten Liebhaber und dem ersten Zuhälter.

In den öffentlichen Toiletten

"Sie haben das im Blut. Sie laufen weg und treiben sich rum." Die Mutter sagt: "Sie ist so lasterhaft, da kann man nichts machen," und in den Akten wird jedesmal sorgfältig betont, wenn sich ein Mädchen für Jungen interessiert, eine Beschönigung, um zu sagen, daß es mit jedem ins Bett geht... Eines Morgens im März 1978 begleitete eine alte Dame eine minderjährige Schwangere in ein Mütterheim. Die Mutter arbeitete im Gaststättengewerbe und konnte sich nicht frei machen. Außerdem war ihr Appartement zu klein, um ihre Tochter und das Kind dort unterzubringen. Die alte Dame entrüstete sich: "All das ist wegen der Pille. Das ist eine Katastrophe. Ich habe in Bretonneau gearbeitet. Ich habe dort viel gesehen; alles diese kleinen Huren. Diese Pille... Ich würde das nicht machen. Ich würde vorher sterben. Aber die Ärzte sagen es; alle Frauen werden Gebärmutterkrebs bekommen. Übrigens behandelt man die Krebskranken mit einem Mittel, das auch in der Pille enthalten ist... Meiner Tochter wäre das nie passiert. Ich habe ganz allein 3 Kinder großgezogen. Ich war Kriegerwitwe. Ich habe nie wieder geheiratet. Ich habe geschuftet, das kann ich ihnen sagen. Ein Fremder kann die Kinder, die nicht von ihm sind, nicht lieben. Das ist nicht möglich. Also macht er neue, falls er nicht schon welche hat, und das gibt dann Geschichten..."
Ein Untersuchungsrichter erzählte, daß ein Vater, der schon seit langem mit seiner Tochter schlief, ihre "Spiele" photographierte. Er drohte seiner Tochter, ihrer Mutter alles zu sagen, wenn sie ihm kein Geld einbrächte. Das Mädchen verkaufte sich also. War das lasterhaft? Um sich bis zu diesem Punkt unterzuordnen... muß sie in einer solchen Ein-

samkeit, Hoffnungslosigkeit und Misere gelebt haben, daß sie gleichzeitig die pornographischen Sitzungen mit dem Vater und die Prostitution erduldete. Die gleiche Frage stellt sich bei Suzanne: diese krankhafte Schwäche, die den Wünschen des Vaters entgegenkommt, diese Kraftlosigkeit, die zu Mißhandlungen, sexueller Gewalt und dazu verleitet, den Körper des Mädchens so zu behandeln, als ob es selbst gar nicht existieren würde. Die Geschichte von Suzanne ist in dieser Hinsicht beispielhaft und erschreckend.
Mit 4 Jahren wird sie von der Fürsorge des Departements Rhône untergebracht. Der Vater ist im Gefängnis. Er wurde 1965 wegen eines Sittlichkeitsverbrechens an seiner ältesten Tochter und wegen Zuhälterei verurteilt... Der Vater ihres Vaters, von Beruf Böttcher, kam wegen Vornahme unsittlicher Handlungen an kleinen Mädchen und unter anderem an seinen Töchtern, ins Gefängnis. Er führt also die Familientradition weiter und Suzanne wird das eigentliche Gewicht dieser Tradition zu spüren bekommen. 1972 ist sie 14 Jahre alt. Sie ist Kinderpflegerin in einem Heim für ganz Kleine. Auf Verlangen der Eltern kehrt sie ins Elternhaus zurück. Der Vater und die Mutter berichten, "daß die Tochter immer ihren Kopf durchsetzen wolle, daß ihr Verhalten ungehörig sei und daß der Vater sie wegen zu kurzer Röcke ernsthaft tadeln mußte." Wir erinnern an Blandine, die nach 10 Jahren in das Haus der Mutter zurückkehrt, und an die Streitigkeiten, die sich daraus ergeben... Die gleichen. Die gleichen Anschuldigungen: sie ist faul, sie gehorcht nicht und außerdem hat sie alles, um auf den Strich zu gehen." Da sind die Reden der Mutter und der Pflegemutter: Blandine war kein kleines Mädchen mehr, man konnte sie nicht mehr halten, sie versuchte, den Männern zu gefallen, sie war also eine Nutte... Die Rede des Vaters bei Suzanne ist: Sie ist auf jeden Fall schon eine Dirne, also kann man das auch

ausnutzen. Er rechtfertigt so – weil seine Tochter zu kurze Röcke trägt – seine wiederholten Vergewaltigungen und auch die Schäferstündchen, die er ihr für Geld mit fremden Männern aufzwingt.
An einem Nachmittag im Juli 1973 nimmt der Vater Suzanne und ihren kleinen Bruder zu einer Spazierfahrt im Auto mit. In Lyon sehen sie sich einen Umzug an, dann geht der Vater zu Freunden, und gegen Mitternacht halten sie an einem Getränkeausschank an, wo der Vater einen jungen Algerier großzügig einlädt, mit an seinem Tisch zu trinken. "Die beiden Männer luden sich gegenseitig zum Trinken ein. Während der Unterhaltung machte der Vater dem jungen Algerier Zeichen in Richtung seiner Tochter, die ihn begleitete und animierte ihn so, sich für sie zu interessieren." Sie verlassen gemeinsam die Bar und gehen in eine andere, in der der Vater den Vorschlag macht, seine Tochter als Serviererin arbeiten zu lassen. Gegen 1 Uhr morgens gehen sie alle zur Wohnung des Algeriers, dem der Vater vorgeschlagen hatte, mit seiner Tochter zu schlafen (der junge Mann wußte nicht, daß es sich um Vater und Tochter handelte). Er war einverstanden, nachdem er den Preis von 50,– F auf 30,– F heruntergehandelt hatte (...). Vor der Wohnung des Kunden angekommen, zeigte Suzanne Widerstand. Schließlich war sie damit einverstanden, in Begleitung vom Vater und dem kleinen Bruder mit ihm aufs Zimmer zu gehen. Die beiden Verwandten stellten sich vor das Fenster, damit es dunkel im Zimmer war. Nachdem das Mädchen ausgezogen war, gab ihr der Algerier das Geld und versuchte, in sie einzudringen. Es gelang ihm nicht wegen des passiven Verhaltens und des Zitterns seiner Partnerin. Am Morgen gehen sie weg. Sie verlassen Lyon.
Der Vater parkt sein Auto in einem kleinen Weg, nachdem er die Nationalstraße verlassen hat. Der kleine Bruder schläft auf dem Rücksitz.
Er verlangt von seiner Tochter, mit ihm zu schlafen.

Sie weigert sich.
Zwei Ohrfeigen.
Er legt sie auf den Liegesitz, zerreißt ihren Slip, legt sich auf sie und dringt in sie ein.
Sie war Jungfrau.
Sie blutet stark.
Sie kommen nach Hause zurück. Schweigen. Der Vater schlägt von neuem eine Spazierfahrt vor - diesmal mit Suzanne, ihrem kleinen Bruder und der kleinen Schwester. Sie akzeptiert. In einer nahen Stadt halten sie am Place de la Liberation oder Place du Promenoir an. "Der Vater ließ seine Tochter aussteigen und mit einem Lächeln auf Kundenfang gehen: sie sollte 50 F oder mehr von Männern verlangen, die mit ihr schlafen wollten. Sie wurde von einem etwa sechzigjährigen Mann angesprochen, der zunächst in einem Café mit ihr etwas trank und sie dann zu den öffentlichen Toiletten des Platzes führte, wo er mit ihr Geschlechtsverkehr haben wollte. Wegen der aufrechten Position klappte es jedoch nicht. Der Mann gab Suzanne 50 F, die sie sofort bei ihrem Vater ablieferte (...). Am anderen Tag gegen 14 oder 15 Uhr traf sie unter den gleichen Umständen den gleichen Kunden, und diesmal gingen sie in ein Hotel gegenüber des Place de la Liberation. Die Rezeptionistin erkennt Suzanne, die Kundin vom Nachmittag wieder: außerdem bestätigt sie die Beschreibung des Zimmers Nr. 11 und die Preise für die Benutzung. Der Mann gab der Frau im Hotel 20 F und dem jungen Mädchen 40 F. Der Geschlechtsakt wurde vollzogen (...). In den folgenden Tagen nahm der Vater seine Tochter 4 oder 5 Mal mit in die Stadt und hielt sich immer in ihrer Nähe auf, während sie Männer animieren sollte, um mit ihr in den öffentlichen Toiletten Geschlechtsverkehr zu haben. Suzanne gab jedesmal das gesamte Geld ihrem Vater." Sie will damit aufhören. Der Vater sagt, daß er Geld brauche. Sie widersteht. Er droht ihr, sie umzubringen.

Jedes Mal auf der Rückfahrt einer solchen Reise hält der Vater mit dem Auto an und schläft mit seiner Tochter.
In der Akte steht weiter: "Im Laufe des Monats September 1972 warf er seiner Tochter vor, nicht genug Geld einzubringen." Sie gehen nach Paris, wo sie von einem Onkel untergebracht werden. Ihr Vater kommt jede Nacht in ihr Bett und zwingt sie "bei ihren nächtlichen Ausflügen in einsame Gegenden der Pariser Vororte" mit ihm im Auto Geschlechtsverkehr zu haben. Sie geht einige Zeit unter der Aufsicht des Vaters auf den Strich, und dann fahren sie nach Hause zurück.
Im November 1972 reißt Suzanne 4 Mal von zu Hause aus. Vom Jugendrichter wird sie in ein Beobachtungszentrum eingewiesen.
Der Vater hat alle ihm von seiner Tochter vorgeworfenen Taten abgestritten: "Er bestand darauf, daß seine Tochter einverstanden war und daß sie aus eigener Initiative auf den Strich ging. Er hat abgestritten, die Gewinne aus der Prostitution mit ihr geteilt zu haben. Er hat bestritten, mit ihr geschlafen zu haben." Die Mutter von Suzanne besteht darauf, daß sie von dem Verhalten ihres Mannes ihrer Tochter gegenüber nichts weiß (...). Sie unterstützt die Aussagen des Angeklagten und sagt, daß ihre Tochter ein leichtes Mädchen sei." Bei einer Gegenüberstellung von Vater und Tochter "bestätigte Suzanne ihre Anschuldigungen gegenüber dem Vater, während der Angeklagte weiterhin alles abstritt."
Im Juni 1973 flüchtet Suzanne aus dem Zentrum, in dem sie untergebracht worden war. Sie lebt nacheinander mit einem Franzosen und einem Algerier zusammen. Sie wird stockbetrunken auf der Straße aufgelesen und von neuem in ein Zentrum gebracht, von wo sie wieder ausreißt. "Sie lebt in einem Milieu mit Prostituierten und in den Händen von Zuhältern."

Im Juni 1974 versucht sie, sich mit verschiedenen Tabletten das Leben zu nehmen.
Im Juli 1974 kommt sie nach einer Fehlgeburt ins Krankenhaus.
Suzanne wird so ein Leben von erfolglosem Sterben führen: fehlgegangener Selbstmordversuch, Fehlgeburten, Abtreibungen und Weigerung, ein lebendiges Wesen auf die Welt zu bringen. Die Prostitution ist schon eine Art Tod gegenüber dem eigenen Körper. Ein Körper, den man inmitten von Scheiße und Dreck auf den öffentlichen Toiletten eines Platzes, den man Place de la Libération (Platz der Befreiung) genannt hat, hätte vergessen können. Dort und auf den Liegesitzen des väterlichen Peugeots ist ihr Körper für sie gestorben.
Im Februar 1976 wird der Vater vom Schwurgericht des Departements Rhône wegen "Vergewaltigung, Sittenvergehen und Zuhälterei" zu 12 Jahren Zuchthaus verurteilt.
Suzanne ist vielleicht tot.
Man weiß nicht, ob sie bei dem Prozeß anwesend war.
Man weiß gar nichts.

DIE AUFKLÄRUNG

Oft sprechen die Väter, die mit ihren Töchtern Geschlechtsverkehr haben von Aufklärung und sexueller Erziehung. Die Beziehung zu ihrer Tochter betrachten sie in gewisser Weise als eine Einführung in die Sexualität. In welche Sexualität? In die Sexualität der Männer, ihre sexuellen Bedürfnisse und ihr Vergnügen. Ihnen ist die weibliche Sexualität völlig gleichgültig. Sie glauben, daß es das nicht gibt, oder vielmehr, sie glauben nicht, daß es das geben könnte. Einführung in die Prostitution und paradoxerweise in die Keuschheit und Frigidität. Die Frau hat keine Sexualität. Sie hat einen Körper und Geschlechtsteile, die dazu da sind, die männlichen Bedürfnisse zu befriedigen. Dieses lernt das kleine Mädchen durch die Beziehung zu seinem Vater, Stiefvater oder zum Geliebten der Mutter. Es lernt, daß eine Frau - auch die Mutter, weil sie ja dem anwesenden Mann als Frau dient - als sexuelles Objekt zu behandeln ist. Es lernt, was man tun muß, und was am besten geeignet ist, um den Männern und zunächst einmal dem, der ihr zu Hause seine eigene Auffassung von Sexualität beibringt, Lust zu verschaffen.
So kommt es, daß die Sexparties oft zu mehreren im Kreise der Familie stattfinden. Der Vater lädt das Mädchen ein, zuzugucken, wie man sich verhalten muß, bevor es selbst mitmacht. Um ihm zu helfen, zeigt er ihm pornographische Zeitschriften für die Stellungen und Gesten... So kapiert es besser und lernt schneller. Der Geschlechtsakt selbst dient

als Anschauungsunterricht, und damit es noch mehr erfährt, nimmt das Mädchen an sexuellen Szenen teil, wo die Mutter oder der Bruder, sofern es einen hat, oder die kleine Freundin des Mädchens, wenn keine Geschwister da sind, mitmachen.

Soll ich Dir zeigen, wie das herausspritzt...

Vater, Stiefvater oder Liebhaber der Mutter behaupten alle, sie wollten dem Mädchen bei diesen Spielen, wo es selten ohne Gewalt abgeht, etwas beibringen. Die Mädchen werden ausgezeichnete Nutten. Frei von allen Tabus... "Er sagte mir, wenn ich mich nicht mit einer Banane masturbieren würde, dann wäre ich (sie ist 15) verklemmt und nicht normal (...). Er kam in mein Zimmer, nahm sein schmutziges Buch (er kaufte mir immer schmutzige Bücher, und er gab mir Adressen, wo ich sie am Platz Pigalle lesen könnte), legte sich in seiner Schlafanzughose auf mein Bett, sagte zu mir, ich solle näher kommen, las das Buch und streichelte sein Glied... Wenn ich nicht tat, was er sagte, schlug er mich und bestrafte mich. Einmal habe ich es meiner Mutter erzählt, und sie hat es mir nicht geglaubt. Und damit sie mich nicht als Lügnerin behandelt, habe ich es auf Tonband aufgenommen. Mein Vater sagte: "Soll ich ihn Dir zeigen? Soll ich Dir zeigen, wie das herausspritzt? Willst Du meinen Samen sehen?..." Der Brief* wurde 1974 geschrieben.
Die pornographischen Zeitschriften bedienen sich auch dieses Slogans der sexuellen Befreiung, der "Entfaltung durch die Sexualität" und der "Gesundheit durch die Sexualität für die Betitelung ihrer Hefte:

- Erleben Sie Ihre Sexualität ohne Komplexe...
- Leben Sie Ihre Phantasien aus.
- Befreien Sie Ihre schlafende Sexualität von den Sorgen des Alltags.

- Entfalten Sie Ihre Phantasie.
- Glück durch Pornographie.

In den Pornographiekatalogen werden die Zeitschriften und Photoromane für die "Liebhaber von Lolitas" angepriesen. Man kann dort folgende Reklametexte lesen: […] Im Hit-Porno bietet der Katalog einen Photoroman, in dem alles drinsteht: […] In Frankreich sind pornographische Zeitschriften, die von Kindern handeln, verboten. Die Porno-Konzerne importieren also Bücher, Filme und Zeitschriften, wo Jugendliche an pornographischen Szenen teilnehmen, um sie im Versandgeschäft zu verkaufen. Deshalb kann man in Frank-

reich kaum verhüllte Anzeigen über "heiße kleine Mädchen" in der Lolita-Serie lesen: "Dänische Produktionen, in denen gewagt wurde, kleine Mädchen für die Pornographie zu engagieren (...), bieten den Liebhabern verbotener Früchte ganz Neues und führen ihnen diese kleinen Rehlein vor: Berührungen, lustvolle körperliche Bewegungen, sanft vorgenommene Masturbierung, erstes Einführen von Gegenständen, Kunstpenis in den unbehaarten Votzen, erstes Ficken der weichen und rosigen Vulva, harmlose Purpurschnecken, junge Kinderkörper von Sperma besudelt, alles was zur Entdeckung der Liebe und der Sexualität dazugehört..."
Neben dem Bett liegen Zeitschriften: Titi, Mickey, Pif... und Pornohefte. "Bevor er mich bumste, zeigte mir mein Vater Zeitschriften, wo die Leute miteinander schlafen. Er zeigte sie mir und sagte, das wäre, damit ich wüßte, wie ich mich verhalten sollte." Die Mutter bestätigt das: "Mehrere Male habe ich gesehen, daß meine Tochter Francine Pornohefte las, die mein Mann herumliegen ließ."

Guck' mal, wie Deine Mutter sich von dem Algerier bumsen läßt

Francine ist 12 Jahre alt. Ihre Mutter "hat die eheliche Wohnung verlassen, weil ihr Mann sie mißhandelte. Sie ist beunruhigt, weil sie ihre Tochter allein mit ihrem Mann gelassen hat. Die angestellte Untersuchung sollte die Befürchtungen der Mutter bestätigen. "Der Vater und die Tochter geben die Taten zu. Die Beziehung besteht seit einem Jahr, seit 1976. 1964 wurde den Eltern das Sorgerecht entzogen und Francine kam bis 1974 in eine Pflegefamilie. Dann nahmen sie die Eltern zu sich zurück. So begann nun eine besondere Einführung der Tochter in die Sexualität durch den Vater. Die Mutter berichtet: "Jeden Tag machte mein Mann seiner Tochter Komplimente. Er sagte ihr, daß sie schön wäre. Er fragte sie, ob sie schon einen Busen bekäme, ob sie schon Schamhaare hätte... Sie akzeptierte diese aufmerksamen Fragen... Sie fühlte sich geschmeichelt. Sie sah das als ein Spiel an (...). Eines Abends kam mein Mann von der Arbeit nach Hause. Er ist über mich hergefallen. Er wollte mich schlagen. Ich habe mich ins Schlafzimmer geflüchtet. Mein Mann ist hinterher gekommen und hat meine Tochter gerufen: 'Komm' her und guck', wie wir beide bumsen.' Francine ist in der Nähe der Tür stehen geblieben. Sie guckte zu. Er zieht sich aus und zwingt mich, mich auch auszuziehen und sagt zu mir: "Ich werde Dich ficken." Sein Glied war schon erigiert. Er hat mich geschubst und ich bin flach auf den Rücken ins Bett gefallen. Dieser Dreckskerl hat sich wie ein Tier auf mich geschmissen und zu mir gesagt: 'Ich werde Dir in den Bauch pissen.' Meine Tochter nahm an dieser fürchterlichen Szene teil, ohne sich zu rühren (...). Die Pisse lief an meinen Schenkeln entlang und breitete sich auf dem Laken aus. Ich habe versucht, mich zu wehren. Er fickte mich weiter, bis er fertig war. Dann hat er von mir verlangt, daß ich an seinem Glied sauge. Ich habe mich geweigert – habe geschrien und ich weiß nicht nach wem gerufen. Er hatte immer noch ein erigiertes Glied. Er rief nach Francine, damit sie sich das von Nahem ansehen sollte. Ich habe angefangen, an seinem Glied zu saugen... Ich heulte. Er betrachtete mich, wie ich flennte. Danach hat er zu mir gesagt: 'Jetzt werde ich Dich im Arsch ficken.' Ich hatte Angst. Ich habe es akzeptiert. Ich habe mich ins Bett gekniet und ihn massiert, weil er schlapp geworden war. Er hat seinen ganzen dreckigen Schwanz in mein Hinterteil geschoben, ich habe wieder angefangen zu heulen. Ich bin aufgestanden und mich waschen gegangen. Er hat sich wieder angezogen und darauf gewartet, daß ich

das Essen machte. Francine ist mit ihrem Vater wieder ins Eßzimmer zurückgegangen. Wir haben uns alle 3 zum Essen hingesetzt. Wir haben nicht miteinander gesprochen. Das Fernsehen lief (...). An einem anderen Tag hat er sehen wollen, ob Francine noch Jungfrau ist. Er verlangte von ihr, daß sie den Rock hob und die Hose runterzog und führte seinen Finger in ihre Scheide ein: 'Siehst Du, Deine Tochter ist entjungfert. Wer kann das gewesen sein?'"
Der Vater beim Verhör: "Ich hätte keinen Geschlechtsverkehr mit meiner Tochter gehabt, wenn ich nicht gewußt hätte, daß sie schon entjungfert war..."
Der Vater meint, er kann mit seiner Tochter schlafen, weil sie nicht mehr Jungfrau ist. Sie ist von dem Geliebten der Mutter, einem Algerier, entjungfert worden. Der Mann hatte seine Frau verprügelt, als er von ihrer Beziehung zu einem Nord-Afrikaner erfahren hatte: "An diesem Tag habe ich meine Frau bestraft." Aus diesem Grunde, so sagt er, hätte er seine Tochter gerufen: "Ich habe zu ihr gesagt: "Du kannst mal zugucken, wie Deine Mutter sich von einem Algerier bumsen läßt.'"
Rassismus. Gewalt. Sexualität. Erniedrigung. Exhibitionismus... Alles ist hier vermischt. Francine hat in kurzer Zeit sehr viel gelernt. Im übrigen geht der Unterricht, nachdem die Mutter nach dieser praktischen Vorführung eingeschlafen ist, in ihrem Bett weiter: "Es ist mir gelungen, in sie einzudringen und mich rechtzeitig zurückzuziehen, um in die Decken zu entladen." Das Mädchen berichtet, daß es seit dem Weggang der Mutter regelmäßig mit dem Vater schlafe: "Zwei Mal hat er mich gebeten, zuzugucken, wenn er mit meiner Mutter schlief. Das genierte mich, besonders deshalb, weil meine Mutter nicht wollte und sich wehrte (...). Es geniert mich ein bißchen zu sagen, daß ich mich von meinem Hund, einem Pudel namens Titus, lecken lasse. Das erste Mal ist das von ganz alleine gekommen. Es war heiß und ich lag nackt auf meinem Bett. Titus ist gekom-

men und hat angefangen, mich zwischen den Beinen zu lecken, ohne daß ich ihm etwas gezeigt hätte. Das ist mehrere Male geschehen. Ich bin von meinem Vater überrascht worden, der mir verboten hat, wieder anzufangen. Ein anderes Mal von meiner Mutter. Sie hat mich ausgeschimpft. Titus will das bei allen Mädchen machen, die er sieht..." Der Vater, die Mutter und der Liebhaber der Mutter bestätigen die Episode mit Titus. Der Liebhaber sagt: "Dieses Mädchen war ungehörig und schlecht erzogen. Ich kannte es kaum, als es mich in sein Zimmer bat. Das erste Mal, als ich zu ihr gegangen bin, habe ich den Hund gesehen, der zwischen Francines weit ausgebreiteten Schenkeln lag und ihre Scham leckte... Da bin ich weggegangen..." Man kann in den pornographischen Rubriken über "die Schönen und die Tiere" lesen: "Die kaum glaubliche Porno-Wahrheit reicht bis zu den schlimmsten Verirrungen und obszönen Perversionen: der Bestialität. Sie geht Ihnen durch Mark und Bein und wird Sie erschüttern. Noch nie zuvor hat man es in Frankreich gewagt, in den erotischen Ausschweifungen so weit zu gehen. Jetzt ist es geschehen, um so schlimmer für die guten Sitten. Für 75 F: BESESSEN VON TIEREN: scheinbar keusche kleine Mädchen amüsieren sich mit Dick und Fucks, zwei herrlichen Kötern mit gewaltigen Deckqualitäten. Von den spitzen Schreien der kleinen Mädchen angestachelt, durchwühlen sie leidenschaftlich die jungen Scheiden. Das ist ziemlich unerträglich. Sie lecken und schlecken an der Klitoris und fahren mit ihren sabbernden Zungen an den feuchten Votzen entlang und bei der lüsternen Entfesselung werden die rosa Öffnungen der Mädchen mit dem Sperma der Hunde getränkt. Ein Roman mit ausgezeichnetem Text begleitet dieses tierische Abenteuer der geilen Hundeschwänze in diesen jungen Muschis. Für jeden Kauf über 100,- F eine Geschenkrevue."
Die Mutter verlangt, daß die Tochter von zu Hause

wegkommt. "Sie ist schwierig, aufsässig und nicht zu lenken."

Francine will zu ihrer Pflegemutter zurückkehren.

Ein Stiefvater sprach beim Untersuchungsrichter auch von sexueller Aufklärung und Befreiung... Er hatte zunächst mit der Tochter seiner Frau - die durch die Ehe seine Tochter geworden war - geschlafen. Jeden Abend unter den Augen der Mutter. Seit das Mädchen 11 Jahre alt war, hatte er es zu Fellatio und Analverkehr gezwungen. Dann hatte er seine Frau, die pornographische Zeitschriften las, gebeten, ihre Tochter zu streicheln. "An einem Abend im Jahre 1975 legte sich die Frau auf Wunsch des Mannes mit ihrer Tochter aufs Bett. In Gegenwart des masturbierenden Mannes streichelten sich Mutter und Tochter am ganzen Körper und küßten sich auf den Mund und die Geschlechtsteile. Das wurde an mehreren Tagen wiederholt." Um zu sehen, ob er ein Mann ist, zwingt der Vater seinen dreizehnjährigen Sohn, mit seiner Schwester zu schlafen. Er masturbiert ihn. Keine Erektion. Er ruft seine Frau. Er masturbiert ihn von neuem, aber es gelingt ihm nicht, in seine Mutter einzudringen. Der Vater schmeißt ihn brutal aus dem Zimmer raus. Mehrere Male hat er den Sohn gezwungen, mit seiner Mutter und seiner Schwester Geschlechtsverkehr zu haben. Beide gestehen die Taten. Aber die Frau sagt, daß sie nur mitgemacht habe, aus Angst, ihr Mann würde sie sonst verprügeln. In einer anderen Akte steht, daß der Geliebte der Mutter ihre zwölfjährige Tochter ins Bett der Mutter kommen ließ. Er schläft mit der Frau und deren Tochter. Er hat Analverkehr mit der Mutter und jedes Mal läßt er die anderen Kinder zugucken. Der Liebhaber läßt den zehnjährigen Sohn kommen, masturbiert ihn und verlangt von ihm, sich zu exhibitionieren. Er gibt den Kindern Geschenke, damit sie nichts sagen. Die Mutter hat nicht angegeben, daß sie Angst gehabt hätte, geschlagen zu werden. Sie

soll sogar gesagt haben, daß sie Spaß an diesen Szenen gehabt hätte.
Die Mädchen kommen in ein Bon Pasteur Heim.

Damit sie alles über die Liebe wissen

Die Mutter von Colette ist für die sexuelle Freiheit:"Ich habe meine Tochter über die Sexualität unterrichtet. Sie interessiert sich für Jungen und sie flirtet gerne... Ich habe sie über diese Dinge aufgeklärt..." Colette hat eine sexuelle Beziehung zu dem Geliebten ihrer Mutter. Sie sagt, das wäre ein Experiment. Er habe sie nicht dazu gezwungen. Als sie es ihrer Mutter erzählt, behandelt die sie als Hure. Dann sagt sie nichts mehr. Beim Verhör betont sie: "Meine Mutter ist unbedingt für die sexuelle Freiheit bei Jugendlichen. Sie ist damit einverstanden, daß ich sexuelle Beziehungen habe, wenn ich das möchte." Aber was sich an einem Samstagabend bei ihrer Mutter abgespielt hat, hat bei Colette ein unwohles Gefühl hervorgerufen. Beim Erzählen bestätigt sie das: Der Liebhaber, Colette und eine Freundin (beide sind 13 1/2 Jahre alt) sind im Bett von Colette. Sie sind nackt. Der Liebhaber streichelt die beiden Mädchen. Die Mutter kommt herein und legt sich auch mit ins Bett: "Meine Freundin hat meine Mutter zwischen den Schenkeln geleckt und meine Mutter hat bei ihr das gleiche gemacht. Während der Zeit bumste ich mit dem Freund meiner Mutter. Meine Mutter hat mich nicht geleckt und auch nicht gestreichelt. Ich habe aber auf Wunsch ihres Freundes meine Mutter zwischen den Schenkeln gestreichelt. Ich hatte keine sonderliche Lust, das zu tun (...). Ich habe mich dazu gezwungen gefühlt, dieses bei meiner Mutter zu machen, aber das gefiel mir nicht." Als der Freund gefragt wird, spricht er von "praktischen Übungen". Er woll-

te Colette und ihrer Freundin zeigen, was man mit mehreren Personen gleichen und anderen Geschlechts machen kann: "Das war nicht zum Vergnügen, sondern, um es ihnen zu zeigen, damit sie alles über die Liebe wissen."
Die Polizeiinspektorinnen sagen: "Diejenigen, die von Psychologie eine Ahnung haben, können sich verteidigen, weil sie sich in der Erziehung auskennen... deshalb sprechen sie von sexueller Erziehung und all so was. Alle können sich nicht so verteidigen. Die aus einem einfachen Milieu stammen, kommen nicht darauf."
Colette wurde im Gefängnis geboren. Ihre Mutter hat sie anerkannt. Das kleine Mädchen wurde in Pflege gegeben, weil die Mutter regelmäßig ins Gefängnis in Fresnes kam. 10 Jahre verbrachte es bei Pflegeeltern, dann holte die Mutter es zurück: Colette ist Internatsschülerin und kommt am Wochenende nach Hause. Die Mutter hat seit 5 Jahren eine Beziehung zu ihrem Freund. Colette versteht sich gut mit ihm.
Nach der Affäre kommt die Mutter von neuem ins Gefängnis. Ihre Tochter geht in ein Heim. Sie reißt aus, um mit Freunden zusammenzuleben. Die Geschichte geht schlecht aus. Sie muß wegen ihrer Freunde die Polizei rufen. Dem Jugendrichter sagt sie, daß sie ins Heim zurückkehren und die Wochenenden bei ihren Pflegeeltern verbringen möchte. Kurze Zeit später ist Colette wieder verschwunden. Ihre Pflegeeltern haben keine Nachricht von ihr. Ein Telegramm gibt ihre Personenbeschreibung an. Sie wird gesucht.
Diese Aufklärung ist schlecht ausgegangen. Sie ist ohne Gewalt abgelaufen. Es scheint aber trotzdem so, als ob Colette unter einem moralischen Zwang gestanden hätte: entweder war sie sexuell befreit und dann konnte sie sogar mit ihrer Mutter schlafen, oder sie war es nicht, und dann war sie in den Augen des Mannes, des Geliebten der Mutter, noch ein

kindliches kleines Mädchen. Der Zwang einer sexuellen Freiheit um jeden Preis und bei jeder Gelegenheit scheint nur eine neue Form der Manipulierung und der Abhängigmachung zu sein. Sie wollte erwachsen sein. Dafür mußte man Beweise liefern. Sie hat sie geliefert: sie hat nicht zurückgezuckt, sie hat wie eine kleine, gut dressierte Schülerin auf die Fragen des Sexprofessors geantwortet. Sie hat sich sogar eifrig gezeigt. Für welchen Dank? Welches waren ihre eigenen Wünsche? Wie ein kleines Mädchen, so wollte sie die Erwartung der Erwachsenen nicht enttäuschen. In diesem Fall die des Freundes ihrer Mutter, dem sie gefallen wollte und auch die ihrer Mutter. Um zu zeigen, daß sie den Sexunterricht ihrer Eltern gut verstanden hatte, hat sie aktiv bei der praktischen Ausführung mitgewirkt.

Wird Colette die Geschichte ihrer Mutter wiederholen? Wenn die Mutter ihrer Freundin nicht Anzeige erstattet hätte und die Polizei und die Justiz nicht eingegriffen hätten, wäre sie sich dann dieser Situation bewußt geworden und hätte sie sie genügend beherrscht, um das zu verkraften, was nur wenige Dreizehnjährige ertragen würden: mit der Mutter schlafen und gegen 2 Tabus auf einmal zu verstossen – die Homosexualität und den Inzest? Der Inzest mit dem Vater wäre im Vergleich dazu einfacher zu akzeptieren. Alles wird nicht durch die Magie der sexuellen Freiheit in der Praxis gelöst. Colette wäre vielleicht eine perfekte Technikerin und Virtuosin der Liebe geworden, sie hätte als Spezialistin für sexuelle Techniken gehen können... Diese Zukunft ist aufgehalten worden. Die Mutter ist im Gefängnis. Sie selbst im Heim, weil sie minderjährig ist. Die Mutter war beim Jugendamt schon gut bekannt: sie lebte in Banden, sie stahl, sie wurde mehrere Male und besonders wegen schweren Diebstahls verurteilt. Sie kam zu einer Pflegefamilie, weil ihre Mutter, nachdem sie von ihrem Vater sitzengelassen worden war, unter dauernden Depressionen litt. Eine Jugendrichterin, eine Frau, die für die Probleme schwieriger oder "gefährdeter" - je nach der juristischen Terminologie - Jugendlicher empfänglich ist, steht vor komplexen und komplizierten Situationen bei Mädchen, die ausreißen, in Banden leben und sich weigern, zu ihren Eltern zurückzugehen (die sie andererseits am liebsten nicht verlassen würden, und die einen unerträglichen Haß auf den Vater oder die Mutter haben). Diese Richterin sagt: "Die Familie ist weniger tolerant bei Mädchen, die von der Welle der sexuellen Befreiung erfaßt sind. Um sich in diesen Situationen zurecht zu finden, sind die Mädchen hilflos, weil die Eltern nicht darüber sprechen (oder es ist die Übertreibung ins Gegenteil, wie bei der Geschichte mit Colette)... Außerhalb der Familie sind die Tabus verschwunden, aber innerhalb existieren sie noch sehr stark. Die Mädchen müssen mit ihren Problemen allein fertig werden, wenn sie mit dieser doppelseitigen Wahrheit konfrontiert werden. In den Familien, wo das Mädchen eine Sexualbeziehung zum Vater hat, sind die Tabus paradoxerweise noch stärker. Deshalb ist es auch ein Drama, wenn diese Affären bekannt werden. Auch dort sind die Mädchen im Grunde genommen 2 Mal das Opfer: einmal von einer Erziehung, die der Veränderung der Sitten nicht Rechnung trägt und dann von einer sexuellen Befreiung, die sie überhaupt nicht befreit, weil sie auch da nicht wählen können. Gegen ihren Willen befinden sie sich mitten im sexuellen Konsum: sie sind, ohne es zu wissen, Gegenstände des Konsums, sie haben ihren Geschlechtsverkehr genauso wie sie Steaks mit Pommes Frites essen... Sie machen das einfach so, weil man das macht und sehen das als Freiheit an, was ich als eine neue Abhängigkeit bezeichne. Das ist vielleicht auch der Grund, weshalb sie oft der Gelegenheitsprostitution nachgeben, ohne sich darüber im klaren zu sein, daß sie benutzt werden, oder

weshalb sie wegen einer gewissen Passivität Opfer einer Gruppenvergewaltigung werden: um jeden Preis mit irgend jemandem schlafen, weil man sonst nicht frei ist... Aber auch sie suchen etwas, sie sind etwas verloren, sie sind auf der Suche und wissen nicht, nach was. Sie sind sehr einsam..."
Ich erinnere mich an den Brief einer Zwölf-, Dreizehnjährigen, die sagte: "Was ich brauche, ist die Liebe von meine Mammi..."

Einsamkeit des Mädchens. Schweigen. Aufgezwungene Gesten. Heimlichkeit. Das Zimmer ist verriegelt, es ist dunkel und niemand darf etwas erfahren. Der Körper ist vom Körper der Mutter, von der Liebe getrennt. Die Mutter ist Komplize des Mannes: für den häuslichen und ihren sexuellen Frieden opfert sie ihre Tochter, oder aber die Mutter steht auf der Seite der Tochter - "meine Mutter liebt mich wenigstens" - und dann ist ein Ausweg aus der Krise möglich. Aber der Körper des Mädchens wird immer wegen seines Geschlechts genommen. Als Sexobjekt und nicht aus Liebe oder für die Liebe. Das sexuelle Verlangen und seine Aktualisierung kommen nicht von dem Mädchen. Die Phantasien des kleinen Mädchens, das seinen Vater oder den Mann, der im Haus der Mutter lebt, verführen will, werden vom Mann mißbraucht und auf eine Art verwirklicht, die eine Gewalttat ist, denn das Mädchen kann nun noch nicht mal mehr über seine eigenen Phantasien verfügen. Es hat kein Recht mehr über seinen Körper. Ein kleines Mädchen, so als ob es eine Frau wäre, für die Sexualität zu benutzen und es gewaltsam durch einen Raub vom mütterlichen Körper zu trennen, das heißt, ihm seinen Körper, seinen selbständigen und besonderen kleinen Mädchenkörper wegnehmen. Die frühzeitige Sexualisierung des kleinen Mädchens, die ihm von einem Mann, einem Erwachsenen, mit dem besonderen Ritual des verbotenen Inzests aufgezwungen wird, das bedeutet: Schweigen des Körpers und des Mundes, Ver-

bote, Scham, dunkles und abgeschlossenes Zimmer, in dem immer ein Bett steht, Gewalt, Drohung und dann immer wieder die gleichen Bewegungen. Das Vergnügen des Mannes wird in aller Eile und ohne Variationen genossen. Es ist ein geraubtes Vergnügen, geraubt vom Körper eines kleinen, wie gelähmt und steif daliegenden Mädchens, das sich von den Händen, dem Mund und dem Penis des Mannes bearbeiten läßt. Das ist ein Ritual, das einem Kinderkörper, einem kleinen Mädchen diktiert wird, das von der warmen - geträumten oder nicht geträumten - Zärtlichkeit, einer unbestimmten Zärtlichkeit, die vielleicht erotisch ist, die sich aber nicht in Sexualität ausdrückt, weggerissen wird. Denn selbst wenn nicht immer physische Gewalt angewendet wird, wie Schläge, Fesselung, Knebelung und gewaltsames Eindringen, so ist die Gewalt bei diesen Praktiken des Inzests doch immer gegenwärtig: Der Mann entreißt das Kind für seine Zwecke der Mutterliebe und die Zuhälter-Mutter liefert das Mädchen ihrem Mann für ihre Zwecke aus.
Also hat diese frühzeitige Sexualisierung des kleinen Mädchens, seines verführten und sich selbst entfremdeten Körpers - er existiert nicht mehr als kleiner Mädchenkörper mit seiner Suche nach einer erotischen Ausstrahlung und einer eigenen Sexualität - der so früh vom mütterlichen Körper getrennt, von einem Mann für sein eigenes Vergnügen manipuliert und nur für seinen Vorteil benutzt wurde... diese besondere Sexualisierung, die das kleine Mädchen erlebt, hat auf sein Leben und seinen Körper einen Einfluß, der sich nur ermessen läßt, wenn man die verwirrende Ähnlichkeit der Riten des Inzests und der Prostitution betrachtet. Die Position, die dem kleinen Mädchen beim Akt des Inzests aufgezwungen wurde, hat in seinem Körper und gegen seinen Willen Bedürfnisse und Zwänge hervorgerufen und zur Annahme von sexuellen Riten geführt, die ganz und gar auf die Sexualität des Mannes ausgerichtet sind und von

ihr bestimmt werden. Die eigene Sexualität des Mädchens? Wo könnte die existieren? In welcher geheimen Ecke dieses Desasters? Wo ist sein eigener Körper? Weiß es, daß es einen Körper hat, der nichts für sich selbst verlangt? Diese Fragen kann sich das kleine Mädchen, das zu früh Frau geworden ist, nicht stellen. Sein Körper hat sich in der Kindheit verschlossen und ist frigide geworden. Er ist von der Lust ausgeschlossen. Keusch oder lasterhaft, er ist ein Körper für die Prostitution - ein produktiver, käuflicher und geldbringender Körper, ein stummer Körper im Dunkel zwischen 4 Wänden, wo sich die sexuellen Riten des Inzests wiederholen.

A N L A G E N   U N D
G Ä R T E N

GRUPPENVERGEWALTIGUNG
EINZELVERGEWALTIGUNG
PÄDOPHILIE

WIE IN EINEM PORNOFILM

"Die wirkliche, richtige Vergewaltigung kommt selten vor...", sagen die beiden Frauen, die bei der Kriminalpolizei arbeiten und junge Ausreißerinnen verhören, von denen einige vergewaltigt worden sind. "Sie sind von zu Hause weggelaufen, sie kommen nach Paris, weil sie dort niemand kennt, sie suchen jemanden und finden ihn nicht. Sie essen so gut sie können und schlafen manchmal in den Gängen der Metro; sie ziehen umher und lassen sich manchmal von Bekannten unterbringen... und anschließend kommen sie und reden von Vergewaltigung." Die Polizeiinspektorinnen sind skeptisch. Sie fragen die Mädchen aus, stellen ihre Identität fest und schicken sie zunächst bis zum Ende der Verhöre und bis man einen Platz in einem Heim gefunden hat ins Jugendgefängnis... Die Untersuchung beginnt. Der Jugendrichter wird bemüht, und es wird mit der Aufklärung des Falles begonnen...
Oft hat die Jugendliche, die in der Pariser Region oder in den großen Ballungsgebieten ausreißt, Beziehungen zu Banden. Sie kennt einen oder mehrere Jungen der Bande. Für den Richter sind diese Dinge schwierig aufzuklären. Die Untersuchung ist langwierig und manchmal unerträglich für das Mädchen. "Aufklärung und Suche nach der Wahrheit zerstören oft das Mädchen, das dem nicht lange gewachsen ist. Wenn es vergessen will, so ist die Untersuchung immer noch nicht abgeschlossen und erinnert es auf brutale Weise an das, was es erduldet hat." Eine Jugendrichterin berichtet das, und sie betont auch,

daß "die ständige Wiederholung des Berichtes das Mädchen physisch und psychisch erschöpft und daß es an einem bestimmten Punkt jede weitere Aussage verweigert, um so mehr, als die Polizei ihre Aussagen in Zweifel zieht." Sie fügt hinzu, daß sie das Verhalten der Jungen, das nicht nur eine Taktik zur Verteidigung ist, immer sehr erstaunt: sie sind sich dessen, was sie getan haben, gar nicht bewußt: Für sie ist das ein Spiel. Sie haben sich amüsieren wollen und den Ohrfeigen und Brutalitäten messen sie kein Gewicht bei, weil sie zu dem Spiel dazu gehören. Übrigens bestehen sie immer darauf, daß das Mädchen einverstanden war, selbst wenn sie zugeben, daß sie Gewalt angewendet haben: das war nicht böse gemeint... sie machte, was man von ihr verlangte. Zum Teil spielen sie die Unschuldigen vor dem Richter, aber sie kommen nie auf die Idee, ein Verbrechen begangen zu haben, weil sie ein Mädchen vergewaltigt haben: das hat sich so ergeben... das war ein leichtes Mädchen... ein Matratzenfloh... die ganze Siedlung war über sie weggestiegen... das war ein Feger oder eine kleine Nutte – für sie hat das Mädchen das immer gesucht und sie haben sie befriedigt.

Ich bin ein moderner Polizist

Das glaubt auch ein junger Kommissar in einem Polizeirevier, das sich innerhalb einer Siedlung des sozialen Wohnungsbaus in einem Pariser Vorort befindet, wo 18.000 Jugendliche leben, von denen 500 registriert sind. Er kennt die Jugendlichen gut. Er glaubt, wie Mao, daß man sich inmitten der Bevölkerung des sozialen Wohnungsbaus wie ein Fisch im Wasser bewegen muß. Er ist Untersuchungskommissar. Er arbeitet in Zivil. Er trägt ständig einen Revolver in seinem Gürtel unter der Jacke. Er sagt:

"Als ich hierher gekommen bin, hatte ich lange Haare. Das war nach 68. Fast hätte man mich als Homo behandelt. Ich bin aus Neigung zur Polizei gegangen – das kommt selten vor, das können Sie glauben. Zu Anfang fand ich, daß das alles alte, verknöcherte Typen waren. Jetzt ändert sich das. Ich habe mich auch verändert. Ich habe festgestellt, daß man bei der Polizei was machen kann. Ich bin ein moderner Polizist. Nicht nur ein Beamter. Ich lebe in der Arena. Man muß verstehen, mit den Jungen zu sprechen und sie nicht gegen sich aufzubringen. Wenn man Auskünfte haben will, darf man nicht mit dem Knüppel in der Hand ankommen. Aber man muß es auch verstehen, an seinem Platz zu bleiben und sich Respekt zu verschaffen. Den Knüppel brauchen sie auch und manchmal verlangen sie ihn sogar. Ich habe in meinem Büro Eltern mit ihren Kindern gesehen: sie kamen, um mich zu bitten, ihre Kinder zu züchtigen. Die Eltern hätten einen Tritt in den Hintern verdient! Sie sind unfähig, ihre Kinder zu erziehen. Ich habe zum Richter gesagt: "Sie sehen sie alle, wenn sie sonntäglich gekleidet, mit Krawatte und frisch gewaschen bei ihnen antreten... weil Sie der Richter sind. Für uns Polizisten sieht das anders aus. Sie respektieren uns nicht. Wenn man sie freundlich darum ersucht, ihren Personalausweis zu zeigen, dann wollen sie ihn nicht geben. Man muß ihnen drohen und sie 3 Stunden lang auf dem Revier festhalten, sonst kriegt man gar nichts. Wenn die Polizei nicht mehr respektiert wird, dann haben wir bald die Anarchie. Es gibt immer mehr Gewalttaten. Das ist ein Gesellschaftsproblem, und wir können nicht viel daran ändern. Vorbeugung? Aber mit welchen Mitteln? Strafpredigten..., ihnen helfen, ihre Krise zu überwinden... ihnen sagen, daß sie arbeiten sollen. Ihren Lebensweg ein bißchen verfolgen, das ist alles. Aber es gibt auch solche, die schon kleine Verbrecher sind. Da ist nichts mehr zu machen."

Es ist Januar 1978.
Ein Junge kommt ins Büro. Die Polizisten kennen ihn. Die Mutter seiner Freundin ist gekommen, um die Polizei um Hilfe zu bitten. Das Mädchen will das Haus verlassen, um bei ihm zu bleiben.
Er ist 19 Jahre alt.
Sie ist 15 Jahre alt.

Der Polizist: - Kennst Du F...?
Der Junge: - Nicht sehr gut.
Der andere Polizist: - Hast Du mit ihr geflirtet oder nicht?
Der Junge: - Ein bißchen.
Der Polizist: - Weißt Du, daß sie für Dich alles hinschmeißen will?
Der Junge: - Ja, das weiß ich.
Der Polizist: - Also?
Der Junge: - Also nichts. Für mich ist das eine Kameradin, mehr nicht.
Der Polizist: - Wo wohnst Du?
Der Junge: - Mit Freunden in einem kleinen Appartement. Einmal ist sie gekommen und hat uns belästigt. Sie wollte die Nacht über da bleiben. Wir haben ferngesehen und wollten nicht, daß sie dablieb. Da ist sie weggegangen.
Der Polizist: - Raucht sie immer noch?
Der Junge: - Ich glaube, sie hat aufgehört. Das stimmt, sie hat Drogen genommen. Das ist ihr etwas zu Kopf gestiegen.
Der Polizist: - Du mußt mit ihr sprechen. Du mußt ihr sagen...
Der Junge: - Joa...
Der Polizist: - Kennst Du ihre Mutter?
Der Junge: - Ja. Sie hat eine tolle Mutter... Ihre Tochter ist alles für sie. Sie ist die einzige Tochter. Sie hat alles, was sie will. Und ihre Großmutter ist auch nett. Ich habe einmal bei ihr gegessen... Aber man muß sehen, wie sie ihre Mutter behandelt. Einmal hat sie zu ihr gesagt: "Du bist nicht meine Mutter", das hat sie zu ihr gesagt.

Der Polizist: - Arbeitest Du?
Der Junge: - Ja, ich bin Schlosser. Aber heute Morgen bin ich nicht zur Arbeit gegangen. Ich arbeite seit einem Jahr.
Der Polizist: - Gut. Das ist gut so. Mach so weiter. Und mach keinen Blödsinn, verstanden!
Der Junge geht weg.

"Oft ist ein Mädchen in einen Jungen verliebt und reißt für ihn aus. Es will gerne mit ihm schmusen, aber seine Freunde wollen auch was davon haben. Also machen sich drei über das Mädchen her, statt einem. Sie war vielleicht mit dem einen einverstanden, aber nicht mit allen dreien." Das erzählt immer noch der Polizist, der ab und zu von einem Kollegen abgelöst wird, der diese Sachen auch gut kennt. Er ist seit mehr als 10 Jahren in der Siedlung und kann schon was erzählen... Er sagt: "Ein Mädchen lernt zum Beispiel einen Jungen kennen, und sie trinken zusammen einen. Sie war mit ihm einverstanden. Im Wald sind 10 über sie weggestiegen. Das ist ein Mädchen, das zu einer Bande Kontakt hat, es ist ein bißchen schmuddelig und vulgär. Mehr oder weniger ordentlich angezogen. Das merkt man sofort an seinem Verhalten, seiner Art zu sprechen... in den Banden sind die Mädchen meistens nur Mitläufer. Sie sind nicht der Chef. Das kommt selten vor. Wir haben eine gekannt, die die Mädchen aus ihrer Klasse - sie war in einer dieser Übergangsklassen oder praktischen Klassen, wo der ganze Bodensatz drin ist, wissen Sie - anwarb, damit sie mit den Jungen schliefen. Jedesmal kassierte sie 10,- F und behielt etwas davon für sich. Sie war minderjährig. Eine richtige Puffmutter. Aber das ist selten... Es gibt auch welche, die Einbrüche organisieren oder Mädchen festhalten, damit die Kameraden sie vergewaltigen. Sie halfen bei den Vergewaltigungen, ohne daran teilzunehmen." Die Untersuchungsrichter, die mit dem Jugendgericht zusammenarbeiten, kennen auch diese Angelegenheiten:"Meistens sind die Mädchen passiv. Sie trauen sich nicht, etwas zu machen. Sie versuchen, die Jungen zu beruhigen oder sie kichern ... Einige, aber das kommt selten vor, machen mit und dirigieren das Ganze, indem sie den Jungen Tips für die Mißhandlung des Mädchens geben..."

Ein mit Rasierklingen eingezeichnetes Hakenkreuz

"Es ist noch nicht lange her, daß ich einen Fall untersucht habe, wo eine knapp Sechzehnjährige aktiv an der Vergewaltigung einer Dreizehnjährigen teilgenommen hat. Sie übernahm die Initiative und sagte den Jungen, wie sie ihre sexuellen Gewalttaten variieren könnten: eine Flasche in die Vagina und den After..." (Man kennt die sexuellen Folterqualen, die den Frauen im Algerienkrieg von den Fallschirmjägern angetan wurden, und die in pornographischen Heften in großen Mengen von Photoromanen über die Vergewaltigung junger, unberührter Mädchen, die mit allen nur vorstellbaren phallischen Instrumenten vorne und hinten entjungfert werden, dargeboten werden).
"Sie und auch das Mädchen hatten ihren Körper mit Rasierklingen gezeichnet..." (Die Polizeikommissare erzählen von Mädchen, die sich von ihren Kameraden aus der Bande tätowieren ließen: das war ein unauslöschliches Zeichen, was die Mädchen daran hinderte, als Verkäuferin oder Stenotypistin angestellt zu werden, weil ihre Hände, Finger und Handgelenke tätowiert waren... Wir erinnern an den Vater, der seine Frau und seine Tochter am Körper und besonders an den Geschlechtsteilen tätowiert hatte). Der Richter fährt fort: "Sie verletzen es mit der Rasierklinge, um ein Hakenkreuz auf das Mädchen zu zeichnen... sie war in einer Punk-Bande. Für sie ist die Gesellschaft verdorben und sie sind auch verdorben:

sie mögen das Häßliche, Dunkle, Schlechte... den Haß und die Gewalt... Also, was sie da mit der Kleinen gemacht haben, fanden sie nicht scheußlich und schokkierend. Sie wollen das Böse, das Blut und den Tod. Dort haben sie dies Mädchen gefoltert. Sie haben sie auch erniedrigt - sie haben uriniert und sie gezwungen, das zu trinken."
Die Praktiken sexueller Erniedrigung sind die Grundlagen der pornographischen Revuen. In Colmar (LIBERATION hat am 21. und 22. September 1977 über den Prozeß berichtet) hatte eine junge Frau die gleiche Art Mißhandlung in der gleichen pornographischen Spielart mit zusätzlich noch einer Badewanne erlitten: die Funktion der Badewanne bei Folterzeremonien ist bekannt: das existiert nicht nur in den S.A.S.-Zeitschriften, über die uns ein Mädchen berichtet hat, das von seinem Vater vergewaltigt wurde und von ihm zum Lesen solcher Bücher angehalten wurde, die "sexuell befreien". In den S.A.S.-Heften gehören Folter und Sexualität zusammen.
Die Gruppenvergewaltigung, das ist eine Vergewaltigung durch eine Bande, die man auch noch Gemeinschaftsvergewaltigung nennt. Das Mädchen ist allein und die Jungen sind zu Dritt, zu Fünft, zu Siebt und manchmal zu Zehnt. Das Mädchen ist oft minderjährig (es ist jünger als 18 und sehr oft auch jünger als 15) und Jungfrau. Die Akten bestätigen das, trotz der Zurückhaltung der Polizei, für die ein vergewaltigtes Mädchen in jedem zweiten Fall die Jungen provoziert hat oder eine kleine Nutte ist, die sowieso schon entjungfert war... Was in den Akten, den Zeugenaussagen und den Berichten der Mädchen, die bei der Untersuchung aufgeschrieben wurden steht (und die Untersuchungen sind um so genauer, je mehr das Mädchen als Lügnerin und Provokateurin verdächtigt wird), ist unvorstellbar, was die Ausübung von Gewalt und Sadismus der Jungen am Körper einer Frau - der Körper einer Minderjährigen ist in diesem Falle ein Frauenkörper - anbelangt.

Diese Jungen sind nicht alle Delinquenten: sie treffen sich zu mehreren für dieses Spiel, aber sie begehen sonst keine Verbrechen, selbst dann nicht, wenn sie in Banden leben. Sie sind zwischen 17 und 20 - 25 Jahre alt. Das Durchschnittsalter wäre 18, 19. Meistens leben sie bei ihren Eltern. Sie sind in der Ausbildung oder gehen zur Schule. Manchmal arbeiten sie schon oder sie suchen Arbeit. Ob Delinquenten oder nicht, für eine Vergewaltigung treffen sie sich problemlos in einer sexuellen Verschwörergemeinschaft. Sie sind unter Männern und das Mädchen ist gemeinsamer Besitz, sie reichen es von einem zum anderen weiter. Niemand von ihnen sieht diesen Körper als Privateigentum an, im Gegenteil, die anderen können ihn benutzen solange wie sie wollen, er gehört allen, er ist dafür da, wie beim "Gruppensex", wo die Frau mit ihrem Körper und ihren Geschlechtsteilen für alle anwesenden Männer da ist, weil "sie und die Männer keine Hemmungen haben", so wie es in gewissen Zeitungen, die sich nicht als Pornozeitungen verstehen, annonciert wird.

Die Jungen haben die Jugendliche nicht um ihre Meinung gefragt. Sie erklären sich zum Besitzer ihres Körpers aufgrund eines Naturrechts, weil sie Männer sind und sie eine Frau ist, weil sie einen Schwanz haben und sie nicht, weil sie ein Loch hat und man in ein Loch zwangsläufig einen Schwanz steckt: das ist ganz richtig so, das ist von der Natur so gewollt. Und das ist gut so. Die jungen Vergewaltiger, die ins Gefängnis kommen, schreiben an den Oberaufseher, um sich über die Belästigungen durch die anderen Gefangenen zu beschweren, die sie als "Bumser" bezeichnen und sie in der Hierarchie der Gefangenen zusammen mit den Inzestverbrechern auf die unterste Stufe stellen. Einige ziehen die Isolierung vor. Ein Gefangener, der wegen Vergewaltigung verurteilt wurde, schrieb an den Direktor, um in ein Gefängnis zu kommen, in dem viele

Sittlichkeitsverbrecher auf eigenen Wunsch untergebracht sind: Casabianda auf Korsika. Er schrieb 1976: "Wenn ich nicht in ein anderes Gefängnis verlegt werde, wo es nur um Sittenangelegenheiten geht, dann werde ich sofort um Einzelhaft bitten, und ich werde meine Zelle auf überhaupt keinen Fall verlassen. Falls nötig, würde ich es vorziehen, in den Kerker zu gehen. Ich ziehe es vor, in der Einsamkeit zu leiden, als die Kritik und andere Dinge von den Mitgefangenen zu ertragen. Ich lege ausserdem Wert darauf, Ihnen mitzuteilen, daß ich kein Ganove bin und es auch nie sein werde."
Oft verstehen sie das nicht: sie sind weder Kriminelle, noch Ganoven, noch Zuhälter... Sie haben nur mit Freunden ein Mädchen vergewaltigt, um sich zu amüsieren. Und da sie die Schwere ihrer Tat an der Länge der Strafe messen, lehnen sie sich, wenn sie 5 oder 10 Jahre Zuchthaus für eine Dummheit, wie sie sagen, bekommen haben, gegen die Ungerechtigkeit der Justiz und gegen ihre Haftbedingungen auf.
Die Vorstellung von Beherrschung und Dominierung einer Frau und besonders auf dem Gebiet der Sexualität ist so tief verwurzelt, so natürlich für die Jungen, die gemeinsam vergewaltigen, daß, wenn sie zum Richter sagen: "Wir dachten nicht... Wir glaubten nicht... Wir haben uns amüsiert. Das war nicht böse gemeint...", sie es glauben und es auch wirklich glauben und es nicht als Ausrede gebrauchen. Sie fühlen sich unschuldig und sind überrascht und schockiert, wenn sie vor Gericht kommen.

Die ist auf dem ganzen Platz bekannt

Die Stadt und die Straße gehören weder den Frauen noch den kleinen Mädchen. Ein Stückchen Asphalt, der Strich für die Prostituierten, ein genau vorgezeichneter Weg für die Hausfrauen und Mütter... Die Frauen gehen nicht in den Straßen spazieren oder aber "sie treiben sich herum und versuchen, von Männern angesprochen zu werden, und dann haben sie selbst schuld, wenn sie vergewaltigt werden." Sie gehen für eine genau festgelegte Arbeit von einem Punkt zum anderen und ihre Schritte auf der Straße sind nicht umsonst. Sie haben keinen Platz auf der Straße, wenn sie nicht konsumieren und nichts von dem einkaufen, was ihnen feilgeboten wird. Die Minderjährigen müssen außerhalb der Schulzeit ihren Weg entweder bei ihren Eltern oder der Polizei rechtfertigen. Sie müssen jedesmal über Ort und Zeit Rechnung ablegen. Nachts müssen sie den Ver- und Entführern, den Vergewaltigern und der Polizei ein Stückchen von der Straße stehlen. Das Leben auf der Straße kennenlernen, bedeutet für eine junge Ausreißerin, zu lernen, der fremden, der staatlichen und der familiären Gewalt zu entkommen.
Die Plätze sind in den Städten die Orte, wo die Mütter mit ihren Kindern spazierengehen. Auf gewissen Plätzen sind Jugendliche sofort suspekt. Der Lebensraum auf der Straße ist so beschränkt und so knapp bemessen für die Jungen und Mädchen von 13, 14 und 15 Jahren, daß die Plätze tatsächlich noch die mit am wenigsten unfreundlichen Orte sind. Hier können sie wenigstens spazierengehen, sich hinsetzen, schwatzen und sich verabreden. Hier trifft Simone ihren Kameraden. Sie kennt sie. Sie

wohnt in einem Heim ganz in der Nähe. Einer, der schon lange zu diesem Platz kommt, hat von der Geschichte gehört. Der epische Bericht dieses pornographischen Abenteuers in einem Keller, der von 2 Kerzen wie für eine Weihzeremonie erleuchtet wurde, ist mündlich von einem Kameraden zum anderen weitergegeben worden. Sie haben zunächst erfahren, daß Simone "eine kleine Dicke mit schwarzen Haaren" ein Feger ist und bloß auf die Jungen lauert, daß sie "mit in den Keller gegangen ist, um sich ficken zu lassen", daß sie sich die ganze Zeit auf "diesem Platz herumtreibt, wo es keine Bäume gibt, sondern nur einige Holzbänke zum Hinsetzen", daß sie in dem Viertel bekannt ist, weil sie ihre Schenkel im Fenster vom Heim zeigt, und daß die "Jungen ihr auf den Kopf gepißt haben und Bier darüber gegossen haben..." Das Gerücht verbreitet sich also und man erzählt mit Begeisterung von den heroischen Taten der Jugendlichen, die von ihren Kameraden für ihren Mut gelobt werden. "An einem Tag im September habe ich von einem Kameraden, der vom Platz kam, erfahren, daß Simone sich in einem Keller befand und daß es was zu lachen gäbe... Man hat mir gesagt, daß sie versuchte, mit jedem ins Bett zu gehen... Als ich angekommen bin, war sie nackt und saugte an dem Schwanz von einem, während sie den eines anderes massierte. Dann machte sie das gleiche mit anderen. Als ich das gesehen habe, wollte ich auch mitmachen. Ich habe ihr meinen Schwanz hingehalten und sie hat daran gesaugt. Sie hat mich nicht massiert. Ich bin dann nach Hause gegangen. Im Keller waren noch 5 oder 6. Wir waren 8 oder 10. Es war dunkel. Man konnte nicht gut sehen, was die Jungen machten. Da hing eine richtige Traube an ihr... Das Mädchen versuchte nicht, wegzulaufen. Wir wußten, daß es ein Flittchen war."
Sie machten alle den gleichen Bericht, mit den gleichen Bemerkungen: sie haben von einem Mädchen profitiert, das das mochte, sie sind in den Keller

gegangen, sie haben gehört, daß... Ein Mädchen war auf den Knien und jeder hat sich von ihr seinen Penis belutschen lassen und massieren lassen. Sie haben in den Keller auf den Fußboden ejakuliert. "Sie haben im Keller ein Feuer gemacht", sagt die Legende.
Und sie?
Sie lebte in einem Heim. Sie wollte spazierengehen. Sie geht bis zum Platz. Sie trifft einen Kameraden, der sie mit zu sich nach Hause nimmt. Er zeigt ihr "ekelhafte Photos", die er hinter einem Vorhang versteckt hatte. Er macht die Fenster zu, zieht die Gardinen vor und sagt zu seiner Freundin, sie solle an seinem Glied saugen. Sie tut das. Da kommt ein Freund des Freundes. Ein junger Schwarzer. "Er hat zu mir gesagt: 'Du machst das, was wir Dir sagen.' Er hat seine schwarzen Motorradhandschuhe angezogen und mir mit der Faust ins Gesicht geschlagen. Danach sind wir runtergegangen. Er hielt mich ganz fest am Arm, damit ich nicht weglaufen konnte. Sie haben mich in einen Keller des Viertels geführt." Der Keller ist der privilegierte Ort für Vergewaltigungen, weil die Schreie nicht bis auf die Straße dringen, das Halbdunkel günstig für die Berührung eines Körpers ist, den man nicht erkennt und weil man auf den Fußboden aus Beton oder festgestampfter Erde ejakulieren, Flaschen zerschlagen und Pisse und Bier fließen lassen kann... In einem Keller liegt immer alles mögliche herum. Die Polizeiakte gibt von diesem für die Vergewaltigung ausgewählten Ort eine genaue Beschreibung: "Es handelt sich um einen Keller, der links vom Hauseingang liegt und keine Beleuchtung hat. Er ist nicht abgeschlossen. Es genügt, die Eisengittertür aufzustoßen, um zu einer Treppe zu gelangen, die dort hin führt. Wir gehen 12 Stufen hinunter und kommen in einen großen Keller, der keine Tür hat. Er ist gewölbt und rechteckig, hat etwa die Maße 8 x 6 m und endet rechts in einem Verschlag, der mit Schutt

gefüllt ist. Der Boden dieses Kellers besteht aus gestampfter Erde, die mit Schutt und zerbrochenem Glas bedeckt ist. Rechts in der Ecke, in der Nähe des Verschlages, steht eine große, braune, halbvolle Bierflasche. Neben der Flasche liegt zerknülltes Papier und halbverkohltes Packpapier."
Simone fährt mit ihrem Bericht fort: "Ich mußte machen, was sie sagten. Sie haben mich an den Haaren gezogen und geschlagen. Ich war vollkommen nackt. Der erste, der mich genommen hat, war der Schwarze. Er hat mich von hinten gefickt. Sie haben es alle mit mir gemacht (...). Sie haben ein Feuer angemacht. Sie haben mir auf den Kopf gepinkelt und Bier darüber gegossen. Sie haben mich alle gefickt oder ich mußte an ihren Schwänzen saugen. Plötzlich hat einer geschrien: "Die Polente" und sie sind alle abgehauen. Ich bin alleine im Keller zurückgeblieben..."
Sie ist 15 Jahre alt. Sie war in einem Heim. Der Richter schickt sie in ein Beobachtungszentrum. Wegen familiärer Probleme war sie von zu Hause weggekommen. Als sie 9 oder 10 Jahre alt war, fing der Vater an, an ihr herumzufummeln. Wenn sie schlief, kam er in ihr Zimmer... Das ist die Geschichte von Dominique und ihrem Vater. Sie erzählt es ihrer Mutter, die ihr nicht glaubt - sie war immer nervös, jähzornig und verlogen... ihr Verhalten ist nicht normal... Der Vater streitet es ab und schlägt die Tochter, um sie zu bestrafen. Er erklärt, daß Simone unmöglich zu erziehen sei und daß man sie schlagen müßte, damit sie gehorche und damit sie nicht ausgehe. Er sagt, sie mache allen Männern schöne Augen und verkehre in schlechten Kreisen. "Wir bestrafen sie. Ich schlage sie und ihre Mutter schreit sie an (...). Ich mache mir Sorgen um meine Tochter, denn ich möchte nicht, daß sie auf dem Strich oder im Gefängnis landet." Simone will nicht mehr zu Hause bleiben. Sie bittet 1975 darum, in ein Heim zu kommen. Wie viele Mädchen, die ausreis-

sen, sucht Simone naiv und hoffnungslos - naiv, obwohl sie sexuell frühreif ist - auf dem Platz und im Keller etwas, was der Liebe ähneln könnte. Sie spielt gegen ihren Willen sadomasochistische Szenen, wobei ihre eigene Lust gar keine Rolle spielt. Auf den Knien oder nach vorne gebeugt, im Halbdunkel, gehorcht sie wie eine Hündin, und die Jungen brauchen für das Vergewaltigungszeremoniell noch nicht einmal ihre Wünsche auszusprechen: sie weiß schon, was sie machen muß und macht sich wie eine "Sex-Maschine" der Porno-Bildromane an die Arbeit. Die Mädchen, die früher im Heim gewesen sind und an einem Nachmittag aus Freundschaft für andere zurückgekommen sind, unterhalten sich untereinander.

Wenn ein Typ sie anlacht, dann glaubt sie, das ist wegen ihrer Fratze

"Sie streichen um die Heime herum, man sieht sie und kennt sie. Das ist ein Heim für Mädchen, also ganz klar... Sie sind immer auf dem Platz gegenüber, und die Mädchen wissen das. Mich haben sie niemals belästigt, ich lasse mir nichts gefallen..." Das erzählt Claudine. Sie redet schnell und viel. Rania hat Schwierigkeiten, sie zu unterbrechen. Sie sagt: "Also ich auch nicht... und dann die Banden, die kenne ich. Ich habe bei mehreren mitgemacht. Nicht nur bei Rockern. Ich rede mit ihnen und am Ende bin ich wie sie, selbst wenn ich ein Mädchen bin, nicht einer faßt mich an... das kann ich versichern. Oft brechen sie für Geld ein. Man muß das verstehen. Aber wenn sie wen verprügeln, dann bin ich damit nicht einverstanden. Einmal wollten sie Fremden auf dem Platz die Fresse einschlagen. Sie haben es nicht gemacht, weil ich nein gesagt habe. Aber ich bin nicht in den Banden geblieben... sie machen mir Angst. Wenn sie feststellen, daß ein Mädchen Angst hat, dann hat das Mädchen keine Chance. Ich weiß, daß sie hier im Viertel Mädchen vergewaltigt haben. Aber das waren Mädchen, die sich ansprechen lassen. Wenn ein Typ sie anlachte und einmal mit ihnen sprach, glaubten sie, es wäre wegen ihrer Fratze. Sie sagten: "Hast Du gesehen, wie er mich angesehen hat... Er hat sich umgedreht. Er hat mich angelächelt." Sie glauben alles mögliche. Sie gehen mit ihnen mit. Sie sind freundlich zu ihnen und nachher, wenn sie sich mit ihm in einem Zimmer befinden und er und die anderen über sie wegsteigen, dann wundern sie sich. Ich kannte eine ganze Menge, die so waren..." Claudine unterbricht sie. Seit einer gewissen Zeit will sie reden: "Das stimmt, die Mädchen stellen sich ans Fenster und die Typen stehen unten... in ihren dünnen Nachthemden... und so... Sie machen Zeichen, verabreden sich und werden anschließend vergewaltigt. Ich kannte auch solche. Die haben sie vergewaltigt. Danach heulten sie natürlich. Das wollten sie nicht."

Sie sind hart zu denen, die unter ihrem Leben, ihrem Körper, der Straße, der Vergewaltigung und später oder vielleicht schon jetzt unter der Prostitution leiden.

Ein anderes Mädchen aus dem Heim, Elisabeth, die gesagt hatte "Ich wollte sterben, damit er mich nicht umbringt", - sie ist im Heim, weil ihre Mutter sie verprügelt - spricht von ihrer Heimat. Sie hat dort ihre Kindheit verbracht. Sie kennt sie gut:

> Dort, wo ich wohne, sind überall Betonklötze. Ein Block, eine Straße, ein Block, eine Straße, nur Blöcke, einer neben dem anderen. Ohne Baum, ohne alles. Früher konnte man die Seine sehen. Jetzt gibt es nur noch Blöcke, Blöcke und nochmals Blöcke. Man sieht gar nichts mehr. Selbst die Bullen haben Angst vor den Ganoven. Alle haben Angst vor ihnen. Ich kenne einige, die in Fleury im Ge-

fängnis sitzen, das sind Banden. Sie streunen umher, schlagen sich, klauen Mopeds und Motorräder. Wenn man mit ihnen spricht, sind das Araber und Portugiesen, auch Franzosen. Aber sie sprechen nur mit Mädchen, um sie zu kriegen. Sie glauben, wenn ein Mädchen mit ihnen spricht, ist es auch bereit, mit ihnen ins Bett zu gehen. Das stimmt nicht. Nachher erzählen sie überall: "Die da ist ein Flittchen, die haben wir gefickt." Zu ihren Freunden sagen sie: "Zu der kannst Du hingehen, über die sind alle weggestiegen" oder aber "das ist ein Feger, der wollen wir eine Lektion erteilen." Ich habe Freundinnen, die mir erzählt haben - mehrere - daß sie von denen vergewaltigt worden sind. In den Kellern. Sie machen das die ganze Zeit. Niemand sagt ihnen etwas. Selbst wenn sich das Mädchen wehrt, selbst wenn es schreit, so hört es niemand und niemand kommt zur Verteidigung. Das Mädchen erzählt es noch nicht einmal seiner Mutter, weil das eine Schande ist. Es hat Angst vor den Typen, daß sie es, wie angedroht, verprügeln, wenn es sie anzeigt. Einmal habe ich mich einfach nur so mit ihnen unterhalten. Sie haben mich in ein Untergeschoß gezerrt. Sie hatten mir schon die Schuhe ausgezogen. Ich habe mich mit einem Schraubenschlüssel, der auf einem Motorrad lag, verteidigt. Ich sehe nach nichts aus, aber ich habe mich gewehrt - ich gehe zum Karatetraining - da haben sie von mir abgelassen.

Die Liebe, ich glaube, das gibt es gar nicht. Wenn ich mit einem Jungen wegginge, würde ich nicht sofort mit ihm schlafen. Ich würde ihn wenigstens 2, 3, vielleicht 4 Monate warten lassen. Dann könnte man sicher sein, daß er es ernst meint. Wenn ich kann, werde ich als Jungfrau heiraten. Mein Mann wird der erste sein. Er weiß dann, daß ich kein Flittchen bin. Zu meinen Kindern - ich möchte Jungen haben, ich wollte ein Junge sein, weil die

mehr Freiheit haben – wäre ich nett. Nicht so wie meine Mutter. Ich glaube nicht, daß meine Mutter mich liebt. Eines Tages habe ich zu ihnen gesagt: "Warum habt ihr überhaupt Kinder bekommen? Wegen des Kindergeldes?" Sie wußten nicht, was sie darauf sagen sollten. Ich habe sie gebeten, mir einen Teil des Kindergeldes zu geben, um mir z.B. Stiefel oder eine lange Hose zu kaufen. Sie haben nein gesagt.
Ich bin ausgerissen, und ich will auch nicht nach Hause zurück.

Warum so viel von den Ausreißerinnen erzählen? Sie sind nicht die einzigen Opfer von Gruppenvergewaltigungen. Weit gefehlt. Nur in den Städten wie Paris, Lyon und Marseille... ist das Verbrechen auffälliger, weil die Einteilung der Stadt viel rationeller und viel übersichtlicher ist. Die Betreuung der Jugendlichen beiderlei Geschlechts wird auch viel systematischer vorgenommen und die Minderjährigen, die zur Polizei kommen, sind meist Ausreißerinnen. Jede zweite ist Opfer einer Vergewaltigung: Inzest-, Einzel- oder Gruppenvergewaltigung, wenn sie nicht zu Hause geschlagen wurde. Sie leben also schutz- und hilflos in einem Heim und sind bereit – weil auch sie Träume haben – sich Geschichten erzählen zu lassen. Sie gehen spazieren. Sie wollen sich amüsieren. Sie verlassen das Heim und gehen zu einem Vergnügen: Rummelplatz, Fete de la Bastille oder abends in Diskotheken, von denen ihnen Kameraden oder Kameradinnen erzählt haben. Zu diesen Treffpunkten gehen sie zu zweit hin, weil sie sich alleine nicht trauen. Sie lassen sich auch zu zweit zum Trinken einladen. Sie tanzen und flirten ein bißchen, fahren Autoscooter mit den Jungen, die so ganz sympatisch sind, bis zu dem Augenblick, wo sie unter Drohungen oder auch nicht – die Jungen drohen nicht immer, weil sie zu mehreren sind – dorthin gefahren werden, wo sie nicht hin wollten und wo jede allein ist. Sie sind vonein-

ander getrennt und jede sieht sich 4 - 10 Jungen gegenüber: Ein düsteres Zimmer von einem der Jungen. Wie in einem Stundenhotel; aber sie brauchen das Mädchen noch nicht einmal zu bezahlen, sie haben es ganz umsonst auf dem Fußboden, auf einer Pappe oder manchmal auf einer Bettdecke... Und es ist eine Vergewaltigung, die weder die eine noch die andere vorausgesehen hatte, mit allem, was dazu gehört: Gewalt, Mißhandlung, sexuellen Erniedrigungen...
Als die Jugendliche von ihrer Wohnblocksiedlung, den Kellern und den Vergewaltigungen sprach, kam sie eigenartigerweise einerseits auf die Jungfernschaft und andererseits auf die Prostitution und schließlich auf ihre Mutter zu sprechen. Wir hören das Echo: "Was ich brauche, ist die Liebe von meine Mammi" von dem kleinen ungeliebten Mädchen.
An den Geschichten dieser jungen Ausreißerinnen ist frappierend, daß es auf eine gewisse Art zu ihrer Geschichte dazugehört, daß sie sich vergewaltigen lassen, später auf den Strich gehen und immer, bis hin zum Zuhälter, auf der Suche nach jemandem sind, der sie liebt. Weil sie einen unglücklichen Körper haben, der krank ist, weil er nie geliebt worden ist, ein Körper, der geopfert wurde und immer weiter geopfert wird. Weil sie ihm gar keine Bedeutung beimessen. Dieser Körper ist wertlos, er taugt nichts, niemand liebt ihn und sie selbst auch nicht. Sie vergessen ihn so gut, daß sie ihn zu allem möglichen benutzen und ihn dem geben, der ihn haben will, da er ihnen nicht gehört und für sie nicht existiert. Sie fühlen sich immer unwohl in diesem Körper, den die Mutter nicht gestreichelt hat und nur berührt hat, um ihn zu schlagen und zu verunstalten, den die Mutter nicht bei sich behalten konnte, um ihn vor der Vergewaltigung durch den Vater zu schützen... Sie leben mit ihrem Körper, als ob sie ihn jeden Augenblick dort in der Ecke abstellen würden, wie einen Gegenstand,

den man vergißt. Oder sie wissen, daß man mit einem weiblichen Körper Geld verdienen kann und dann schminken und kleiden sie ihn so, damit er gesehen wird. Diese Zeichen, die sie so auffallend wie möglich zur Schau stellen und die niemanden täuschen, geben ihrem Körper einen künstlichen Wert, mit dem man Geld verdienen kann: damit er wenigstens zu etwas nutze ist...

Diese Vorstellung, die sie von ihrem Körper haben, findet man auch bei den Jungen: der weibliche Körper kann eine Goldgrube sein, aber er hat überhaupt keinen Wert. Er hat nur einen Gebrauchswert und die Jungen, die ein Mädchen vergewaltigen, benutzen seinen Körper genauso, wie es in den Pornobildromanen dargestellt ist.

Die Geschichte von Jeanne, einer jungen Gefangenen, ist in dieser Beziehung erstaunlich.

Ich kenne einen Haufen Minderjährige, die anschaffen gehen.

Jeanne. Ein Puppengesicht mit dem Pony eines kleinen Mädchens, der bis auf die Augenbrauen reicht. Sie ist 19 1/2 Jahre alt. (Januar 1978).

> Ich komme aus Gennevilliers. Das ist ein Elendsviertel. Mein Leben... das ist eine ganze Geschichte. Ich werde bald 20. Ich will meinen Geburtstag nicht im Gefängnis verbringen, oh nein (...). Ich habe wegen meiner Nerven und wegen meines Kopfes 6 Jahre in einer Art Heilanstalt verbracht. Man hat mich dorthin gebracht, nachdem... na ja. Das ist mir mit 6 Jahren passiert. Ich ging Milch und Brot holen. Ein Typ, ein Araber - ich erinnere mich noch daran - hat mich angesprochen. Er hat mir eine Lutschestange angeboten, und da ich sehr naschhaft war - bin ich auch

heute noch - habe ich das natürlich angenommen. Danach weiß ich nicht mehr, was geschehen ist. Ich habe das nie mehr wiederfinden können. Auf jeden Fall lag ich bewußtlos und blutig auf dem Bürgersteig. Meine Mutter hat mich dort gefunden. Sie wußte, was passiert war. Das war ein Typ, der in dem Viertel herumstrich und das schon bei mehreren Mädchen gemacht hatte. Ich glaube, damals hat es mit meinen Nervenkrisen angefangen und ich mußte ärztlich betreut werden.

Als ich zu meinen Eltern zurückgekommen bin, wußte ich nicht viel und hatte alle Ticks von den Mädchen aus der Anstalt aufgelesen. In der Straße nannte man mich die "Bekloppte" und deshalb ging ich nicht mehr aus dem Haus. Ein Jahr lang bin ich eingeschlossen bei mir zu Hause geblieben, ich tat nichts, ich hörte Schallplatten. Manchmal half ich meinem Vater - er ist Schrott- und Altwarenhändler.

Eines Tages sieht mich meine Mutter - ich hatte meinen kleinen Koffer mit einem Bindfaden an meinem Fahrrad festgebunden - wie ich gerade wegfahren will. Sie sagt zu mir: "Wo willst Du denn hin?" - "Ich will Arbeit suchen." Und so bin ich losgefahren, um eine Stelle zu finden. Dort, wo ich einen Platz gefunden hatte, konnte ich nicht bleiben. Das war fürchterlich. Eine Schlachterei, das gefiel mir nicht sonderlich, ich war immer Verkäuferin. Danach habe ich in einem Süßwarenladen gearbeitet... dort war es gut, weil ich Mandeln, Nüsse, Korinten und so was gerne esse. Alles das habe ich gegessen und gegessen... Am Ende hatte ich es mir übergegessen. Ich bin weggegangen. Ich bin jedesmal weggegangen... Ich stahl Mofas, um Arbeit zu finden und konnte nicht bleiben. Ich ließ mir nicht auf die Füße treten, also gab es Ärger.

Ich arbeitete ein bißchen bei meinem Vater. Das machte mir Spaß. Am Wochenende ging ich mit Kameraden in Diskos. Wir amüsierten uns. In bin in vielen Banden gewesen - hauptsächlich waren das Rocker.

Ich mag keine Rocker, die Krawall und Terror machen. Ich war für die Rocker wegen dem Rock. Ich habe beim Tod von Elvis Presley sogar Trauer getragen. Aber wenn wir die "Angels" sahen - das war eine Bande mit Hakenkreuzen, die gewalttätig waren und rumprügelten - verzogen wir uns. Die Punks mag ich nicht. Ich kann sie nicht ausstehen. Die Banden - es gab welche in Clichy, Gennevilliers, La Chapelle und Malakoff... - gingen auf Beutezüge aus. Das ging nach dem Gesetz des Stärkeren. So kamen wir zu Geld. Meinen Eltern sagte ich nichts. Ich habe nie viel mit ihnen geredet. Mein Vater ist gewalttätig. Er kriegt seine Wutanfälle und man weiß nicht weshalb. Er schlägt meine Mutter und mich hat er eines Tages rausgeschmissen, und ich bin bei den Bullen gelandet - ich wußte nicht, wohin ich gehen sollte. Trotzdem mag er mich gerne. Er wollte eine Tochter haben. Als ich geboren bin, war er zufrieden. Danach war ich schwierig, das ist wahr. Die Geschichte mit den Nerven, immer wieder.

In einer Bande hatte ich einen Freund. Wir flirteten ein bißchen. Eines Tages waren wir in einem Appartement, wir haben getrunken und ich habe auch getrunken, ich war das nicht gewöhnt - ich war 15. Plötzlich haben sie gesagt: "Wollen wir sie uns vornehmen?" Ich glaubte das nicht - ich wäre vielleicht für meinen Freund einverstanden gewesen, aber nicht für die anderen. Ich habe vergessen, wie das abgelaufen ist, aber mindestens 2 sind über mich weggestiegen. Später, wenn ich sie auf der Straße sah, nannte ich sie Schweine und Ärsche. Aber ich habe trotzdem Kameraden aus dieser Bande behalten. Ich war ihnen nicht allzu böse. Das ist nicht so, wie bei den anderen. Da war es fürchterlich. Das war eine richtige Vergewaltigung. Seitdem kann ich nicht mehr mit einem Typ ... ich kann das nicht mehr.

Ich bin mit Kameraden in eine Diskothek gegangen. Wir tanzten und amüsierten uns. Plötzlich haben mich Jungen, die ich gar nicht kannte, an Armen und Beinen gepackt. Sie machten das mit den Mädchen so zum Spaß. Das hatte keine Folgen. Aber da haben sie mich nicht losgelassen. Die anderen lachten. Sie haben mich rausgeschleppt und in einen nicht weit entfernten Keller gebracht. Zwei Jungen hatten eine Pappe auf den Fußboden gelegt. Das war für mich. Sie hatten alles vorbereitet. Ich konnte nichts machen. Sie fielen zu 10 Mann über mich her. Sie hielten mich fest und der Bandenchef schlitzte meine lange Hose mit dem Messer auf. Wenn ich mich gerührt hätte, hätte er mich ins Fleisch geschnitten. Sie haben mich alle, einer nach dem anderen, vergewaltigt. Ich heulte und meine Kleider hingen in Fetzen. Bei der Polizei habe ich gesagt, daß ich vergewaltigt worden sei und habe Klage gegen X. erhoben... Und dann die Jungen...

Meiner Mutter, der ich nie viel sagte, habe ich nichts erzählt. Ich bin von einem Heim ins andere gekommen. Sogar nach Checilly, ich bin oft ausgerissen. Ich traf Kameraden. Wenn wir Geld brauchten, gingen wir zur Bank. Wir gingen auch in Hotels. Wir bedrohten den Nachtwächter - einmal war es ein armer Alter, den Jugendliche 10 Tage zuvor wegen der Kasse zusammengeschlagen hatten. Da habe ich Mitleid gehabt. Dem haben wir nichts getan. Ein Mädchen machte ihm mit einem Gürtel Angst und ein Junge drohte ihm mit einer Steinbüste von Voltaire. Zum Glück hat er sie nicht geworfen. Dann sind Chinesen gekommen, die ein Zimmer haben wollten, und wir sind abgehauen. Ein anderes Mal haben wir in einem Privathaus eingebrochen. Sie hatten die Fenster offen gelassen. Sie hätten sie auch zumachen können. Im Garten gab es Kirschen, so groß und ganz rot. Ich mag die sehr gerne. Ich hatte noch nie welche vom Baum gegessen. Nachher haben wir im Haus alles durchwühlt; überall. Ich habe die Medikamente zermatscht. Ich habe die Wände mit Quecksilber beschmiert. Wir ha-

Kleider, Schallplatten und Apparate geklaut und sind abgehauen. Ich habe eine Küchenmaschine zum Mayonnaise machen geklaut. Das geht von ganz allein. Nach der Bank sind die Kameraden erwischt worden. Sie sitzen jetzt in Fleury. Bei mir ist es wegen dem Hotel. Und ich habe überhaupt nichts gemacht.

Meine Mutter hat zu mir gesagt, daß ich nicht noch tiefer fallen könnte. Besonders wegen der Frauen. Also, das versteht die nicht. Ich liebe die Frauen. Die Männer kann ich nicht mehr ertragen. Sie versteht das nicht und kann es nicht zulassen.

Sie sagt, daß sie das anwidere. Als ich auf den Strich ging, sagten meine Eltern: "Arbeite wenigstens für Deine eigene Tasche." Weil ich auf den Strich gegangen bin - ich war minderjährig - und das für eine Frau gemacht habe, die ich liebte. Ich war verrückt nach dieser Frau. Ich liebe sie immer noch. Sie war Prostituierte. Eines Tages sagte sie zu mir - wir zogen von Hotel zu Hotel - daß ich Geld verdienen müßte. Sie hat mich in die Arbeit eingewiesen. Mir war das egal. Ich liebte sie. Ich gab ihr alles. Ich hatte Erfolg und arbeitete gut. Ich verdiente 800 bis 1000 F pro Tag. Wenn ich nicht genug mitbrachte, schrie sie mich an. Sie schlug mich auch. Ich wollte sie verlassen. Ich habe das ein Jahr lang gemacht.

Trotzdem legte ich manchmal etwas Geld beiseite. Ich versteckte das Geld in meinen Socken. Das war mein Sparschwein. Ich gab meiner Mutter etwas. Meine Freundin hat das nie erfahren. Sie hatte einen Zuhälter. Sie war bisexuell. Ich kann die "Bi's" nicht ausstehen. Wenn sie keinen Mann haben, nehmen sie eine Frau. Also das, nein. Ich bin eifersüchtig. Ich wollte sie ganz für mich allein haben. Eines Tages wollte ich weggehen. Sie hat mir eine tiefe Schnittwunde an der Hand beigebracht, das sieht man heute noch. Sie wollte mich im Gesicht treffen. Ich habe mich davor geschützt.

Ich nahm hauptsächlich Araber. Die waren sauber und bezahlten gut. Eine Freundin hatte mir beigebracht, daß wenn man sie in ihren Piller - ich nenne das so - zwickt, dann werden sie wieder schlapp. Ich habe das gemacht und das klappte. Aber nicht jedes Mal. Und außerdem bin ich eng, sehr eng, ich weiß nicht, warum - ich frage mich, ob ich nicht nach mehreren Monaten Gefängnis völlig zu sein werde. Ich hatte deshalb immer Vaseline dabei.

Ich habe viele Minderjährige gesehen, die wie ich auf den Strich gingen. Man durfte sich nicht erwischen lassen. Wir paßten auf. Es gab Typen, die mochten das, so Mädchen unter sich. Ich war einmal mit einer Freundin zusammen und ein Typ hat uns mit nach Hause genommen. Für 2000 F. Wir haben uns geliebt und er saß im Sessel und befriedigte sich selbst. Ein anderer bezahlte uns, damit wir ihm einen Gegenstand in den Hintern schoben. Ich mochte sie lieber auspeitschen. Das gefiel ihnen. Ein Typ wollte meine Freundin und mich sehen. Das war gut bezahlt und wir langweilten uns nicht. Ich erinnere mich, daß sie es wie in einem Pornofilm machen wollte. Sie hat mir erzählt, daß sich eine Frau eine abgeschälte Banane in die Muschi geschoben hatte und sie dann aufaß. Ih gitt! Das würde ich nicht tun. Das ist wie das Arschficken, das kann ich auch nicht leiden. Meine Freundin hatte mir eine kleine Karotte, nicht größer als so, reingesteckt und danach gesagt, ich solle sie aufessen. Ich machte immer, was sie sagte. Aber da... schließlich habe ich so getan, als ob ich ein Stückchen davon essen würde, aber danach bin ich rausgegangen, um das auszukotzen... ich hätte sonstwas gemacht. Sie nannte mich ihre Rosenknospe, ihr Baby...

Wir haben uns getrennt. Das war besser. Ich brauchte Geld. Ich habe mich in einem Pornotheater engagieren lassen. Aber das habe ich nicht lange aus-

gehalten. Das war zu hart. Man mußte 3 Vorstellungen machen, um viel Geld zu verdienen. Das habe ich nicht ausgehalten. Die Bühne besteht aus einem Bett. Diejenigen, die vorne saßen, bezahlten natürlich mehr. Das war in 3 Akten. Als erstes kam ein Solo. Ich habe das nach der Melodie von BILITIS gemacht, das war meine Lieblingsmelodie, ich hatte Glück. Man mußte sich mit einer Plastikbanane masturbieren, diese Dinger findet man überall, sogar im Supermarkt. Ich habe das nie damit gemacht, ich finde, mit den Händen ist das natürlicher. Danach kam eine lesbische Szene. Wir waren 2 Frauen. Wir liebten uns. Einmal hatte eine Frau komische Brüste mit so Knoten, ich ekelte mich ein bißchen davor. Aber... beim dritten Akt waren wir 2 Frauen und ein Mann. Ich habe mich nie arschficken lassen. Die Ficker, das waren keine Schwächlinge. Eine Frau hat einmal das ganze Zeug über die Brüste gekriegt... das lief überall hin... Da bin ich nicht lange geblieben. Dort hat mich eine Alte angesprochen. Für 2000 F sollte ich die Nacht mit ihr verbringen. Sie hat zu mir gesagt: "Du bist jung, Du ähnelst meiner Tochter." Sie war zufrieden.
Tja, das ist mein Leben.
Ich liebe die Frauen immer noch, trotz meiner Mutter. Hier habe ich eine Freundin, zu der habe ich gesagt: "Wenn Du mich fallen läßt, wenn ich hier rauskomme, fange ich wieder in Clichy an." Sie hat zu mir gesagt, daß sie auf mich warten würde, wenn sie zuerst rauskommt. Ich auch.
Sie schreibt einen Roman. Mit allem, was ich ihr erzähle. Ich bin da mit einem richtigen Namen drin.

Mit der vergnügen wir uns zu dritt... die schnappen wir uns

Ein Sonntag im September 1973.
Zwei Mädchen gehen die Straße entlang. Sie waren zum Tanzen. Sie haben in einem Tanzzelt mit Holzfußboden getanzt. Sie wohnen nicht weit. Sie gehen zu Fuß nach Hause.
Sie unterhalten sich.
Sie sind noch nicht lange gegangen.
Drei Jungen entführen Rolande: "Mit Gewalt ergriffen sie das junge, sich wehrende Fräulein R... Damit es nicht schreien konnte, hielten sie ihm abwechselnd den Mund zu. Sie trugen das Mädchen, stiegen über 2 Zäune, wovon einer aus Stacheldraht war und führten es in ein daneben liegendes Feld, das von dem ersten durch eine dichte Hecke abgetrennt war und sich ungefähr 70 m von dem Tanzzelt entfernt befand. Unter einem Apfelbaum angekommen, entkleideten sie das Mädchen. Einer von ihnen hielt die Arme fest, während die beiden anderen ihm die Schuhe, die lange Hose, die Strumpfhose und den Slip auszogen. Sie selbst zogen ihre langen Hosen und Unterhosen aus, während das Opfer auf dem Boden festgehalten wurde. G... legte sich als erster auf R..., während seine Kameraden ihre Beine auseinanderhielten. Aber er konnte keinen Geschlechtsverkehr mit ihr haben, weil er, wie er sagte "keinen hoch kriegte." J... übernahm seinen Platz. Um das Eindringen zu erleichtern, winkelten die beiden anderen die Beine des Mädchens an und kreuzten sie über dem Rücken von J..., der feststellte, daß sie Jungfrau war (...) Dann nahm Y... seinen Platz ein. Anschließend legte G... sich von neuem auf das Mädchen und konnte diesmal den Geschlechtsakt vollziehen. In diesem Augenblick holte G... sein Feuerzeug hervor, um das Geschlechts-

teil seines Opfers anzusehen. Er stellte fest, daß es etwas blutete. Danach zwangen G... und Y... das Fräulein R... zu einem neuen Geschlechtsakt und Y... betrachtete seinerseits das Geschlechtsteil des Mädchens im Schein des Feuerzeugs von G... Während des Geschlechtsverkehrs wurden die Beine der Jugendlichen von denen festgehalten, die nicht auf ihr lagen.
Die drei Jungen gehen zum Ball zurück.
Rolande ist in Tränen aufgelöst.
Einige Zeit später werden sie von einer Polizeistreife festgenommen.
Der Arzt, der Rolande untersucht, stellt Kampfspuren an den Unterarmen, Verletzungen und Kratzwunden an der Innenseite der Schenkel, große Blutflecken und Sperma in ihrer Unterhose fest. Er fügte hinzu, daß eine Verletzung der Jungfernhaut und eine Kongestion mit einer sehr schmerzhaften Blutung vorliege.
Schließlich notierte er Kratzwunden auf der Nase, Blut im Gesicht und Schrammen auf den Handrücken (...). Das Opfer behauptete sehr bestimmt, daß es den ganzen Weg lang an Armen und Beinen getragen wurde (...) Die Schreie, die man leise beim Festzelt hören konnte, wurden von dem Orchester übertönt."
Die Vergewaltigung unter dem Apfelbaum lief nach den Regeln und Bildern der Vergewaltigung in den Pornoheften ab:

- Ein Mädchen am Rande der Straße
  Die Jungen suchen ein Mädchen für eine Gruppenvergewaltigung.
- Entführung des Mädchens (im Auto, und das wird auch im Auto gemacht, bevor man in einem kleinen Seitenweg anhält, oder zu Fuß.)
- Das Mädchen wehrt sich.
  Das Mädchen schreit und bittet. Es ist Jungfrau.
  "Je mehr sie schreit, je mehr sie flennt, desto mehr geilt sie mich auf, fahren wir in den Wald, ich werde sie ficken, wie eine Hündin."

- Gemeinsames und wiederholtes Ficken oder Arschficken.
- Sexuelle Gewalttaten.
  "Die entführte Jugendliche wurde gequält, zugerichtet und wie ein sexuelles Objekt über den Boden geschleift..."
- Das Opfer weint
  "Das unglückliche, in seinem Fleisch verletzte Kind weinte vor Schmerzen..."

Ob die Jungen nun pornographische Zeitungen gelesen haben oder nicht, ob sie Pornofilme über die Entjungferung junger Mädchen gesehen haben oder nicht, die Ähnlichkeit der Szenen ist frappierend: Sadismus, wiederholt angewendete Gewalt, sexuelle Mißhandlung... die gleichen Gesten, die gleichen Auswüchse, das gleiche Bild. Es wurde vergessen, daß die Jungen, wie die Partner beim Porno, Voyeure sind und nicht nur, weil sie das Mädchen im Schein eines Feuerzeuges betrachten - die Versuchung, die Vulva und die Schamlippen anzusengen muß groß gewesen sein (in den Pronoheften drücken die Folterer eine Zigarre am Rande der befeuchteten Vulva aus.) Sie sehen sich auch gerne in dieser Position als potente Männer, stark und beherrschend unter einem Apfelbaum oder in einem verschlossenen Zimmer. Ein junger Vergewaltiger nahm die Szenen von einer Gruppenvergewaltigung mit einer Polaroid-Kamera auf. Er konnte sie gleich betrachten und herumzeigen und nahm gleichzeitig aktiv an der Vergewaltigung einer Minderjährigen teil, die er in einer Bar kennengelernt hatte und zu einem Freund eingeladen hatte.
Die Vergewaltigung begann um 2 Uhr 30 und endete um 5 Uhr 30, als der Wecker das Ende einläutete, weil die 4 Vergewaltiger zur Arbeit mußten. Die Szene läuft nach den gleichen Riten, den gleichen Verhaltensweisen wie die vorige ab. Aber in einem Zimmer. Das Mädchen weint. Es ist mit einem Handtuch gekne-

belt und wird von den Jungen gleichzeitig oder nacheinander mißbraucht, mehrere Male hintereinander: Fellatio, Anal- und Vaginalverkehr in allen Positionen. Auch hier spielt das Badezimmer als sexueller Folterort eine Rolle: M... wird zwei Mal stehend und auf Knien zum Analverkehr gezwungen. Sie fleht: "Ich kann nicht mehr, ich will nicht mehr..." Sie schreit: "Hört auf, ihr Scheißkerle " "Sie schrie, daß es ihr weh täte... sie schrie, daß es ihr weh täte... sie schrie weiter und beklagte sich, aber sie ließ sich weiter vögeln, ohne zu reagieren..." Voyeurismus, Exhibitionismus, Sadismus und Nekrophilie... Das ist eine vollkommene pornographische Szene. Sie war Jungfrau.
Sie werden festgenommen und verurteilt.
Für sie war das ein erotisches Spiel. Der Ausdruck Spiel - für die schlimmsten Folterszenen - wird immer wieder und ausgiebig in den Pornoheften verwendet. Die Vergewaltiger sprechen auch von Spiel. Daß dieses Spiel kriminell ist, daran hatten sie nicht gedacht.
Was hätten die jungen Ausreißerinnen, die sich in dem Aufenthaltsraum des Heims unterhalten, und die sich dagegen auflehnen und sich wehren, in diesen Fällen machen können? Auf der Straße haben sie gelernt, sich zu verteidigen. Und sie sind in der Lage, anzugreifen. Sie haben keine Angst. Die Straße gehört ihnen, sie haben sie als Rebellen besetzt und sind jederzeit bereit, zurückzuschlagen, wenn sie angegriffen werden. Sie sind so entschlossen...

Die Herumtreiberinnen

In einem Aufenthaltsraum des Heims: Pop- und Chansonmusik. Zwei Mädchen im Alter von 14, 15 Jahren und zwei "ehemalige" - Claudine 15 1/2 und Rania, eine siebzehnjährige Algerierin. Sie schwatzen, rauchen und hören Schallplatten. Claudine tippt von Zeit zu Zeit auf der Maschine. Sie ist groß und zart, hat ein spitzes und lebendiges Gesicht. Rania sieht in ihren Jeans und der Weste eher untersetzt aus. Sie trägt ein Lederblouson. Sie hat Holzschuhe an. Vorher trug sie Stiefel. Claudine erzählt: "Wenn man diese Typen ein bißchen kennt... Ich bin schon lange von zu Hause ausgerissen. Ich bin ein bißchen überall hingegangen. Ich habe hier und da geschlafen. Ich habe was gefressen oder auch nicht. Ich war die ganze Zeit auf der Straße. Da habe ich einen Haufen Leute gesehen. Am Ende konnte ich ganz gut nach ihren Gesten, ihren Reden und all dem beurteilen, mit wem ich es zu tun hatte. Ich täusche mich nicht. Und niemand belästigt mich. Weil ich die Leute auf der Straße betrachtete, beobachtete und sprechen hörte, habe ich gelernt... Zu Hause war ich immer mit Papa und Mama eingeschlossen. Meine Mutter ist völlig mackig. Sie vergöttert die Psychiater. Sie wollte uns alle zu ihnen schicken. Wenn ich nicht abgehauen wäre, hätte sie mich in eine Heilanstalt gesteckt. Meine Schwester übrigens auch. Draußen fühle ich mich wohl. Die Schule mochte ich nicht und zu Hause auch nicht. Ich sah niemanden, ich langweilte mich..." Rania hat ihr aufmerksam zugehört. Von einem Holzschuh auf den anderen wippend sagt sie: "Meine Mutter ist auch wegen Depressionen ins St. Anne Hospital gegangen. Ich glaube, da ist sie erst richtig verrückt geworden. Sie war in einer Zelle. Das Essen wurde unten durchgeschoben. Was ist denn das, Verrücktsein? Meine Mutter war nicht verrückt. Ich war auch zu Hause eingeschlossen. Mein Vater ist Algerier. Ein Mädchen muß im Haus bleiben. Einmal habe ich ihn gefragt, ob ich 2 Tage bei einer Freundin verbringen dürfte. Ich hatte ihm die Adresse und die Telephonnummer gegeben, alles. Er hat nein gesagt. Da habe ich gesagt: "Gut". Ich habe meinen Koffer gepackt und bin abgehauen. Ich bin wie Claudine."

Sie legt eine Platte auf. Tanzmusik in voller Lautstärke. Claudine erhebt sich, um sie leiser zu stellen. Rania fährt fort: "Ich sehe sofort, wenn ein Typ sich auf der Straße oder in der Metro an mich ranmachen will - ich sage mir: der da wird mir nachlaufen, das ist sicher. Ich lasse ihn machen... Er folgt mir. Und dann, das hängt von dem Typ ab und auch von meiner Stimmung. Einmal kam ein Typ hinter mir her, ich gehe hinter ihn, er geht langsamer und fragt mich nach der Richtung Balard oder was weiß ich und fängt an, sich mir zu nähern. Da habe ich ihm gesagt: "Also mein kleiner Spinner, was glaubst Du denn? Du hälst mich wohl für blöd, was? Ich bin nicht die Metro. Geh' und frag die Dame da hinten, die kann Dir Bescheid sagen..." Er hat mich in Ruhe gelassen. Manchmal haue ich ihnen auch eins in die Fresse. Das kommt darauf an. Ein anderes Mal verfolgt mich ein Typ. Er bittet um eine Zigarette. Ich gebe ihm eine Zigarette. Es war dunkel. Wir waren allein. Also warte ich ab. Er wühlt in seinen Taschen. Oft haben sie Messer. Besonders die Araber. Ich gucke ihn genau an. Er holt eine Schachtel Streichhölzer hervor. Da habe ich Uff gemacht. Ein andermal..." Claudine ruft: "Warte Rania, Du sprichst die ganze Zeit. Ich wollte etwas erzählen. Ich bin 2, 3 Uhr morgens auf der Straße, das ist so wie bei Dir... Es stimmt, wenn Du keine Angst hast, greifen Dich die Typen nicht an oder lassen von Dir ab. Einmal, das war auf der Autobahn. Ich bin viel per Anhalter gefahren in meinem Leben. Ich mag das, die Landstraßen und Straßen, das finde ich gut. Die Lastwagenfahrer sind oft zu zweit. Ich bin mit mehreren Lastwagen gefahren. Sie haben mich nicht belästigt. Der letzte war allein in seinem Fahrerhaus. Wir fahren. Er fängt an, an mir rumzufummlen - ich sage zu ihm: "Ich weiß sowieso, was Sie wollen, aber ich habe keine Lust dazu, also lassen Sie mich in Ruhe." Er macht weiter - ich sage: "Scheiße, ich habe keine Lust, halten Sie den Laster an oder ich springe raus." Als der Schweinehund das gehört hat, hat er angehalten und mich rausgeschmissen: in einer ganz einsamen Gegend um 3 Uhr nachts auf einer kleinen Straße mit lauter Eulen in den Bäumen. Vor Eulen habe ich Angst. Ich war ganz allein und hatte Angst. Ich bin 6 km zu Fuß gegangen. Danach haben mich Autos mitgenommen. Sicher, mit einem Messer oder Schießeisen... da sage ich nichts, da hätte er mich vergewaltigt. Das ist sicher. Aber bisher... auf alle Fälle fahre ich weiter per Anhalter. Ich habe keine Angst und die Typen merken das immerhin. Und Du, Rania, bist Du vergewaltigt worden?" Rania schreit: "Was, ich? Och nee! Ich habe sogar ein Mädchen verteidigt, was ich nicht kannte. Eines Nachts, als wir mit Freunden in einem Zimmer waren, höre ich ganz plötzlich einen Schrei. Ich gucke aus dem Fenster und sehe einen Typen, wie er mit offener Hose und das Ding schon rausgeholt am Eingangstor steht und ein Mädchen, das nicht will, festhält. Ich renne in aller Geschwindigkeit die Treppe runter. Unten angekommen, habe ich den Typen geschnappt und ihn nach hinten gezogen - das war ein Araber und ich habe Scheiße gesagt, ich habe wirklich kein Glück. Als er sich umgedreht hat, hat er mich gesehen. Er hat angefangen zu reden: "Oh meine Schwester... Du weißt, daß es schwierig ist... ich habe keine Frau... nichts," so das übliche Gesabbele. Ich habe zu ihm gesagt: "Ich habe damit nichts zu tun. Sieh zu, daß Du verschwindest." Da sind Bullen vorbeigekommen, haben den Araber zusammengeschlagen und sind wieder in ihren Wagen gestiegen. Ich stand dumm da. Dieser Typ, der ein Mädchen vergewaltigen wollte, die Bullen - ich kann die nicht ausstehen - die den Araber verprügelt hatten. Ich fühlte mich nicht sehr wohl. Außerdem hätten die mich mitnehmen können, ich war ausgerissen und hatte weder Papiere noch Geld. Als Ausreißerin..." Rania betrachtet die Hände von Claudine, die auf den Tasten der Maschine herumspielt: "Was hast Du denn da?" Sie versteckt ihre Hände: "Oh, das ist gar nichts, das sind Tätowierungen. Jetzt geht es nicht mehr weg." Rania: "Wenn Du mit Zitronenschale reibst, geht es weg." Claudine: "Ich habe alles versucht. Das ist beschissen mit Tätowierungen. Ich habe es gemacht - das tut scheußlich weh - um mich zu amüsieren und jetzt geht es nicht mehr weg. Das ist blöd, wenn man arbeiten will. Sie mögen das nicht. Das heißt... einmal habe ich es als Verkäuferin versucht. Ich weiß nicht wie viele Stunden am Tag für fast gar nichts. Ich bin da nicht lange geblieben, ich konnte das nicht. Ich verstehe die Prostituierten. Wenn sie für sich selbst arbeiten..., wenn sie sich das halt aussuchen... Ich hab das nie gemacht. Ich werde das nicht tun. Man ist wie ein Gegenstand, das, oh nein!" Rania: "Oh nein, ich auch nicht, aber ich kenne Mädchen - Minderjährige - die das machen. Sie gehen mit einem Typ, er bezahlt ihnen was zu essen, kauft Klamotten und so... Sie glauben, das wäre für sie und daß er sie lieben würde..., daß das die große Liebe ist und all das und anschließend müssen sie anschaffen gehen." "Da war mal eine hier in dem Heim. Sie war sehr hübsch, jung und mit blonden Locken. Sie hat mir ein bißchen erzählt... Sie war schwanger. Sie lief immer mit ihren Händen auf ihrem runden Bauch herum, sie war drollig. Sie wollte ein Kind haben. Sie sagte: 'Er wird ganz nackt leben, er wird alles tun, was er will und mit 3 Jahren werde ich ihn tätowieren. Er wird ganz süß aussehen...' Wer der Vater war, wußte sie nicht. Ich habe sie später wiedergesehen, da strickte sie ihm kleine Sachen. Seitdem weiß ich nicht... Sie sagte, es würde ein Junge. Sie war ganz sicher. Sie brachte uns zum Lachen..." Rania: "Ich denke an Deine Geschichte mit dem Lastwagenfahrer. Ich war mit einer Freundin zusammen und wir fuhren per Anhalter. Die Lastwagenfahrer hatten uns alle beide mitgenommen. Es ist uns beinahe passiert, als sie an einem Parkplatz angehalten haben, um zu schlafen. Zum Glück

waren noch andere Typen mit ihren Lastern da. Ich habe sie zu Hilfe geholt, weil sie meine Freundin ficken wollten. Als sie gesehen haben, daß ich mit 2 Typen wiederkam, haben sie meine Freundin aussteigen lassen und sind verduftet. Dabei hätten sie sich natürlich auch einigen können. Wir waren die einzigen Mädchen. Wir haben beide die Nacht im Straßengraben unter Gras versteckt verbracht. Es war erbärmlich kalt..."
Die beiden anderen Mädchen haben nichts gesagt. Sie hörten zu, standen auf, gingen weg und kamen wieder... Eines von beiden sagte: "Morgen gehe ich in ein Heim nach Versailles. Es sieht so aus, als ob man dort frei wäre."
Claudine erzählt weiter: "Als ich im Heim war, ist ein Mädchen angekommen. Sie war schüchtern, traurig und in so einen kleinen unmodernen Rock gezwängt, und sie trug lächerliche Stricksachen. Sie kam vom Land. Sie lebte dort bei Pflegeeltern... Ich weiß nicht warum sie hier war. Vielleicht wollte sie Paris sehen... Bei Tisch saß sie neben mir und jedes Mal flüstert sie mir fast zu: kann ich noch Brot haben... kann ich noch dies oder jenes haben. Sie glaubte, sie wäre noch bei ihrer Pflegemutter. Ich habe sie ein bißchen auf Vordermann gebracht. Ich habe mit ihr geredet. Danach ließ sie sich nicht mehr auf die Füße treten. Von Zeit zu Zeit hatte sie einen Anfall und zerschlug Teller und alles, was sie kriegen konnte... Mich mochte sie gern. Sie traute sich nicht, allein loszugehen, um sich eine lange Hose zu kaufen. Ich bin mitgegangen. Sie hat Stunden gebraucht, bevor sie sich entscheiden konnte. Zum Schluß habe ich zu ihr gesagt: 'Nimm die da', und sie hat sie auch genommen. Einige Zeit später habe ich sie wiedergesehen, wie sie Arm in Arm mit einem Typen Richtung Heim marschierte. Ganz lässig... ich kann Dir sagen, das hatte ihr gut getan..."
Rania sagt: "Ich würde gerne eine Arbeit machen,

wo man den anderen hilft. Das würde ich gerne tun. Erzieherin... als Erzieherin, ich weiß nicht."
Claudine: "Also, ich nicht, ich bin keine Trösterin."

ER SETZTE SICH INS GRAS UND LUD DAS KLEINE MÄDCHEN EIN, SICH AUF DEN RÜCKEN ZU LEGEN

Das kleine Mädchen ist allein. Der Mann auch. Es kennt ihn nicht und er kennt es auch nicht. Er ist weder sein Vater, noch sein Stiefvater, noch der Liebhaber der Mutter. Er ist nicht mehr 17. Er gehört zu keiner Bande. Er hat keine Kameraden. Er ist ein Einzelgänger. Er macht das ganz allein. Er versteckt sich, außer vor den kleinen Mädchen. Er läuft viel, er geht spazieren. Er liebt die Straße, er kennt sie gut und auch alle ihre Ecken und Winkel. Er liebt Gärten und Parks, Keller und Fahrstühle, obwohl er Wälder, Bäume und Gras, das Land vorzieht.

Die kleinen Mädchen gehen nicht in den Kellern spazieren. Man muß sie mit Gewalt in die Untergeschosse ohne Licht und Sonne zerren... Er wird nur gewalttätig, wenn es nicht anders geht. Sonst wendet er keine Gewalt an. Die Überredung mit sanfter Stimme, mit einem kleinen Geschenk... Ein kleines Mädchen ist nicht immer mißtrauisch, und dann kann ein Mann sich mit ihnen unterhalten und ihnen Süssigkeiten anbieten, ohne daß... Trotz dem, was seine Mutter sagt.

Ein kleines Mädchen läßt sich verführen.

Ein kleines Mädchen hört zu und guckt. Es ist neugierig. Es ist sanft. Das kann man ohne Probleme, ohne Schreie und Gebrüll entführen. Es ist leicht auf dem Arm und warm in der Hand. Man nimmt es, wie für einen kleinen Spaziergang oder im Auto mit. Auch in einem Anhänger, der von einem Moped gezo-

gen wird, wie bei J. P. Bourget, der dort die kleine, zehnjährige Dominique versteckt hatte. Und sie hatte einen Seitenweg genommen, um ungesehen bis zu dem Boden des Hauses von Jean-Paul zu kommen.
Dominique, die von diesem vierunddreißigjährigen, einsamen, traurigen und schwachen Menschen - wie eine Person aus einem Roman von Faulkner - entführt wurde, versucht nicht, zu fliehen und erwartet ihn im Halbdunkel hinter geschlossenen Fensterläden, während er Muscheln, alte Kartons und Eisen sammelt. Sie schlafen im gleichen Bett und das kleine Mädchen geht nachts mit Jean-Paul spazieren.
Es lebt mit ihm wie eine kleine Frau. Er liebt sie. Beim Prozeß (LIBERATION am 1.10.1976) weint er. Er wird sie nie mehr sehen. Man wird sie einsperren. Ihn für 4 Jahre ins Gefängnis und sie in ein Kinderheim.
Vielleicht war diese besondere Entführung von Saintes, die 5 Monate dauerte, eine Verzauberung. Das war eine Entführung aus Zärtlichkeit. Aber selbst wenn die kleinen Mädchen davon träumen, aus ihrem langweiligen Zimmer, dem Haus, in dem es keine Abenteuer gibt, von einem unbekannten und starken Mann entführt zu werden, der mit ihnen weit weg gehen würde...

Er schmierte sie mit Seife aus der Tube ein...

Die Entführung eines kleinen Mädchens, das geträumt-versprochene Abenteuer, kann auch gewalttätig sein. Das sentimentale Umherirren, von dem die Pädophilen behaupten, daß sie "ganze Nächte auf dem Asphalt im Dschungel der großen Städte" oder auf der Erde in ländlichen Dschungeln verbringen, kennen die kleinen, angesprochenen, verführten und geraubten Mädchen, die befummelt, überwältigt und vergewaltigt werden, nicht. Und doch behaupten diese Männer, daß sie sie lieben würden. Sie lieben sie für einen bestimmten Zeitraum, für einen Nachmittagsspaziergang im Garten, oder eine halbe Stunde gemeinsamen Nachhauseweges nach der Schule, genau für die Zeit, die sie brauchen, um sie zutraulich zu machen oder um sie zu überwältigen, wenn sie sich widersetzen, damit sie sie in der verbleibenden Zeit - wenn es keine einsame Gegend ist, kommt immer jemand vorbei - direkt am Körper, am Mund und zwischen den Schenkeln berühren können. Die Mädchen haben noch keine Brüste. Sie lieben nur kleine, vorpubertäre Mädchen, die einen Knabenkörper haben. Sie beeilen sich. Alles muß erledigt werden. Sie haben die Zeit, den Raum und auch die Flucht genau ausgerechnet. Es gibt solche, die sich exhibieren - nur wenige kleine Mädchen haben noch nie an einer Strassenecke, bei einer Toreinfahrt oder einer Mauer einen Schreckens- oder Angstschrei ausgestoßen, weil sie einen mehr oder minder erigierten Penis zu sehen bekamen. Es gibt die "Besessenen der Fahrstühle", wie sie ein Hauptkommissar nennt, der sich viel mit diesen Dingen befaßt. Er registriert jeden Monat mindestens drei Anzeigen von Überfällen auf Minderjährige "hinzu kommen noch alle die nicht angezeigten Überfälle, ganz besonders in solchen Hochhausvierteln, wie dem 13. Arrondissement von Paris... Die Häuser sind hoch. Die Typen sperren die Mädchen im Fahrstuhl ein und fummeln an ihnen herum, sie blockieren den Fahrstuhl in der letzten Etage und haben so etwas Zeit. Glücklicherweise laufen in diesen Vierteln immer Leute herum. So kommen sie nie allzu weit. Das sind Typen zwischen 25 und 40-45 Jahren. Ob verheiratet oder nicht, sie führen ein völlig normales Leben. Sie arbeiten. Sie bezahlen ihre Steuern. Letztlich war eine zehnjährige das Opfer eines Vergewaltigungsversuchs. Im allgemeinen versuchen sie nicht, zu vergewaltigen, sie töten nicht. Er war zu ihr nach der Schule gekommen und behauptete, er wäre der Schularzt. Er sagte, sie solle sich ausziehen und aufs Bett legen oder vielmehr, sie solle sich hinknien. Er masturbierte sich an ihr, an ihrem Hinterteil und ejakulierte. Dann ging er weg. Die Eltern hatten alles gesäubert und anschließend Anzeige erstattet. Die Mutter sagte: 'Ich habe klebriges Zeug an ihr und ihren Sachen gesehen.' Sie hat alles gewaschen und die Kleidung in die Waschmaschine gesteckt. In solchen Fällen muß man die besudelte Kleidung aufheben und sie bis zur Untersuchung aufbewahren. Eine Mutter hatte sogar Knöpfe und den Reißverschluß wieder angenäht..." Eine falsche Identität, die für die Kinder eine Autorität darstellt, ermöglicht oft die Annäherung an ein kleines Mädchen.

An einem Nachmittag im Juni 1976 kommt die neunjährige Brigitte aus einem Geschäft zurück, in dem sie für die Mutter eingekauft hatte. Sie wird von einem jungen Mann - einem Mechaniker - der sich als ein eine Untersuchung durchführender Polizist ausgibt, angesprochen. Er sagt ihr, sie solle ihm folgen, um sie in der Polizeidienststelle zu verhören. Sie folgt ihm. Bei sich angekommen, setzt er sie an einen Tisch und fragt sie aus. Er erhebt sich, um die Läden zu schließen, sagt zu Brigitte, sie solle sich ausziehen und setzt sich aufs Bett. Als das kleine Mädchen zögert, bedroht er es mit einem Messer. Er befiehlt ihr, "sich das Geschlechts- und Hinterteil mit Vaseline einzuschmieren. Er legt sich neben sie. Er versucht, in die Vagina einzudringen." Da ihm das nicht gelingt, dreht er Brigitte auf den Bauch und hat mit ihr Analverkehr... Er läßt sie weggehen. Sie erzählt ihrer Mutter, was passiert ist. Bei der Untersuchung wird folgendes festgestellt: "Der After ist schmerzhaft und unnormal entzündet, was von einer Wunde und einem blutenden Riß herrührt." Das Abenteuer endet mit einer Erzwingung des Analverkehrs.

Am 2. Dezember 1977 berichtete LIBERATION von einer ähnlichen Geschichte, wo ein Mann sich als Angestellter der Gas- und Elektrizitätswerke ausgab. Bevor er

Marie-Christiane mit dem Finger entjungferte, hatte er sie festgebunden. Der Artikel betont "mit dem Finger ist es eine Vornahme unsittlicher Handlungen mit Gewaltanwendung und mit dem Penis ist es eine Vergewaltigung." Der Staatsanwalt erläutert, daß "es keine Vergewaltigung ist, wenn es nicht zur Vereinigung der Geschlechtsteile kommt. Und nicht irgendeine "Vereinigung" präzisiert er, "denn der Analverkehr ist keine Vergewaltigung."
Juristische Spitzfindigkeiten, die man in allen Gerichtsakten über dieses Thema findet. In der endgültigen Anklageschrift steht, welcher männliche Körperteil in eines der 3 Löcher - Mund, Scheide, After - im Gerichtsbericht werden sie "Öffnungen" genannt, eingeführt wurde, als ob ein Mann, der einem kleinen Mädchen Gewalt antut, in ihm und seinem Körper nicht genau diese Löcher sehen würde. Ein Mädchen ist in seinem Körper auf jeden Fall dort getroffen worden, wie auch immer die Gerichtsverhandlung aussehen mag.
Wenn er keine falsche Identität von sozialem Prestige vortäuschen kann, dann benutzt der Mann die älteste und abgedroschenste Methode, die immer noch funktioniert. Man begleitet das Mädchen ein paar Schritte. Es gibt immer einen Bäckerladen, der nicht allzu weit entfernt ist. Wenn es Sommer ist, kauft man ihm ein Eis und nimmt es mit, um in den Feldern spazieren zu gehen. Die Felder der Stadt: eine ungewisse Gegend, die zu einer Wasserpfütze führt, die man Fluß nennt. "Dort setzte er sich ins Gras und lud das Mädchen ein, sich auf den Rücken zu legen. Er zog ihm die Unterhose aus, schmierte ihm Seife aus der Tube zwischen die Beine, holte sein Glied hervor und legte sich auf das Mädchen. Er versuchte erfolglos in es einzudringen und ejakulierte zwischen die Beine des Mädchens." 25 Jahre alt. Taucher. Sie war 6 1/2. So geschehen im Jahre 1974 in den östlichen Pyrenäen.

Manchmal habe ich unten kein Verlangen... sondern oben...

Im Departement Haute-Savoie geht Sylvie in eine Laden-Kneipe, um eine Zeitung zu kaufen. Ihr Vater hat sie geschickt. L.J... schlägt ihr vor, sie im Auto nach Hause zu bringen. Sie steigt ein. Er geht ins Café zurück, holt ihr ein Eis und fährt los. Er verläßt das Dorf und fährt in einen Feldweg. Er hält in einem Wäldchen an und sagt zu Sylvie, sie solle aussteigen. Er reißt ihr die Bluse, die Hose und die Unterhose vom Leib und legt sie auf den Rücken. Er legt sich auf sie. Dann legt er sie auf den Bauch. Als sie aufsteht, stellt sie fest, daß sie blutet. J... erhebt sich und geht zum Kofferraum seines Autos. Sylvie flüchtet. Er folgt ihr im Auto und dann zu Fuß. Sie versteckt sich hinter einem Busch. Auf der Straße wartet sie, bis jemand vorbeikommt. Sie wird in ein Krankenhaus gebracht. Sie muß wegen eines schweren Vaginarisses operiert werden. "Sie hatte einen Riß des Scheidenvorhofes, der bis zum Schließmuskel des Afters reichte, welcher freigelegt, aber intakt war." Für ein Eis endet dieses Abenteuer auf dem Operationstisch eines Krankenhauses. Das kleine Wäldchen zum Spazierengehen...
Er war 31 Jahre alt. Sie war 7. Er war Handelsvertreter. Wie der Taucher aus den Pyrenäen und alle anderen, deren Akte wir gelesen haben, war "er nicht schwachsinnig," nicht trunksüchtig und hatte an diesem Tag nicht mehr als sonst getrunken.
Für ein Geldstück, 3 Franken, und sogar für eine Erdbeere vergewaltigt L.J..., 37 Jahre alt, Krankenpfleger, verheiratet, Kinder, geschieden, kleine Mädchen im Wald oder in seinem Gartenhaus. Er

säubert sie mit einem Tuch, wenn sie zwischen den Schenkeln feucht sind. Sie sind zwischen 5, 6 und 10 Jahren alt.
Die Liste von solchen Abenteuern, bei denen kleine Mädchen für ein paar nette Worte, eine Süßigkeit oder ein Geldstück auf einem Spaziergang zu Vaginal- oder Analverkehr gezwungen werden, ließe sich beliebig verlängern. Wie viele andere gibt es für die angeführten Fälle? Denn die Männer, die kleine Mädchen lieben, lieben sie alle. Sie sind sehr oft Wiederholungstäter, ob sie schon verurteilt wurden oder nicht. Einige halten Vorbereitungen für überflüssig. Für sie ist der Körper eines kleinen Mädchens nicht zu bezahlen, auch nicht symbolisch. Dieser Körper, der in ihnen Begehren hervorruft, gehört ihnen, sie wollen ihn besitzen. Sie sind ebenso gewalttätig und direkt, wie die Jugendlichen bei ihren Gruppenvergewaltigungen. J.-M.C..., 24 Jahre alt, Mechaniker, verheiratet, 1 kleine Tochter, hat 14 minderjährige Kinder und Jugendliche zwischen 9 und 12 Jahren in der Zeit von Januar bis Juli 1974 überfallen. Er hat ein rasendes Verlangen danach, kleinen Mädchen sexuelle Gewalt anzutun. An einer Uferböschung, in der Toreinfahrt eines Hauses, auf einem Feldweg, unter einer Brücke und in einem Park überfällt er sie, zieht sie aus, legt sie auf den Boden, zerreißt ihre Unterhose, schlägt sie und flüchtet kurz vor dem Vollzug des Geschlechtsaktes, weil Spaziergänger vorbeikommen. Mitten am Tage und überall drängt ihn eine unheimliche Kraft: "Nach der Arbeit wartete ich in der Allee. Ich machte ihnen Vorschläge... wenn sie nicht wollten, ohrfeigte ich sie; andere habe ich mit den Fäusten geschlagen. Ich habe sie auf die Erde geworfen und ausgezogen. Manchmal machte ich meinen Hosenstall auf und manchmal riß ich ihnen die Schlüpfer runter. Aber oft geriet ich in Panik und dann haute ich ab. Ich habe es niemals bis zum Ende durchgeführt. Manchmal habe ich vor einigen onaniert." Er war schon einmal für

ähnliche Delikte im Gefängnis. Ein achtundzwanzigjähriger Lastwagenfahrer sagte: "... ich fühlte einen Drang, sie zu besitzen... Es kam zu Gewalt... das drehte sich... das Verlangen. Das ist verschieden. Manchmal kommt das Verlangen von unten, dann geht es und ich befriedige mich selbst. Manchmal habe ich unten kein Verlangen, sondern oben. Das ist ein Zwang. Ich glaube, ich müßte platzen..."
A.G..., 23 Jahre alt, verheiratet, eine kleine Tochter, Dekorateur, exhibiert sich fast täglich. Er verfolgt ein kleines Mädchen, zeigt ihm seinen Penis und bittet es manchmal, es anzufassen. Er sagt, daß seine Erektion umso stärker sei, je mehr man ihn beleidige. Mit seiner Frau hat er 3 - 4 Mal täglich Geschlechtsverkehr. Er sagt, sie wäre nie befriedigt. Er ejakuliert, aber er sei auch nie befriedigt. "Er hätte es gerne gehabt, daß seine Frau ihn das nicht einfach so machen läßt. Er erzählte, daß die einzigen Male, wo er Lust empfunden habe, seine Frau sich ihm verweigert hätte. Er las Pornohefte. Er träumt davon, jemanden zu vergewaltigen. Er ist Exhibitionist. Dann geht er zur Tat über: er vergewaltigt." Er erzählt: "Im November 76 bin ich um 16 Uhr von meiner Arbeit gekommen. Ich bin mit dem Auto nach Hause gefahren. Aber anstatt zu Hause zu bleiben, bin ich spazieren gefahren. Ich bin die Nationalstraße 12 entlang gefahren und bin in einen Weg abgebogen, irgendeine Strasse. Auf dieser Straße habe ich ein kleines Mädchen mit dem Fahrrad überholt. Ich habe ein Stückchen weiter auf der linken Seite angehalten. Ich habe mich auf die Straße gestellt und verhindert, daß es vorbeifahren konnte. Ich habe es von seinem Fahrrad absteigen lassen und gesagt, es solle ins Auto steigen. Es wollte nicht. Es hat sich gewehrt. Ich habe also Gewalt angewendet. Ich habe einen Arm gegen seinen Hals gehalten, um zu verhindern, daß es schreit und habe es in mein Auto gebracht. Ich habe es vorne auf den Beifahrersitz gesetzt. Das kleine Mädchen

hatte Angst und wollte weglaufen. Ich habe ihm gesagt, es solle bleiben, es brauchte keine Angst zu haben, ich täte ihm nichts und habe ein bißchen mit ihm geredet. Es glaubte, ich wolle es entführen. Dann habe ich meine Hose und meinen Slip ausgezogen und gesagt, es solle das gleiche tun. Ich habe gesagt, das wäre die Bedingung, damit ich es laufen lassen würde. Ich habe es auf den Mund geküßt und gesagt, es solle mein Glied streicheln, ich habe ihm gezeigt, wie es das machen sollte und es hat das auch gemacht. Anschließend habe ich es auf den Vordersitz gelegt, habe mich darauf gelegt und mein steifes Glied gegen seine Scham gerieben. Ich habe nicht versucht, in seine Scheide einzudringen, aber ich habe mein Glied in seinen After geschoben. Ich habe es nicht die Position wechseln lassen. Ich habe mein Glied nicht vollständig in den After geschoben: es sagte mir, daß ihm das weh täte und da habe ich mich zurückgezogen, aber ich habe wieder angefangen, in den After einzudringen. Ich habe mich zurückgezogen und auf seinen Körper ejakuliert. Ich habe den Samen mit meinem Taschentuch aus dem Handschuhfach abgewischt."

Es steigt aus dem Auto.

Er sagt, daß es nichts verraten solle. Er droht ihm, es zu entführen, wenn es etwas sagt.

Bei seinem 26. Überfall wird J.-C. L..., 31 Jahre alt, Arbeiter, verheiratet, Vater von 2 Töchtern, festgenommen. Zu jeder Tages- und Nachtzeit, im Wald, auf unübersichtlichem Gelände, gegen Bäume gelehnt, unter den Treppen und den Gäßchen, die die obere Stadt mit der unteren verbinden, auf Pfaden voller Brennesseln und in Garagen überfällt er Frauen und kleine Mädchen, reißt ihnen die Kleider vom Leib, onaniert auf ihrem Bauch, wenn er keine Zeit hat, in sie einzudringen und ejakuliert in sein Taschentuch oder auf die Schuhe der Opfer. 35 Anzeigen sind beim Hauptkommissar in Le Havre (zwischen 1970 und 1974) erstattet worden. Diese Überfälle liefen alle nach den gleichen Riten ab und der Angreifer sagte immer den gleichen Satz. "Ich bin von Fécamp und suche die Straße nach Val-aux-Corneilles." Aufgrund der gleichen Worte und der gleichen Verhaltensweisen beim Überfall wurde er erkannt und festgenommen. Denn auch hier, wie beim Inzest und der Gruppenvergewaltigung, läuft die Einzelvergewaltigung nach einem bestimmten Ritual ab. Jedoch hat jeder Vergewaltiger sein eigenes.

Sie bückten sich, und ich sah ihre Unterhose

Die Unterhose der kleinen Mädchen. Im Sommer. In einem Garten, wenn sie gemeinsam Springseil springen oder beim Gummitwist hüpfen... Sie springen und die kurzen Röckchen oder Kleidchen fliegen wie bei leichten Windstößen hoch und lassen ein bißchen von der weißen Unterhose hervorgucken. Wissen sie das? Und die kleinen Mädchen auf den Schaukeln, oder die, die auf dem glatten Metall der Rutschen ihre Beine ausbreiten, damit sie unten bremsen können, und die kleine Schreie ausstoßen, bevor sie mit hochgeschlagenem oder um die Taille gedrehtem Kleid in den Sand fallen, wissen sie das? Das kleine Mädchen zieht an seinem Rock, um ihn runterzuschlagen, weil seine Großmutter, seine Mutter oder seine Lehrerin zu ihm gesagt haben, daß man seine Unterhose nicht vorzeigt, daß das nicht schön wäre und daß es das nicht noch einmal machen soll. Oder die Mutter zieht selber so schnell wie möglich das Stückchen Baumwollstoff, das unverschämterweise hochgerutscht ist, wieder herunter. Fast immer gibt es in der Nähe, jedoch ein bißchen abseits, auf einer grünen Parkbank oder an einem Alleebaum gelehnt, einen Mann, der zuguckt. Er betrachtet bloß - wie fasziniert - die Gruppe der spielenden, lachenden, schreienden, sich zankenden

und heulenden kleinen Mädchen. Er kann nicht mit ihnen sprechen. Die Mütter sind da, um ihren Nachwuchs-Besitz zu bewachen und zu beschützen... Sicherlich weckt dieser Blick, der nicht ihnen, sondern ihren Töchtern gilt, in ihnen Erinnerungen an die eigene Mädchenzeit. Daß ein Mann von miteinander spielenden kleinen Mädchen gefesselt und gerührt ist, bedeutet nicht unbedingt, daß sein Blick so lüstern ist, wie es die Mütter ihm gerne nachsagen würden. Der Betrachter kann von den kleinen Mädchen angeregt werden - die Körper von grazilen, sanften und leichten,kleinen Mädchen möchte man gerne anfassen und streicheln, um mit ihnen zu sprechen und zu spielen - ohne sie als Frauen, die man vergewaltigen kann, zu betrachten. In den Gärten der städtischen Anlagen amüsieren sich 3 kleine Mädchen. Sie spielen im unteren Teil des Parks.
Er hat sein blaues Moped und seinen blauen Helm an einen Baum gelehnt.
Um 11 Uhr war er mit der Arbeit fertig. Er war Schlachter in einem Einkaufszentrum. Er ist Angestellter der Stadt. Er hat sein Moped genommen und ist in eine ihm gut bekannte Kneipe in der Nähe des Lastwagenlagers gegangen. Er hat in einem Café, das neben dem Polizeirevier und einem Blumenladen liegt, Zigaretten gekauft. Er hat 1 oder 2 Glas Bier vom Faß getrunken. Er hat mit seinem dort angetroffenen Großvater über dieses und jenes geredet. Gegen 14 Uhr, 14 Uhr 30, fährt er mit seinem Moped in den Straßen und Anlagen der Stadt umher.
Bei einer "Leibesvisitation" hat er folgende Gegenstände bei sich:

- eine Halskette aus Weißblech mit einer Medaille und einem Skorpionzeichen;
- eine Uhr;
- ein Feuerzeug;
- einen Kamm;
- einen Kugelschreiber

- ein Transistorradio mit Kopfhörern;
- eine Schere;
- drei flache Schlüssel.

Er lebte in einem Heim. Bei der Durchsuchung seines Zimmers stellt die Polizei eine Liste von den Dingen auf, die er besitzt:

- ein Paket Kleidung,
- 3 Handtücher,
- 3 Waschlappen,
- einen Japy-Wecker,
- eine Texas Rechenmaschine,
- eine Flasche Haarwaschmittel,
- ein Schulheft,
- Briefpapier,
- 560 F.

Er geht in den Gärten der städtischen Anlagen spazieren und bemerkt die 3 kleinen Mädchen. Sie können so 7, 8 Jahre alt sein. "Beim Spielen bückten sie sich und da konnte ich ihre Unterhose sehen. Ich habe also mein Moped am Rande des Bürgersteiges stehen gelassen und bin auf die Mädchen zugegangen." Er erzählt ihnen, daß er eine kleine, schwarz-weiße Katze verloren habe. Sie suchen mit ihm... Er nimmt Sandrine mit nach unten, nach der Seite, wo sich das Heizwerk, ein von einem Zaun umgebener Bau, befindet. Er legt sie auf den Boden, hält ihr mit der rechten Hand den Mund zu, zerreißt mit der linken ihre Unterhose, betastet sie am ganzen Körper, schiebt einen Finger in ihre Scheide und versucht, in sie einzudringen. "Einmal wollte ich den Platz wechseln, weil Brennesseln auf dem Boden waren, und in dem Augenblick ist es dem Kind gelungen, mit seiner Unterhose in der Hand zu flüchten."
Beim zweiten Verhör ist er genauer: Das hat sich an einem Nachmittag im Juli 1977 gegen 16 Uhr 30 er-

eignet. "... Ich habe dem kleinen Mädchen die Unterhose im Knien ausgezogen. Die Kleine lag zwischen meinen in Höhe ihrer Schultern liegenden Knien. Ich war über ihr. Zunächst habe ich ihr mein steifes Glied in den Mund geschoben. Ich habe die rechte Hand des kleinen Mädchens genommen, sie mit der linken Hand festgehalten und an mein Glied geführt. So konnte ich mich von ihr masturbieren lassen. Sie wehrte sich. Als ich merkte, daß ich nicht ejakulieren konnte, habe ich aufgehört. Dann habe ich mich auf das kleine Mädchen gelegt und ihm mit der Hand den Mund zugehalten, damit es nicht schrie. Es konnte nicht schreien. Es hatte große Angst. Es hat zu mir gesagt: "Hören Sie auf, hören Sie auf..." mehrere Male. Als ich auf ihm lag, habe ich es auf dem Bauch und zwischen den Beinen gestreichelt. Ich habe den Mittelfinger der rechten Hand in die Scheide der schreienden Kleinen geschoben. Einmal habe ich mein Glied in ihre Scheide geschoben. Ich glaube, es ist bis zur Hälfte eingedrungen. Ich habe mich eine Minute lang in ihr bewegt. Ich habe es so weit wie möglich reingeschoben, ohne mehr zu versuchen. Ich wußte nicht, ob es ihr weh tat, denn ich habe ihr nicht ins Gesicht gesehen. Ich habe meine linke Hand flach auf ihren Mund gehalten. Ich konnte nicht ejakulieren. Ich habe mich zurückgezogen. Ich habe beschlossen, den Ort zu wechseln. Damit sie nicht weglief, hielt ich sie am linken Fußgelenk fest. Ich habe das kleine Mädchen einen Augenblick losgelassen, um meine Hose zuzumachen, da ist sie weggelaufen. Ich habe onaniert. Ich habe ejakuliert."
Er nimmt sein Moped, geht wieder zum Café, wo er 4 viertel Liter Wein trinkt. Dann hält er in einem algerischen Café auf dem Platz in der Nähe des Bahnhofs an. Er trinkt 15 Bier. Um 1 Uhr morgens geht er ins Heim zurück und legt sich schlafen.
Mit 18 war er wegen unsittlicher Handlungen an Min-

derjährigen zu 20 Monaten Gefängnis verurteilt worden. Er hatte ein kleines, siebenjähriges Mädchen in einem Keller überfallen - das Mädchen lag bewußtlos im Flur des Kellers, sein Rock war zerrissen und seine Unterhose verschwunden. Es hatte auch einen Schuh verloren - diesen Schuh von Aschenputtel, den die kleinen Mädchen zur gleichen Zeit wie ihre Unterhose und ihre Unschuld verlieren: "Er hat mir meinen Turnschuh, ich weiß nicht mehr von welchem Fuß, beim Ausziehen der Unterhose mit ausgezogen."

Im Untersuchungsbericht steht, daß "die Unterhose trotz aller Nachforschungen nicht mehr auffindbar war..." Der Untersuchungskommissar hatte sogar den jungen Mann gefragt, "ob er etwas über den Verbleib des Kleidungsstückes wüßte." Er wußte nichts. Er schwor, daß er die kleine Unterhose weder weggeworfen noch versteckt hätte.

Er spricht von dem sexuellen Verlangen, das über ihn hereinbricht. Er versuche, zu widerstehen, aber es sei stärker als er selbst. "Ich wollte dieses Mädchen besitzen, wie ich es mit einer Frau gemacht hätte. Es war blond und schlank, ich war berauscht von diesem Mädchen... Bis dahin hatte ich mir in den Augenblicken der Übererregung selbst geholfen. Ich habe es niemals gewagt, mit meinen Eltern über diese sexuellen Probleme zu sprechen. Ich habe Angst vor den Frauen."

Sechs Jahre später beobachtet er Sandrine, wie sie in den Gärten der städtischen Anlagen mit ihren kleinen Freundinnen spielt... Sie ist 7 Jahre alt, er 24.

Ein niedlicher kleiner Slip

Die Unterhose eines kleinen Mädchens ist für viele Männer ein Gegenstand der Faszinierung und der sexuellen Erregung, von ihm ist in fast allen Geschichten über die Vergewaltigung kleiner Mädchen die Rede. Übrigens wissen das die Porno-Versandhäuser, die in ihren vertraulich verschickten Katalogen besondere Annoncen für die Manien ihrer Leser und Anzeigenaufgeber beifügen:

> METZ - Herr, 37 Jahre, frei von Tabus, leitender Angestellter, groß, sportlich, elegant, kann zwischen Paris, Straßburg, Besancon und Dijon hin- und herreisen, sucht lüsterne und unterwürfige junge Mädchen. Begeistert sich für lang getragene Damenslips.

Das Versandhaus bietet für 80 F die Unterhosen kleiner Mädchen:

> Christine befeuchtet schon ihren Slip, und um den Liebhabern vom Ausfluß kleiner Jungfern einen Gefallen zu tun, sammelt der Vater von Christine die Unterhöschen seiner Tochter. EIN NIEDLICHER KLEINER SLIP, der lange von Christine getragen, befeuchtet, befleckt und gut vom Aroma der Vagina parfümiert wurde.

Über der Anzeige das Photo eines kleinen 8, 9 jährigen Mädchens, das nackt auf der Kühlerhaube eines Autos sitzt. Es betrachtet der Photographen und den Betrachter mit einem dreisten und perversen Blick. In den Annoncen aus Paris und aus der Provinz - und sie sind zahlreich - werden kleine Mädchen gesucht, die von der Mama der 'jungen Kätzchen' für Spiele zu dritt begleitet werden:

ALPES-MARITIMES, LYON, PARIS, JURA - J.M., 30 Jahre, 1,73 m, 62 kg, Angestellter, geringes Einkommen, sucht j.F., Witwe, geschieden oder unverheiratet kennenzulernen, die mit ihrer 9-10 jährigen Tochter Inzestbeziehungen unterhält...

DOUBS UND ALLE REGIONEN - Schöner j.M. sucht hübsche F., Mütter, die mit ihren 10-13 jährigen Töchtern Inzestbeziehungen haben und Sodomie betreiben, um an den Spielen teilzunehmen und mitzumachen. Obszöner Briefverkehr mit dem kleinen Mädchen möglich.

Eigenartigerweise wird in den meisten dieser Annoncen ein sapphisches Mutter-Tochter-Paar gewünscht... Die sexuell besessenen Männer, die kleine Mädchen vergewaltigen, sind weniger wählerisch.

In den Seitentaschen des Mopeds hatte er pornographische Photos und Dokumente versteckt. Er geht an einem Abend im Sommer 1974 im Departement Oise spazieren. Die Kinder spielen in einem kleinen Wäldchen und Isabelle geht nach einem Streit eingeschnappt und ganz allein auf einem Weg durch den Wald. R.Q... sieht sie und überholt sie, um weiter hinten auf sie zu warten. Aber Isabelle biegt in einen kleinen Pfad ein. R.Q... beschließt, ihr zu folgen. Er läßt sie aber ein bißchen vorausgehen. Er steigt von seinem Moped ab, weil auf dem Weg Fahrverbot für alle Fahrzeuge herrscht; er läßt es an der Seite auf seinem Ständer stehen und folgt Isabelle. Er holt sie ein und fragt sie, ob sie mit ihm schlafen wolle. Sie antwortet nicht und geht weiter. "Ich habe ihr die Hand auf den Hintern gelegt", und da Isabelle sich wehrt und anfängt zu schreien, hält er ihr den Mund mit der Hand zu. Sie

verliert ihre Schuhe auf dem Weg. R.Q... nimmt sie auf den Arm und überquert einen kleinen Graben. In einem Gebüsch legt er das kleine Mädchen hin. Er zieht ihm die Unterhose aus, die er um seinen Hals knotet, streichelt es zwischen den Beinen und schiebt einen Finger in die Vagina. Er läßt es unbeweglich "auf dem Rücken und mit ausgebreiteten Beinen liegen." Über den Waldweg geht er zu dem Platz zurück, wo er sein Moped stehen gelassen hat. Er fährt weiter bis zum nächsten Ort.
Die Kinder suchen Isabelle. Sie finden sie in dem Graben auf dem Rücken liegend. Tot. Neben ihr sehen sie das Gummiband ihrer Unterhose und einen Blutfleck. Ihr Kleid und ihre Unterhose waren um ihren Hals gewickelt.
R.Q...., 25 Jahre, Junggeselle, Taucher.
Isabelle, 8 Jahre alt.
R.Q... erzählt: "Ich bin hinter dem kleinen Mädchen hergegangen und habe ihm die Hand auf den Hintern gelegt, weil das meine Art vorzugehen ist: ich lege immer direkt die Hand auf den Hintern. Das Fräulein hat ein bißchen angefangen zu schreien, und da habe ich ihm die Hand auf den Mund gelegt, um es daran zu hindern, weil Häuser in der Nähe waren. Gleichzeitig habe ich es an der Hand gehalten und mit mir mitgezogen, aber es ist an einem Zweig oder an Brennesseln hängengeblieben und hingefallen. Da habe ich es einige Meter getragen. Ich habe dieses kleine Mädchen auf den Boden gesetzt und ihm die Unterhose ausgezogen und sie um seinen Hals gelegt, ohne einen Knoten zu machen. Auf diese Weise befand sich die Unterhose auf gleicher Höhe mit meinem Gesicht und ich konnte daran schnuppern. Ich erinnere mich nicht daran, das Kleid dieses Mädchens ausgezogen zu haben. Aber als es ausgezogen war, habe ich es zwischen den Schenkeln gestreichelt und meinen Finger in seine Scheide gesteckt. Ich habe einen Widerstand festgestellt und meinen Finger sofort wieder zurückgezogen. Ich habe mich nicht ausgezogen,

weil man das im Wald nicht tut und ich war kaum erregt. Als ich wegging, schrie die Kleine nicht mehr. Sie ist nicht aufgestanden. Ich bin nicht hingegangen, um ihr Auf Wiedersehen zu sagen. Ich kann nicht sagen, ob sie sich bewegte oder nicht. Ich kann sie nicht getötet haben, denn ich bin kein Mörder. Wenn sie gestorben ist, dann nicht durch meine Hand."
Ein kleines Mädchen ist zart. Das kann einfach so am Rande eines kleinen Feldweges sterben.
R.Q... hatte keinen Alkohol getrunken.
Er war nicht schwachsinnig.
Er wurde nicht für geistig unzurechnungsfähig angesehen.
Er wurde zu 8 Jahren Zuchthaus verurteilt.

Ist er vielleicht in sie eingedrungen, als die bewußtlos, halb erwürgt oder schon tot war? Der Bericht verschweigt es. Andere berichten über diese Art Nekrophilie gewisser Liebhaber kleiner Mädchen, die mit ihnen Vaginal- oder Analverkehr haben, wenn sie nach Schlägen, Gewaltanwendung und Mißhandlungen das Bewußtsein verloren haben... Vor sich auf dem Boden eine unbewegliche, stumme und aufblasbare Puppe, die sich nicht wehren kann und die sie nach ihren Bedürfnissen manipulieren können. R.Q... sprach in seinem Bericht über Isabelle so, als ob es sich um eine kleine, fügsame und passive Nutte gehandelt hätte, die sich seinen sexuellen Wünschen unterworfen hat und aus der er in der Augusthitze, am Rande der Brennesseln einen kleinen Leichnam gemacht hat, eine aus den Gelenken gegangene Puppe. Die Sex-Shops der Porno-Kataloge haben ein außergewöhnliches Angebot. Eine Puppe: "Die berühmte LOVE-LOVE DOLL für 250 F. "Ich biete Ihnen eine vollständige Frau mit Haaren, Vagina, After und offenem Mund an. Sie gibt Ihnen alles, was sie von ihr verlangen. Das ist eine phantastische Kreatur, die ihren verrücktesten Wünschen gehorcht und Ihre fordernde Männlichkeit befriedigt. Aus dem Koffer geholt und in wenigen Minuten aufgeblasen, kann man ohne besondere Vorberei-

tungen in sie eindringen."
Chantal, die wie beim Abzählreim auf eine Wiese gelockt wurde, um Äpfel und Kirschen zu pflücken, wehrt sich, verliert einen Schuh und versucht zu fliehen. Wieder eingeholt wird sie bewußtlos geschlagen und von hinten und vorne vergewaltigt. Carole wird mit verbundenen Augen gewaltsam in einen Wald geführt. Mit einem Faustschlag aufs Auge wird sie niedergeschlagen, vergewaltigt und dann immer noch mit verbundenen Augen in die Felder außerhalb der Ortschaft geschickt. Das geschah 1975 im Departement Somme.
Diese Männer waren weder verrückt, noch betrunken.

DIE KLEINEN MÄDCHEN SIND ZU MIR GEKOMMEN

Ein dunkelgrüner Pappkoffer

Auf den Etikett steht: "Der Koffer enthält eine große Anzahl von Kästen mit Diapositiven und Filmen vom Format 24 x 36, auf denen Kinder in obszönen Positionen abgebildet sind." Der Koffer aus dunkelbraunem Karton liegt auf einem anderen grünen Koffer. Er ist mit einem Bindfaden zusammengeschnürt. Auf dem Etikett steht: "Photos von Kindern in obszönen Posen. Photos von kleinen Mädchen in anregenden Posen. Photomontagen von Kindern in obszönen Posen und Verhaltensweisen." Ein großer, blauer Eisenkoffer steht rechts im Arbeitszimmer. Die Liste der beschlagnahmten Dinge ist eindrucksvoll:

Ein Metallkoffer, der 98 pornographische Revuen aus Skandinavien enthält: Sexspiele mit Kindern.
- 11 Filmkästen,
- 9 15 mm-Filmspulen,
- 7 Kästen mit Bildern von kleinen Mädchen,
- 5 Phototaschen mit Photos über Sexspiele mit Kindern
- 8 Poster mit Photomontagen, die Kinder in obszönen Stellungen zeigen.

Ein dunkelgrüner Pappkoffer enthält:
- 14 Kartons,
- 4 Tagebuchhefte,

Ein Pappkoffer enthält:
- 4 Photoalben mit nackten Kindern,
- 14 Schachteln mit Kinderphotos,
- 2 aufgenommene Mini K 7,
- 6 zu entwickelnde Super 8 Filme,
- 4 Taschen mit Photos von nackten Kindern,

Filmprojektor,
Photoapparat,
elektronisches Blitzlichtgerät,
Filmkleber,
Filmstativ,
Filmleinwand.

Ein brauner Koffer mit einer großen Anzahl von Diapositiven über Kinder in obszönen Positionen:
- 8 Photos in Großformat mit nackten kleinen Mädchen in obszönen Posen

Auf einem Regal unter dem Tisch: 16 Kästen mit Diapositiven, jedes mit Bildern über nackte Kinder in obszönen Stellungen.
Nach Dänemark adressierte Briefe. Bücher über Sexspiele von Kindern, über die biologische Entwicklung des Kindes und über die Jugendlichen und ihre Sexualität.
Aus Skandinavien stammende Pornohefte mit Sexspielen von Kindern und Erwachsenen.
In einem violetten Plastiksack eine künstliche Vagina aus Gummi, die im Versandgeschäft gekauft wurde. Er schrieb in sein Tagebuch: "Dieses Instrument habe ich einmal benutzt und bin davon enttäuscht gewesen."
In den Reklamen der Sexshops wird eine "unverwüstliche und immer bereite Supervagina" angeboten: "eine getreue Nachbildung der weiblichen Vagina, sehr angenehm und sinnlich in der Berührung. Sie dringen leicht in diese gleichzeitig weiche und feste Scheide ein. Dank eines eingebauten Hohlraumes und eines inneren Vibrators beginnt das Latexgummi zu vibrieren und bewirkt den nötigen Reiz für eine bessere

Durchblutung. Die Erektion ist zwangsläufig intensiv, das Vergnügen wird verstärkt und auf Wunsch verlängert, die Ejakulation erfolgt ganz sanft. Ich habe es an meinen Mitarbeitern mit Erfolg und sicherem Vergnügen der Beteiligten ausprobiert. Das Ventil ist unbegrenzt haltbar. 200 F."

Er war mit dieser Supervagina nicht zufrieden.

Er mag lieber kleine Mädchen.

Er photographiert und filmt sie nackt, allein oder mit sich. Der Apparat steht auf einem Stativ und arbeitet mit einem Selbstauslöser.

Er guckt sie gerne auf der Leinwand an und sich mit ihnen. Als Erinnerung hebt er ganze Mengen von Dokumenten über sie in seinem Beisein oder über sie allein auf und betrachtet sie, weil sie nicht mehr da sind. Er kennt sie gut. Auf Glanzpapier erkennt er sie und sich selbst wieder. Er ist der Betrachter, die Kamera, der Akteur und der Mann, der die pornographischen Szenen mit den 5, 8 und 9 jährigen Mädchen, die, so behauptet er, zu ihm gekommen sind, miterlebt und anguckt. Er sieht sich mit ihnen gleichzeitig als Voyeur, Exhibitionist, Initiator und großer Priester der Pädophilenzeremonie: "Im Juli, während unserer Sommerferien, habe ich angefangen, die kleine Cécile einzuweihen, wenn ich allein mit ihr im Haus war. Beim Spielen und Herumalbern habe ich mich für sie interessiert. Nach und nach habe ich meine Annäherungen in eine bestimmte Richtung gelenkt. Eines Tages, als sie nackt im Haus war, habe ich sie gestreichelt und später ihre intimen Stellen berührt. Anschließend habe ich mich damit vergnügt, meinen erigierten Phallus an ihrem Körper und ihrem Geschlechtsteil zu reiben. Als ich das kleine Mädchen sexuell vollständig eingeweiht hatte, bin ich auf die Idee gekommen, Dia-Aufnahmen zu machen."

Ich habe ihr beigebracht, mich zu masturbieren

Cécile ist 7 Jahre alt. Mit einem Dutzend kleiner Mädchen zwischen 5 und 9 Jahren veranstaltet er solche erotischen Szenen (wobei er der Zeremonienmeister ist), die er photographiert und filmt, um sie herumzureichen und sie mit "Personen, die die gleichen Neigungen haben wie ich" auszutauschen. Ein Jugendrichter bemerkt dazu: "Die Kinderverehrer kennen sich oft und schaffen ein Verteilernetz für den Austausch von Kindern und pornographischen Dokumenten. Sie sind organisiert, aber in erster Linie für kleine Jungen. Die Pädophilen, die kleine Mädchen vorziehen, sind es selten. Jedenfalls bei dieser Gruppe von Personen, die man in Vereinen und bei Jugendgruppen findet. Sie gehören im allgemeinen der sozialen Oberschicht an und sind gebildet. Sie meinen, daß sie 50 Jahre zu früh geboren wurden. Sie glauben, daß man die Gesetze ändern müßte, um der Freiheit der Sitten Rechnung zu tragen. Sie glauben, daß ein Kind das Sexualleben eines Erwachsenen und gemeinsam mit einem Erwachsenen führen könnte. Sie betrachten die Pädophilie als von der Natur gewollt. Für die kleinen Jungen gibt es eine Verbindung der Päderasten untereinander. Es kommt oft vor, daß diese Kinder bezahlt werden und der Prostitution nachgehen." Er kennt in Skandinavien eine Bewegung für die Pädophilie. Er kauft Pornographie- und Freikörperkultur-Zeitschriften. Dank dieser Bewegung habe er, so sagt er, die Beziehung zwischen der Pädophilie und der Pädagogik kennengelernt. "Er erklärt, er habe immer versucht, seine Neigung zur Pädophilie mit der Pädagogik in Einklang zu bringen." Er war Gruppenleiter in einem Jugendfreizeitheim und durch Annoncen findet er eine Anstellung als Babysitter bei Privatleuten. Die Zeitung LIBERATION hat als erste die Diskussion über die Pädophilie, über das Recht der Kinder auf Sexualität und auf ein sexuelles Leben ins Rollen gebracht. Die Abschaffung des Gesetzes über die Verführung Minderjähriger..., die Polemik konnte beginnen... Aber bei dieser Polemik ging es fast immer um die kleinen Jungen insofern, als die Päderasten das Wort ergriffen und sich meistens dazu geäußert haben, weil sie in erster Linie davon betroffen sind. Aber die Frage der Pädophilie bleibt offen und die Stellungnahme der Frauen zu diesem Problem, die bisher fehlt, erscheint ebenso notwendig, wie die der einsamen Pädophilen, die sich normalerweise in den Spalten von LIBERATION äußern.

Daß 5 bis 9 jährige Kinder, Jungen oder Mädchen, das Sexualleben eines Erwachsenen führen, in das sie von einem Erwachsenen eingeweiht wurden... Es scheint nicht so, als ob die Nachahmung und das Erlernen von den persönlichen Riten eines bestimmten Pädophilen das beste Mittel sei, um einem Kind beizubringen, daß es einen Körper hat und daß es diesen Körper durch die Lust und für die Lust entdecken kann. Die Wünsche der Erwachsenen nach den sexuellen Regeln der Erwachsenen erfüllen, das tut das Kind in den meisten Fällen. Und es in seiner Sexualität auf diese Art und Weise zu beeinflussen, das bedeutet, es um seine Unabhängigkeit und um ein möglicherweise glückliches Verhältnis zu seinem Körper zu bringen. Selbst wenn die Beziehung ohne Gewalt hergestellt wird (was nicht immer der Fall ist und was wir beim Studium mehrerer Akten festgestellt haben), so wird doch ein Zwang auf das Kind ausgeübt, weil es weder seine eigene Sexualität, noch die Ausdrucksformen der Kindersexualität - die existiert - in seiner Besonderheit und in der Beziehung zu anderen Kindern ausüben kann: Mädchen und Jungen, die ihren Körper suchen und ihn gemeinsam entdecken (wenn sie bei diesem Abenteuer nicht von zu strengen und verständnislosen Eltern oder von Pädophilen, die ein bestimmtes Objekt - ein kleines Mädchen oder einen kleinen Jungen - für ihre eigene Sexualität brauchen, daran gehindert werden.)

Die Psychologin hat mir geholfen, mich so zu akzeptieren, wie ich bin

Es stimmt tatsächlich, daß bei der hier vorliegenden Angelegenheit der Erzieher überhaupt keine Gewalt bei den kleinen Mädchen angewendet hat. Keine Drohung. Keinen Zwang. Nur den moralischen, gefühlsmäßigen und erotischen Druck, den ein Mann auf kleine Mädchen ausüben kann, um sie in seine und nicht ihre sexuellen Praktiken einzuweihen, um sie dahin zu bringen, seine erotischen Gewohnheiten anzunehmen. Er macht aus den kleinen Mädchen Expertinnen, wie frühreife, gehorsame und sanfte Kurtisanen, die dankbar sind, weil sie an diesem Spiel vielleicht ein gewisses Vergnügen finden. Er sagt, und das stimmt sicherlich, daß er die kleinen Mädchen nicht brüskieren wollte, daß er seine Zärtlichkeiten langsam steigerte und "daß die Gefühlsbindung ebensoviel Gewicht hatte, wie die Sexspiele. Ich wollte nicht, daß dem Kind diese Kontakte unangenehm waren"... Er hat eine Psychologin aufgesucht, die ihm geholfen hat, sich "so zu akzeptieren, wie er ist."
Er hat auch das Bedürfnis, über seine Erfahrungen zu schreiben. So als ob sie ihm entwischen könnten, schließt er sie in geheimen Kisten ein: die Photos, die Dias und die Filme sind eingepackt und versteckt, eingeschlossen in Koffern und Kästen - seine Abenteuer versteckt er dort, wo er sie nicht vergessen würde, wenn er plötzlich wegfahren müßte. Diese Koffer würde er da mit hinnehmen, wo er hin-

den Rücken und packt das Kind mit seinem Rücken auf seinen Bauch. Das erigierte Geschlechtsteil kommt mit dem des Kindes in Kontakt, und indem er sich masturbiert, masturbiert er auch das Kind. In dieser Position versucht er mehrere Male eine andere Penetration. Er steht auf, legt das Mädchen auf den Rücken und legt sich obendrauf. Er breitet die Beine aus. Er schiebt sein erigiertes Glied an die Vulva des Kindes, drückt mehrmals kräftig und erreicht den Beginn einer Penetration. Schließlich kniet er sich hin und streichelt mit seinem Geschlechtsteil das des Mädchens."

Er braucht die kleinen Mädchen nicht mit Gewalt zu entführen, um sie für das Sexspiel an einem geheimen, einsamen und für ihn sicheren Ort von der Aufsicht der Erwachsenen, der Mütter, wegzulocken. Er gewöhnt sie an sich und macht aus ihnen Komplizen, die mit dem Geheimnis einverstanden sind, und das Geheimnis, das bewahren sie.

ARBEITSMATERIAL

Es gibt keine besonderen Untersuchungen über die an kleinen Mädchen verübte Gewalt. Es gibt auch keine Statistiken über kleine Mädchen (Minderjährige unter 15 Jahren), die Opfer von Mißhandlungen und sexuellen Gewalttaten wurden, selbst nicht in den ANNALEN von VAUCRESSON. Erst seit kurzem werden Untersuchungen über mißhandelte Kinder (Mädchen und Jungen) angestellt. Auch andere Zeitschriften als die Sensationspresse (LIBERATION, NOUVEL OBSERVATEUR) sprechen inzwischen von Kinderprostitution, mißhandelten oder getöteten Kindern, von Vergewaltigung, vom Problem der Kindersexualität und der Pädophilie (besonders in LIBERATION). Aber im Grunde ist niemals die Rede von der an kleinen Mädchen verübten Gewalt und deren Formen, abgesehen von Mißhandlungen, die Rede gewesen. (Das Problem ist in "Prisonnières" behandelt worden). Inzest, Gruppenvergewaltigung, Einzelvergewaltigung, Pädophilie, Pornographie, Prostitution und all das wird noch geheim gehalten. Die Frauenbewegung hat als erste eine Kampagne dagegen geführt und über die an Frauen verübte Gewalt Untersuchungen angestellt. Im März 1976 wurde in Brüssel ein Tribunal über die an Frauen verübten Verbrechen veranstaltet. Es handelt sich hier darum, die Frauen von ihrer Geschichte her, ihrer Kindheit und der Zeit, als sie kleine Mädchen waren, zu betrachten.
Für die Untersuchungen und Ermittlungen wurden folgende Quellen benutzt:

- DER MEDIZINISCHE BERICHT DES DOCTOR STRAUSS UND SEINER MITARBEITER ÜBER KINDER, DIE OPFER VON MISSHANDLUNGEN WURDEN. (Paris-Nancy, 1972-1975). Dieser Bericht wurde nach Beobachtungen von 235 stationär behandelten Kindern zwischen 1955 und 1974 und nach Beobachtungen, die bei 235 Interviews in den Gemeinden von Vitry-sur-Seine und Montrouge gemacht wurden, aufgestellt. (Es gibt ebenso viele mißhandelte Mädchen wie Jungen) Offiziell werden jährlich 2500 Kinder in Frankreich mißhandelt. Die Dunkelziffer ist wahrscheinlich sehr groß. Nicht alle Fälle von Mißhandlung werden bei der Fürsorge und noch weniger bei der Polizei gemeldet, und nur die schlimmsten Fälle kommen vor Gericht, meistens vors Schwurgericht.

- GERICHTSAKTEN UND POLIZEILICHE UNTERSUCHUNGSAKTEN: von ganz bestimmten Fällen über die Gewalt an kleinen Mädchen und Minderjährigen unter 15 Jahren (tödliche Schläge, Sittendelikte, Vergewaltigungen...) Die statistischen Erhebungen beziehen sich auf die Verbrecher und nie auf die Opfer. Es ist bekannt, daß monatlich 1500 Vergewaltigungen in Frankreich begangen werden (ungefähr 60 pro Tag.) Auch hier, wie beim Inzest, ist die Dunkelziffer sehr hoch.

- DIE GEFÄNGNISAKTEN der männlichen und weiblichen Gefängnisinsassen, die wegen in ganz Frankreich verübter Verbrechen zu mehr als 5 Jahren Gefängnis verurteilt wurden. (Von 250 Akten wurden 150 verwertet und 60 genau analysiert.[1])

1) Bei unseren Ermittlungen haben wir einige Zahlen festgehalten, die nützlich sein könnten:

- In dem Gefängnis von Rennes, wo die Frauen untergebracht sind, die zu langen Freiheitsstrafen verurteilt wurden, erfährt man aus dem Gefangenenregister, daß zwischen 1972 und 1977 von 453 Fällen, 57 Gewalttaten, davon 40 mit tödlichem Ausgang, und Mißhandlungen von Kindern unter 15 Jahren betrafen. Die Anzahl der in Frankreich verurteilten Frauen ist nicht höher als 300 bis 350.

- In dem Gefängnis von Fresnes, im C.N.O. (Centre national d'hommes condamnés à des lourdes peines)gibt das Gefangenenregister an, daß zwischen 1975 und 1977 1590 Fälle vorlagen, davon 17 wegen Gewalt an Kindern unter 15 Jahren, 15 wegen unsittlicher Handlungen (so wird im allgemeinen ein Inzest bezeichnet: denn unsittliche Handlungen sind ein Delikt, der Inzest nicht) 50 wegen Vergewaltigung einschließlich Gruppen- und Einzelvergewaltigungen. (Die Zahl der in Frankreich verurteilten Männer schwankt zwischen 1500 und 1700 nach den Statistiken des Justizministeriums aus dem Jahre 1977.)

- Beim Jugendgericht in Paris hat der Staatsanwalt im Jahre 1977 68 Fälle behandelt, bei denen Kinder unter 15 Jahren die Opfer von Gewalt waren. 20 Fälle von Kindesmißhandlung; 40 Fälle von sexueller Gewalt bei Mädchen - Versuch von Zuhälterei, Sittenvergehen, Vergewaltigung und Gruppenvergewaltigung; 8 Fälle, bei denen es um Jungen unter 15 Jahren ging.
Diese Zahlen geben über die wirkliche Anzahl der begangenen Straftaten an Minderjährigen keine Auskunft. Die Richter schätzen im allgemeinen, daß die Dunkelziffer für Mißhandlung, Inzest und Vergewaltigung sehr hoch ist. Außerdem müßte man systematischere Untersuchungen anstellen, um eine Vorstellung von dem Ausmaß dieses Phänomens zu bekommen.

- Wir haben die eindrucksvolle KORRESPONDENZ von MENIE GREGOIRE über Vergewaltigung, Inzest, Mißhandlung und Frigidität gelesen... und die Radioanrufe über dieses Thema von 1970-1977 angehört.

Bei den Ermittlungen haben wir folgende Unterhaltungen geführt:

- BEIM JUGENDGERICHT mit Vertretern der Staatsanwaltschaft, den Untersuchungsrichtern, den Jugendrichtern und den Amtsärzten.

- BEIM JUGENDAMT UND BEI DER POLIZEI von Paris und Umgebung mit Hauptkommissaren, Polizeiinspektoren der Kriminalpolizei (mit Männern und Frauen - beim Jugendamt gibt es zahlreiche Frauen, die sich mit jungen Ausreißerinnen, Vergewaltigungen und Inzest beschäftigen...) und Untersuchungskommissaren.

- IN DEN STRAFANSTALTEN mit der Leitung, dem Erziehungs- und Aufsichtspersonal; mit GEFANGENEN ANGEKLAGTEN ODER ZU SCHWEREN STRAFEN VERURTEILTEN JUNGEN FRAUEN UND MÄDCHEN: mißhandelnden Müttern, Mörderinnen, jungen Kindesmörderinnen und anderen Frauen, die wegen Diebstahl, Einbruch und Zuhälterei verurteilt waren und als Kinder mißhandelt worden sind.

- IN DEN HEIMEN (Erziehungsanstalten, Beobachtungszentren..., die der Direction de l'Education Surveillée unterstehen und in denen 100.000 Jugendliche, davon 48.000 Jungen und 52.000 Mädchen untergebracht sind.) In diesen Heimen, in denen die Ausreißerinnen oder die vom Jugendrichter durch das A.S.E. (le Service d'Aide Sociale à l'Enfance) dort eingewiesenen Mädchen untergebracht sind, haben wir mit Erzieherinnen, Psychologinnen, Sozialhelferinnen und JUGENDLICHEN gesprochen, die dort bis zu einer richterlichen Entscheidung über ihren Verbleib warten: neue Heimunterbringung oder Rückkehr in die Familie mit oder ohne begleitende erzieherische Maßnahmen vom Jugendamt (A.E.M.O.: Assistance Educative an Milieu Ouvert).

— IN DEN MÜTTERHEIMEN (von denen einige von der P.M.I.: Protection Maternelle et Infantile abhängen oder vom D.A.S.S.: Direction d'Action Sanitaire et Sociale subventioniert werden) in denen unverheiratete, minderjährige oder volljährige junge werdende Mütter, die sitzengelassen wurden und ohne Geld und Wohnung dastehen, untergebracht werden.
MIT JUNGEN UNVERHEIRATETEN MÜTTERN (viele stammen von den Antillen und aus Nord- oder Schwarzafrika).

— IN DEN VERMITTLUNGSZENTREN FÜR PFLEGEFAMILIEN mit den Arbeitsgruppen: Kinderpsychiater, Erzieherinnen, Sozialhelferinnen, Psychologen.

— IN DEN KINDERKRANKENHÄUSERN mit Kinderärzten und besonders mit Dr. Strauss.

— BEI DER P.M.I. (Protection Maternelle et Infantile) mit dem Chefarzt und den Sozialhelferinnen.

— BEI "S.O.S. FEMMES/ALTERNATIVE", wo wir die Briefe von geschlagenen Frauen lesen konnten, deren Kinder ebenso mißhandelt werden, und wo wir mit den anwesenden Frauen sprechen konnten.

— Wir haben uns auch mit JUGENDLICHEN SCHÜLERN UND GYMNASIASTINNEN über Gewalt, Vergewaltigung und Inzest unterhalten.

ESSAYS, PAMPHLETE, TATSACHENBERICHTE

FRAUEN

BARBARA DE CONINCK (Christine):
La Partagé, Editions de Minuit, 1977
BELLADONNA (Judith):
"Folles, femmes de leurs corps",
La prostitution, in Recherches Nr. 26,
März 1977
BROWNMILLER (Susan):
Le Viol, Stock 1976
ERHEL (Catherine) LEGUAY (Catherine):
Prisonnières, Stock 2, Voix de femmes, 1977
FARGIER (M.O.):
Le Viol, Grasset, 1976
IRIGARAY (Luce):
Ce sexe qui n'en est pas un, Editions
de Minuit, 1977
JAGET (Claude):
Une vie de Putain, La France sauvage 1975
MEDEA (Andréa) THOMPSON (Kathleen):
Contre le Viol, Pierre Horay, 1976
PIZZEY (ERIN):
Crie moins fort, Les voisins vont t'entendre, Des femmes, 1975

KINDER

BOULIN (Bertrand), DESJEUNES (Jean-Michel), ALFONSI (Philippe):
La Charte des enfants, Stock 2, Lutter,1977

DELTAGLIA (Liliane):
Les Enfants maltraités, éd. E.S.F.,1976

KEMPE (C. Henry), HELFER (Ray. E.):
L'Enfant battu et sa Famille (Postface du Dr. Pierre Straus), Fleurus 1977

MATZNEFF (Gabriel):
Les moins de seize ans, Julliard, 1974

MEYER (Philippe):
L'Enfant et la raison d'Etat,

RIBEAUD (Marie-Catherine):
Les Enfants des exclus, Stock 2, Lutter, 1976

SCHERER (René):
Une érotique Puérile, Editions Galilée, 1978

SCHERER (René), HOCQUENGHEM (Guy):
"Co-ire", Album systématique de l'enfance, in Recherches Nr. 12, Mai 1976

DIE KLEINEN MÄDCHEN

BELOTTI (Elena Gianini):
Du côté des petites filles, Editions des femmes, 1975

IRIGARAY (Luce):
"Psychoanalyse et sexualité féminine" in Les Cahiers du Grif Nr. 3, Juni 1974

LAIK (Madeleine):
Fille ou garcon, Denoël-Gonthier,1976

LES TEMPS MODERNES:
"Petites Filles en éducation", Mai 1976

INHALTSVERZEICHNIS

Jährlich werden unzählige kleine Mädchen geschlagen, vergewaltigt, getötet.
Die junge Professorin Leila Sebbar hat, um die Verschwörung des Schweigens zu brechen, wissen wollen, warum so etwas geschieht. Für ihr Buch hat sie Tausende von Arzt-, Polizei-, Gerichts- und Strafvollzugsakten gründlich erforscht. Außerdem hat sie Mütter, die ihre Kinder getötet haben, in den Gefängnissen befragt.
Dieses Buch ist das erste zu diesem Thema in Frankreich und anderswo, auch bei uns; das erste, das diese Formen der Gewalt an Minderjährigen unter 15 Jahren beschreibt.
Es geht in diesem Buch nicht nur darum, verschiedene Fakten zu analysieren, sondern die Geschichte dieser kleinen Mädchen mit der ihrer Mütter und Großmütter in Zusammenhang zu bringen, deren Leben auch das Ergebnis von Gewaltanwendungen ist, die sie selbst als kleine Mädchen erlitten haben.

Leila Sebbar, Professorin für Literatur, Mitarbeiterin bei "Temps Modernes" und "Sorcières" und Journalistin bei "Histoire d'Elles" bereitet ihr Doktorat über die Erziehung kleiner Mädchen vor.

DM 22.—

5/80 Bisher erschienen in diesem Verlag:

Lila Rotstift - Referendarinnen und Lehrerinnen berichten / 1979
hrsg. v. Gundula Pause
3-922229-01-8

Seelenspäne - Gedichte, Zeichnungen / 1979
Lisa Wilcke
3-922229-02-6

Von Oma Punk zum Plättli-Blues
Neue Frauenmusik / 1980
hrsg. v. Gundula Pause
3-922229-03-4

demnächst erscheint:

Frauenjahrbuch'79 - Aktuelle Beiträge aus der Frauenbewegung; Jahrbuchgruppe '79

Logbuch der Traumkapitänin
Tagebuchaufzeichnungen, Gedichte und Zeichnungen der Studienrefrendarin Olga Maier